高等职业教育汽车类专业"互联网＋"创新型教材

汽车销售实务

第2版

（配实训指导书）

主　编　李　燕

参　编　李秋琴　谢静怡
　　　　姬　虹　陈少丽

机械工业出版社

本书以汽车整车销售职业活动为依据，以培养学生汽车展厅销售、电话销售和网络销售能力为核心，以汽车整车销售关键能力训练为重点，系统地介绍了汽车销售的知识和技巧，以及目前发展迅速的汽车电话销售、汽车网络销售的相关内容。全书内容包括：认识汽车销售、汽车展厅推介、汽车数字营销、顾客异议处理、售后跟踪服务和汽车保险销售。后附的实训指导书还包含了九个情景模拟实训，方便开展理实一体化教学。书中案例的选取既与我国汽车销售市场的销售流程相贴近，又兼顾了教学的可操作性。本书还配有教学视频二维码以及模拟演练实训指导书。

本书可作为高职高专院校汽车技术服务与营销专业的教材，也可作为汽车检测与维修技术、汽车电子技术等汽车类专业的教材，以及应用型本科车辆工程专业、汽车服务工程技术专业的教材。

为方便教学，本书配有课程标准、电子课件、教学设计、案例库等丰富的教学资源，凡选用本书作为授课教材的教师均可登录机械工业出版社教育服务网（www.cmpedu.com），以教师身份注册后免费下载。

本书在"超星学习通"上还建设有示范教学包《汽车销售实务 第2版（机工版）》，提供课件、案例、视频等丰富教学资源，使用本书的教师可通过"超星学习通"APP一键建课，开展线上线下混合式教学。

图书在版编目（CIP）数据

汽车销售实务：配实训指导书/李燕主编. —2版. —北京：机械工业出版社，2021.1（2024.8重印）

高等职业教育汽车类专业"互联网+"创新型教材

ISBN 978-7-111-67370-5

Ⅰ.①汽…　Ⅱ.①李…　Ⅲ.①汽车-销售-高等职业教育-教材
Ⅳ.①F766

中国版本图书馆 CIP 数据核字（2021）第 017683 号

机械工业出版社（北京市百万庄大街 22 号　邮政编码 100037）
策划编辑：曹新宇　责任编辑：曹新宇　於　薇
责任校对：张　力　封面设计：鞠　杨
责任印制：常天培
北京机工印刷厂有限公司印刷
2024 年 8 月第 2 版第 6 次印刷
184mm×260mm · 17.75 印张 · 434 千字
标准书号：ISBN 978-7-111-67370-5
定价：54.80 元（含实训指导书）

电话服务　　　　　　　　　　　网络服务
客服电话：010-88361066　　　机 工 官 网：www.cmpbook.com
　　　　　010-88379833　　　机 工 官 博：weibo.com/cmp1952
　　　　　010-68326294　　　金 书 网：www.golden-book.com
封底无防伪标均为盗版　　　机工教育服务网：www.cmpedu.com

第2版前言

本书为2015年出版的《汽车销售实务》的修订版，是高等职业教育汽车类专业"互联网＋"创新型教材。

本书密切结合企业汽车整车销售各个环节的操作流程及实际问题，把编者多年的教学、实战经验和体会融入其中，但是随着教学要求的变化及汽车行业的发展，内容需要更新。本次修订历经1年多的时间，编者深入汽车销售企业、开设汽车类专业的高职院校和本科院校调研，听取了销售人员、教师的不同意见，在结合出版社收集的读者建议的基础上编写而成。

为贯彻党的二十大精神，加强教材建设，推进教育数字化，编者在动态修订时，对本书内容进行了全面梳理。本书相比原版主要特点如下：

1. 内容实用性更强

结合目前实际汽车销售的增值业务以及销售环节的变化，对第1版项目二的内容结构进行了调整，在项目二的任务三当中增加了"增值业务"的内容，还对销售流程各个环节的操作规范内容进行了补充或修改。

由于汽车数字营销发展迅速，并且多数汽车销售企业已经搭建了成熟的网络销售流程和电话销售流程，因此将第1版项目五"汽车电话营销和网络营销"重新编写为项目三"汽车数字营销"，其中包括"认识汽车数字营销""汽车网络营销"和"汽车电话营销"3个学习任务，详细介绍了汽车网络销售和汽车电话销售的具体工作流程、操作规范和技巧。

在听取了部分汽车销售企业专家的意见后，本书在相关项目中增加了"汽车保险销售推荐话术"和"车险销售异议处理"两部分内容。

以上这些内容的修订，是与多位汽车销售专家共同完成的，力争内容贴近企业实际。

2. 标准新

由于目前汽车销售在传统的展厅销售基础上又增加了网络、电话销售的内容，对应的销售流程和操作规范都有所变化，同时由于经济发展对机动车保险的保险额度有较大影响，因此本次修订参照现行的标准流程、保险额度对相关部分进行了改写。

3. 配套资源丰富

本书除在书中加入教学视频二维码、书后附实训指导书之外，还配有丰富的教学资源库，包括课程标准、电子课件、教学设计、案例库等资源，教师可通过机工教育服务网 www.cmpedu.com 下载或在"超星学习通"APP上一键建课，实现线上、线下混合式教学。

本书由北部湾大学李燕担任主编，广西工业职业技术学院李秋琴、广西理工职业技术学院谢静怡、河南职业技术学院姬虹和广西交通职业技术学院陈少丽参编。本书由广西交通职业技术学院罗小青主审。本书共分为六个项目，项目一由李燕和李秋琴编写，项目二至项目四由李燕编写，项目五由李燕和谢静怡编写，项目六由姬虹和陈少丽编写。

本书在修订过程中，得到了一汽大众、一汽丰田、广汽本田、东风日产、长安福特等品牌4S店的大力支持，贵州沃尔沃汽车销售服务有限公司龙久德、广西华昌本田汽车销售服务有限公司黎晓华以及彭彪、韦宇周、黄英兰等同仁也对本书的修订提出了宝贵的意见、提供了帮助。在此，对各方的支持和帮助表示衷心的感谢。

由于编者水平有限，书中难免存在不足之处，恳切希望广大读者对本书进行批评和指正。

编　者

目 录

认识汽车销售

通过本项目的学习，了解汽车销售顾问的概念、工作范围、应具备的基本素质以及四大车系的特点，并能够向客户说明不同车系的特点，以及汽车发展的趋势。

📖【项目描述】

汽车作为一种商品在市场上流通，它的消费属于大宗商品交易，消费者不会通过观看、收听媒体广告而轻易购买，无论是电话销售，还是网络销售，都离不开实体店汽车销售顾问的销售。展厅销售在汽车销售中起着至关重要的作用，并将长期存在。

销售令人振奋之处，就是所有的决定均取决于自己。汽车销售顾问想要取得令人羡慕的成就，首先就应正确认识汽车销售及汽车销售市场现状。

📋【知识目标】

➔ 了解汽车销售顾问的概念及工作范围。
➔ 了解汽车销售顾问应具备的基本素质。
➔ 了解四大车系的特点。
➔ 掌握汽车销售模式的现状及发展趋势。

📋【技能目标】

➔ 能流利地表述汽车销售顾问的工作范围。
➔ 能讲述四大车系的优势和劣势。
➔ 能简单描述我国汽车销售的发展趋势。

📋【项目剖析】

销售顾问要想在极具挑战性的汽车销售工作中获得成功，就必须具有汽车销售顾问的核心竞争力，了解汽车销售行业的现状与发展趋势，只有这样才能掌握销售的主动权。而对于汽车销售顾问核心竞争力的培养，首要问题就是塑造自己汽车销售顾问的形象，提高汽车销售顾问应该具备的基本能力。

【知识准备】

一、汽车销售顾问

（一）汽车销售顾问的概念

汽车销售顾问是指为客户提供顾问式的汽车消费专业咨询和导购服务的汽车销售服务人员，工作范围就是从事汽车销售工作，立足点是以客户的需求和利益为出发点，向客户提供符合客户需求和利益的产品销售服务。

汽车销售顾问实际上是一名顾问式的销售人员，在顾客搜集信息、评估选择和购买决定的过程中提供建议，从而减少顾客的购买支出；同时，通过面对面的直接接触，给顾客带来情感收入。在实际生活中，顾问式销售不仅要求销售顾问能够始终贯彻以顾客利益为中心的原则，而且要求销售顾问坚持感情投入，适当让利于顾客，这样才能达到双赢效果，使公司的发展进入良性循环。

由于汽车商品的复杂性，销售顾问应熟练掌握各品牌汽车的相关信息，并做到按照公司培训要求的流程规范地介绍各品牌汽车。优秀的销售顾问应以顾客为中心，最大限度地满足顾客需求，从而成为顾客信赖的销售顾问和汽车专家，达到顾客和企业双赢的目的，为企业创造利润。

汽车销售顾问的具体工作包括：客户开发、客户跟踪、销售导购、销售洽谈、销售成交、交车、客户维系等基本过程，还包括汽车分期付款、汽车保险、上牌、汽车装潢、理赔、年检等业务的介绍或代办。

（二）汽车销售顾问的作用

1. 代表公司

汽车销售顾问的任何行为都将被顾客视为公司表现，关系到公司的声誉，因此，销售顾问的行为举止必须得体。

2. 创造需求

汽车销售顾问的职责不仅是找到需要购买汽车的人，还包括发掘潜在客户，使那些对汽车没有兴趣的人开始了解汽车，从而确信拥有汽车的好处（便利、乐趣、优越感），进而产生购买需求；另一职责是让使用竞争对手产品的用户认同本公司销售的汽车品牌较竞争对手的优异性，从而激发购买需求。

3. 了解市场

充分了解本辖区内的用户需求，随时掌握竞争对手的动态，以及各竞争品牌的市场状况，并据此开展有效的促销活动；还应向汽车生产公司反馈用户信息、当地市场需求，以便更好地开发和改进产品。

4. 创造利润

销售顾问的目标是盈利，实现销售是达到这一目标的途径。

【小思考 1-1】

　　顾客购买的不是你的产品，而是你的服务精神和态度；顾客买的是一种感觉，而这种感觉是你带给顾客的，这就是你自身的人格魅力。你怎么理解这种说法？

（三）汽车销售工作的特点

1. 汽车购买是一种复杂的购买行为

在整个汽车销售过程中强调以顾客为中心。汽车与一般商品不同，它是一种拥有高技术含量的昂贵消费品，在整个销售过程中，消费者参与的程度非常高，如果销售顾问不能以消费者的需求为关注焦点，就很难了解客户的真实需求，难以达成销售的目标。

2. 汽车销售所需的专业化知识多

汽车是一种科技含量高且更新换代特别快的产品，非专业人员很难对汽车有全面的了解。售前，销售顾问需要经常性地了解汽车的相关信息，以便能够全面、准确地向消费者介绍有关信息；售后则要有专业的技术人员进行维护服务，才能保证产品的正常使用，可以说，整个汽车消费过程都离不开专业化的服务。

3. 汽车销售要树立整体的服务理念

汽车产品的消费形式与一般商品不同，在整个消费过程中，不仅售前离不开专业人士的服务，在整个消费过程中同样离不开专业人士的服务。可以说，一旦消费者选择了某款汽车，就需要专业人士不间断地提供服务，才能保证产品的良好使用。

4. 汽车销售强调团队合作

汽车消费是一项漫长的服务项目，不仅购买决策的时间长，而且在消费过程中需要提供服务的时间更长。单一的业务人员很难为顾客提供全方位的服务，因此，需要整个服务链的参与人员都相互协作，才能保证服务的连续性，达到让顾客满意的目的。

二、汽车销售顾问的基本素质

【案例 1-1】

苹果 Power Book 笔记本电脑的成功

　　苹果公司早年间开发的 Power Book 笔记本电脑获得了巨大的成功，是和它的销售人员密不可分的。销售人员注意到其竞争者的产品体积更小，人们在飞机上、汽车里、家里，甚至床上都可以使用。他们得出结论：人们并不是真正想要小型计算机，而是想要可以移动的计算机。销售人员注意到，乘坐飞机的计算机用户需要一个平面移动鼠标，需要一处地方放置他们的双手。因此，Power Book 就有了两个显著的特点：跟踪球指示器以及可以将手放在其上的键盘，这些使 Power Book 更便于使用，特点更明显。

（一）汽车销售顾问的职业素质

一个优秀的销售顾问除了性格适合销售外，还需具备以下 4 大素质：

1. 思想素质

销售工作是一项创造性的、艰苦的脑力和体力劳动，因此要求销售顾问具有强烈的事业心、高度的责任感、坚强的意志和毅力。

（1）强烈的事业心 销售顾问应热爱自己所从事的销售事业，必须树立正确的销售观念，把满足顾客消费需求作为销售工作的起点，诚心诚意地为顾客着想，全心全意为顾客服务，把销售商品与解决顾客的实际问题有机地结合起来。

（2）高度的责任感 销售顾问首先必须具有高度的责任感，想方设法地完成企业的销售任务，也只有这样，才能算是合格的销售顾问。其次，销售顾问代表的是一家企业，除完成一定的销售任务外，还需要在销售活动中帮企业树立良好的形象，与顾客建立和保持良好的、融洽的关系，不能为了实现销售定额而损害企业的形象和信誉。

（3）坚强的意志和毅力 销售活动以人为工作对象，而人是复杂多变的，因此影响销售成功的不确定性因素很多，这也决定了销售的难度很大。销售顾问必须具备一往无前，压倒一切困难而不被困难所压倒的勇气，还必须具备百折不挠的毅力与韧劲。

【小知识 1-1】

在销售活动中，只要有 1% 的成功可能性就要用 100% 的行动去争取，这就是百折不挠精神在销售中的具体体现。在某些场合，勇气、毅力比经验、技巧更为重要。

---

2. 业务素质

销售顾问在销售过程中会接触到各种各样的顾客，他们必须在较短的时间内迅速做出判断，并确定具体的销售方式与技巧。因此，销售顾问除具备过硬的思想素质外，还应具有较高的业务素质。

销售顾问的业务素质主要表现在对以下几方面知识的掌握上：

（1）企业方面的知识 对企业了解越多的销售顾问就越有可能获得顾客的信任，从而获得订单。一般来说，企业规模、企业声誉、企业产品、企业对顾客的支持、企业的财务状况、企业的优惠政策等，往往成为客户判断企业是否值得依赖、是否应该选购该企业产品的重要依据。

【小知识 1-2】

优秀的销售顾问一般会从以下几点解读企业：
1）企业的历史、经营理念和特点。
2）企业在行业中的地位、影响力以及当前的财务状况。
3）企业的经营范围和产品、服务优势。
4）企业的折扣政策和顾客奖励政策。
5）企业的订单处理程序。

（2）产品方面的知识 称职的销售顾问应掌握产品的技术性能、使用与维修方面的技术知识，以及产品与竞争对手的产品之间的差异。

（3）市场方面的知识 销售顾问应接受一定程度的培训，掌握必要的理论知识与实务技能，包括市场营销理论、市场营销调研方法、销售技巧等，熟悉相关的政策、法令和法规。

（4）顾客方面的知识 销售顾问还应懂得顾客心理与购买行为方面的知识，因此应学习消费者心理学、公共关系学、人际关系学、行为科学和社会学等方面的知识，以便分析顾客的购物心理，并据此运用合适的销售手段。

（5）竞争方面的知识 要成功地实施销售，还必须掌握同行业竞争状况的信息，包括整个行业的产品供求状况，企业处于什么样的竞争地位，竞品有哪些优点，本企业产品有哪些优点，竞品的价格，竞品的销售策略等。

3. 身体素质

无论外出销售还是在展厅销售，销售工作既是一项复杂的脑力劳动，又是一项艰苦的体力劳动。销售顾问必须有强健的身体、充沛的精力才能胜任，健康的身体是实施销售活动一切策略的物质保证。

4. 心理素质

成功的销售顾问都比较注重培养一种有利于达成交易的个人心理素养。性格外向、自信且具有良好的个性品格的人比较适合做汽车销售顾问。

（二）汽车销售顾问的职业能力

一名杰出的销售顾问除具备上述这些基本素质外，还应具备较强的观察能力、创造能力、社交能力、语言表达能力及应变能力等。

1. 观察能力

观察能力是指人们具有的对所注意事物的特征进行分析、判断和认识的能力。具有敏锐观察力的人，能通过看起来不重要的表面现象洞察到事物的本质与客观规律，并从中获得进行决策的依据。新发明、新产品、新广告、新观念、新方法的魅力在于其"新"，销售顾问在进行销售时的吸引力也在于其"新"，如何在销售过程中创新，有赖于销售顾问对新鲜事物的高度敏感性，这就要求销售顾问具有超凡的观察能力。

【小知识1-3】

对顾客的观察与了解，可以从以下6个方面入手：

1）顾客的社会背景，如家庭背景、职业、经历、收入水平等。
2）顾客的气质、性格、兴趣爱好。
3）顾客对社会、工作、购买的态度。
4）顾客在整个购买过程中所担任的角色、所处的地位、所起的作用。
5）顾客在人际关系中的特征，如对自己、他人和人际关系的看法与做法。
6）顾客的体态、服饰和动作姿态等。

2. 创造能力

对销售顾问而言，开拓一个新市场、发掘一名新客户，采用一种别出心裁的销售手段，都必须首先具有开拓创新的精神和能力。销售顾问不仅要满足现实的需求，更要创造和发现潜在的需求。

【案例1-2】

两名皮鞋销售顾问

位于南太平洋上的一个岛屿上来了两名皮鞋销售顾问。这两名销售顾问分别来自A、B两个国家。A国销售顾问看到该岛居民均光着脚，于是马上给公司发了电报："本岛无人穿鞋，我决定明天回国。"而B国销售顾问发回公司的是另一份截然不同的电报："好极了！该岛无人穿鞋，是个很好的市场，我将长驻此地工作。"结果，B国公司开发了一个新的市场，取得了巨大的成功。由此可见，一名墨守成规、因循守旧的销售顾问与一名勇于开拓创新的销售顾问，在销售业绩上会有多大的不同。

3. 社交能力

销售顾问除具备销售领域必须掌握的丰富专业知识外，还应具有广泛的兴趣爱好和宽阔的视野，以便能够得心应手、游刃有余地应对性格、年龄、爱好不同的顾客。社交能力不是天生的，是在销售实践中逐步培养的。要培养高超的交往能力，销售顾问必须努力拓宽自己的知识面，同时要掌握必要的社交礼仪。销售顾问应敢于交往，要主动与人交往，不要封闭自己。

4. 语言表达能力

销售顾问的接洽工作总是以一定的语言开始的，不管是形体语言、物质载体语言还是文字语言，都要求销售顾问通过语言准确地传达销售品的信息，同时使销售对象清楚地了解和明白销售品的方方面面。

5. 应变能力

在实际销售中，销售顾问由于面对的顾客太多，必然会出现一些意想不到的情况，销售顾问对此应具有应变能力，理智地分析和处理，遇事不惊，随机应变，并迅速提出对策。

【案例1-3】

机敏的钢化玻璃杯销售顾问

一名销售顾问正在向众多顾客推销一种钢化玻璃杯。他首先是向顾客介绍商品，宣传其钢化玻璃杯掉到地上是不会坏的，接着进行示范表演。可是，他碰巧拿到了一只质量不合格的杯子，只见他猛地往地上一扔，杯子"砰"地一下碎了。这真是出乎意料，他自己也十分吃惊，顾客更是目瞪口呆。面对这样尴尬的局面，假如你是这名销售顾问，你会如何处理呢？这名富有创造性的销售员急中生智，首先稳定自己的心态，笑着对顾客说："看见了吧，这样的杯子就是不合格品，我是不会卖给你们的。"接着他又扔了几只杯子，都没有碎，博得了顾客的信任。这位销售顾问的优秀之处就在于，他把出乎意料的情况转变成了一个看似事先准备好的销售步骤，而且做得天衣无缝。

三、世界四大车系对比

随着汽车工业的飞速发展，不同的国家由于文化、技术、环境等方面的不同，所制造的汽车的特点也有所差异。目前，一般将汽车分为欧系车、日系车、美系车、韩系车四大车系，作为一名汽车销售顾问，只有详细了解各个车系的特点，才能在销售过程中有的放矢地进行产品介绍和竞争产品对比。以下是各个车系的特点。

（一）欧系车

欧系车在车身工艺方面的造诣一直处于世界领先地位，而德系车又是欧系车的代表，在我国销售几十年仍屹立不倒，大众的捷达、桑塔纳至今仍在各汽车月销量榜单上排名靠前，如果没有优良的品质做基础，是很难有此旺盛生命力的。再者，欧洲山多、高速路多，要求车辆有扎实的底盘以保证其行驶需要。正因为如此，德国诞生了奔驰、宝马、奥迪等一大批以驾驶性能著称的跑车。即便是以生产家用车为主的大众汽车公司，其旗下车型也均拥有不俗的操控性。"小钢炮"这一形容词就常被用在欧系车上。此外，安全也是欧系车的优点之一。抛开以安全著称的沃尔沃不论，奔驰、大众、宝马的安全性都领先同行。在实际行驶中，人们普遍认为，德系车拥有更高的安全性。不过，德系车也有明显不足，同样的价格，德系车在配置上往往不如日韩车型；规格、配置相同的车型，欧系车售价要高出一两万元，尽管近年来有所改善，但仍有一点差距。在日常养护费用方面，德系车也要高一些。而我国国产德系车，其车身内部坚持精细独到的做工，杜绝偷工减料，内外较为一致。

（1）优点　造型耐看、底盘扎实、油耗适中、车身厚重、操控性好。

（2）缺点　价格昂贵、维护费用高。

（二）美系车

美国地多、人少、经济实力强，车型在设计之初便将舒适、空间、安全作为首要考虑因素，至今如此。不过，为适应中国市场的特点，近几年，美系车推出了多款尺寸较小、排量不是很大、造型出众、配置齐全的车型；同时，为了适应低碳潮流，美系车也开始降低排量以减少油耗。正是这一原因，国内原汁原味的美系车并不多，福克斯来自欧洲，新景程、新赛欧是韩国大宇的车型，新君威则是欧宝 Insignia 的变种，唯有凯迪拉克是原汁原味的美系车。在我国，美系车均拥有极为出色的设计，毫不夸张地说，造型是其最大的亮点，新君威、新君越、福克斯、英朗等车型能够热卖，与此不无关系。而且，现在美系车的内饰也是尽可能地美轮美奂，在优于同侪的同时，还能越级挑战高一级别的车型；在燃油经济性上的表现较以往有很大改善，但仍稍偏高；而国产美系车，总体比较中庸，发动机的功升比和扭升比都不高，做工一般。

（1）优点　车身宽大、乘坐舒适、隔声效果好、安全性好。

（2）缺点　油耗偏高、内饰粗糙。

（三）日系车

日系车的设计理念是两小一大，即油耗最小、使用成本最小，舒适性和使用便利性最大。日系车配置的往往都是小排量的发动机，而且节油技术非常先进，维护成本都比较低，因此用车成本非常低。日系车在汽车的设计方面，特别是驾驶舱的设计方面，选材非常科学，善于营造舒适、温馨的氛围，各种储物格和舒适性电子装备非常多，追求最大的舒适性和便利性。

日系车注重控制成本，以至于车内外可以找到不少节约成本的痕迹，操控则主要针对日常短途驾驶，不少车型高速稳定性比同级别欧美车型要差一些。再者，由于用料被尽可能地降低成本，所以在日常小剐小蹭当中，日系车更容易"受伤"。

（1）优点　油耗较低、维护费用低廉、配置齐全、内饰做工精细。

（2）缺点　车身较轻、节约成本的痕迹较多。

（四）韩系车

韩系车注重生产的经济性、环保性，却不是一个精益求精的车系。相对日系车而言，韩系车缺乏耐心和底蕴，技术上和我国国产车相近，相对于其他几大车系而言，品牌形象还没建立起来。国产韩系车，内部做工较好，总体走中庸路线，各个方面都不突出，但是各个方面都能打个良好的分数，甚至价格也更合适，但隔声效果较差。

（1）优点　价格低廉，外形讨巧，更显中庸，迎合消费者口味；同等价格汽车的配置多，性价比高。

（2）缺点　车身轻，安全性稍差，高速性能不佳。

四、汽车销售模式发展趋势

目前，4S 模式已经成为我国汽车销售服务市场的主流模式，也成为汽车厂家控制配件市场的最有力渠道。然而，随着单车销售利润的不断下滑，车企和经销商由于车企的库存压货和配件供应等强势行为，以及汽车销售渠道不断向更小城市下沉，有关部门及厂商们不得不重新审视 4S 模式的可持续性，并开始探寻更加适合市场的销售模式。

（一）从 4S 店单一品牌销售模式向多品牌、多功能销售模式转变

汽车销售行业 4S 店单一品牌销售模式是 1998 年由广州本田最先引入我国市场的，是整车销售（Sale）、零配件（Sparepart）、售后服务（Service）、信息反馈（Survey）"四位一体"的汽车销售模式。

4S 店模式其实是汽车市场激烈竞争下的产物。随着市场逐渐成熟，用户的消费心理逐渐成熟，用户需求变得多样化，对产品、服务的要求越来越高、越来越严格，原有的代理销售体制已不能满足市场与用户的需求。4S 店的出现，恰好能满足用户的各种需求，因为它可以提供装备精良、整洁干净的维修区，现代化的设备和服务管理，高度职业化的服务，保养良好的服务设施，充足的零配件供应，迅速及时的跟踪服务体系。4S 店的服务可以使用户对品牌产生信赖感，从而扩大销售量。可以说，汽车行业的 4S 模式就是汽车厂家为了满足客户在服务方面的需求而推出的一种业务模式。在 2005 年 4 月 1 日正式实施的《汽车品牌销售管理实施办法》促使 4S 模式成为我国汽车市场的标准销售模式。

但是，近年来由于整车厂的强势行为，库存压货、超卖和配件供应等，使得车企和经销商关系恶化，经销商更加希望汽车销售渠道多元化。2014 年 8 月 1 日，国家工商总局发布的《工商总局关于停止实施汽车总经销商和汽车品牌授权经销商备案工作的公告》中提到，营业执照经营范围登记为"××品牌汽车销售"的汽车总经销商和汽车品牌授权经销商，可以申请变更登记为"汽车销售"。该政策的出台，实际上明确了汽车经销商（含总经销商）有权开展多品牌市场销售行为，这实际上是使 4S 店单一品牌销售模式逐步向多元化品牌销售模式改变的推手。

此外，由于中国的汽车保有量快速增长，使得汽车文化、汽车休闲、汽车娱乐、汽车竞技、汽车运动、汽车旅游快速发展，广大汽车消费者的要求越来越广泛，这些偏好的形成大大促进了以汽车文化、汽车休闲为主要特色的多功能汽车园区的高速发展。

（二）从以新车销售为主向新车、二手车销售并重转型

发达国家二手车的销量普遍大于新车的销量，旧车的利润也大于新车。在美国、德国、瑞士、日本的汽车市场上，二手车的销量分别是新车销量的 3.5 倍、2 倍、2 倍和 1.4 倍，

其二手车业务的利润要占到整体销售利润的 30%～45%，可见，二手车业务已经成为国外汽车销售行业非常重要的业务。我国的汽车保有量目前正在迅猛增长，越来越多的经销商在新车销售业务以外重点拓展二手车业务，以实现新旧车业务的互动。

在我国，由于二手车价格便宜、选择余地大、交易规范、旧车不旧等原因，使得二手车消费大众化趋势逐渐加强。数据显示，2015—2018 年，我国二手车交易量分别为 941.71 万辆、1039.22 万辆、1240.09 万辆和 1382.19 万辆，而二手车交易总额分别为 5535.40 亿元、6039.28 亿元、8092.73 亿元和 8603.57 亿元，二手车市场交易量和交易总额逐年增加。2019 年，我国二手车市场交易额更是高达到 9356.86 亿元，交易量为 1492.28 万辆，交易额和交易量较 2018 年分别增长 8.76% 和 7.96%；与新车交易量 2576.9 万辆相比，新旧车交易量比值达 1.7∶1。预计到 2025 年，我国二手乘用车交易量将突破 2800 万辆，交易规模将超过 2.87 万亿元。

随着汽车保有量的日渐增加，二手车的数量在未来几年势必出现井喷式增长，也将直接超过近几年来新车的增长态势，使我国整个的汽车市场成为一个新车、二手车双方面发展的健康汽车市场。

（三）从实体店销售到网络销售转型

虽然汽车 4S 店已经成为汽车市场的主流渠道，但是互联网的发展和普及，大大拓宽了人们获取信息的渠道。

目前，我国大部分汽车 4S 店的网络营销意识都在随着互联网技术的发展而逐步提升，建立企业网站、选择专业的网络媒体进行推广宣传等都被很好地运用于汽车网络营销。互联网已经超越传统媒体，成为中国消费者获取汽车资讯的重要渠道之一，并且越来越多的消费者选择在网上而不是在展厅中，通过参与论坛讨论、玩游戏、看视频等形式来进行品牌体验，看到中意的车型后再到展厅实际体验。

网上购车普遍采用网上订车、线下支付的模式，消费者需要先通过网络购物的方式取得类似于优惠券性质的优惠资格，然后凭借该资格去 4S 店提车，并衔接后续的上牌、维护、售后等服务。因此，网上购车的后续环节与在实体店购车是一样的。

尽管当前的网络购车平台更大意义上充当的是信息搜集平台而不是交易平台，但网上购车仍然是汽车销售的一个发展趋势。

（四）从营业员式销售向顾问式销售转型

我国汽车销售目前主要依靠各类综合性汽车交易市场和一部分品牌专营店，以及少量品牌混营店，无论采用哪种渠道，都还属于传统的展厅式销售。展厅式销售不可克服的一个缺点就是被动式的坐商，缺乏对客户群的主动研究和细分、定位。而顾问式销售显然可以很好地弥补这一缺陷，通过一对一专家顾问式销售，把售前咨询、售中服务、售后维护有机结合起来，形成面向客户的全程销售模式，减少来自不同环节的潜在客户流失。因此，顾问式销售是变被动销售为主动销售的捷径。以美国为例，汽车销售员大部分是学历很高、受过专业培训的汽车销售工程师，不仅负责开拓新客户，同时也负责老客户的再开发。可以预测，随着我国汽车销售市场竞争的进一步升级，顾问式销售人员将逐渐增多，而这必将对销售行业从业人员的整体素质提出更高的要求。

（五）从产品销售向服务销售转型

随着国民收入的持续增长以及私人购车比重的迅速上升，汽车将越来越普及。汽车消费规模、结构和潮流都会日益丰富。越来越多样化、变化越来越多的消费需求，将持续推动新的品牌、新的车型的产生，同时加速老品牌、老车型的更新换代。驾车族从对产品的关注转向对服务的关注的趋势将日渐明显。而经销商队伍的持续扩大，也会使得产品同质化趋向加强，服务将成为经销商建立竞争优势的主要手段。除了销售过程中的必需服务和售后维修外，包括汽车租赁、汽车保养、汽车置换、汽车快修连锁等在内的增值服务也将获得迅速发展。

综上所述，汽车销售模式的发展，对汽车销售人员的服务水平、网络销售、二手车销售等方面均提出了很高的要求。

✖【任务实施】

📖 任务要求

根据以下案例内容，利用本任务所学的有关顾问式销售的相关知识进行分析，并回答问题。

📖 任务载体

【案例 1-4】

汽车销售案例

在美国中部一座普通城市里的一个普通地区，有一家比较知名的车行。这家车行展厅内展示着 6 辆不同类型的越野汽车。一个普通工作日的下午，阳光明媚，微风吹拂，展厅看起来格外明亮，店中的 7 名销售人员都在各自忙着自己的事情。

这时，一对夫妇带着两个孩子走进了车行。凭着做了 10 年汽车销售的直觉，乔治认为这对夫妻是真实的买家。

乔治热情地上前打招呼——汽车销售的第 1 个步骤——并用目光与包括两个孩子在内的所有人进行交流。在目光交流的同时，他还做了自我介绍，并与夫妇二人分别握手。之后，他看似不经意地抱怨天空逐渐积累起来的云层，以及周末可能到来的雨雪天气，似乎是自言自语地说"也许周末的郊游计划要泡汤了"。这显然是很自然地转向了他需要引导的话题，他诚恳地问："两位需要什么帮助？"——消除陌生感，拉近与陌生人之间的距离。

这对夫妇说他们现在开的是福特金牛轿车，考虑再买一辆新车，对越野汽车非常感兴趣。乔治开始了汽车销售流程中的第 2 个步骤——收集客户需求的信息。他耐心、友好地询问："什么时候要用车？谁开这辆新车？主要用在什么场合？"在彼此沟通之后，乔治开始了汽车销售的第 3 个步骤——满足客户需求，从而使客户将来回到自己车行的可能性得到提高。这对夫妇开始解释说，周末要去外地看望一个亲戚，他们非常希望能有一辆宽敞的四轮驱动的汽车，以期可以安全且更稳妥地到达目的地。

在交谈中，乔治发现了这对夫妇的业余爱好——钓鱼。这样的信息对于销售人员来说是非常重要的。这种客户信息为销售人员留下了绝佳的下一次致电的由头。销售不是一个容易学习和掌握的流程性的工作，它不像体育运动，体育运动是只要按照事先规定的动作执行，执行到位就可以取得比一般人好的成绩，而销售工作既有流程性的内容，又有非常灵活的依靠某种非规则性的内容。比如，掌握及了解客户业余爱好的能力，就是被大多数销售人员所忽视的，甚至根本就不会去考虑。优秀的销售人员一直认为变色龙的技能对销售过程最为有用。客户由此感知到的将是一种来自销售人员的绝对真诚的、量身打造的投入和关切，有了这种感知，客户便会非常放心地与销售人员交流。由此，乔治也展现出自己对钓鱼感兴趣，这至少可以获得一个与客户有共同兴趣的话题，从而积攒出与客户关于汽车采购以外的谈资。

乔治非常认真地倾听来自客户的所有信息，以确认自己能够完全理解客户对越野汽车的准确需求，之后他慎重而缓慢地说："车行现在的确有几款车可以推荐给你们，因为这几款车比较符合你们的期望。"接下来便进入了销售流程中的第4个步骤——产品展示。他随口一问，"计划月付多少车款?"。此时，客户表达出先别急着讨论付款方式的想法，他们想先知道所推荐的都是哪些车型，到底这些车型有哪些地方可以满足他们的需要，之后再谈论价格的问题（客户的水平也越来越高了）。

乔治首先推荐了"探险者"，并尝试着谈论不同配件选取方案的不同作用。他邀请了两个孩子到车的座位上去感觉一下，因为两个孩子好像没有什么事情可做，开始调皮，夫妇俩对乔治这样的安排表示赞赏。

这对夫妇看来对汽车非常内行。乔治推荐的许多新的技术和新的操控，客户都非常熟悉，由此可见，这对夫妇在来之前一定收集了各种汽车方面的资讯。目前，这种客户在来采购之前尽量多地收集信息的现象越来越普遍。40%的汽车消费者在采购汽车之前都通过互联网搜索了足够多的相关信息，这些客户多数都拥有高收入、高学历，而且多数倾向购买较高档次的汽车（如越野汽车），这将为车行带来更高的利润。其实，客户对汽车越是了解，对汽车的销售人员就越有帮助，但是，现在有许多销售人员都认为这样的客户不好对付，太内行了也就没有任何销售利润了。乔治却认为，越是了解汽车的客户，越是没有那些不甚了解的客户所持的小心、谨慎和怀疑的态度。

这对夫妇看来对"探险者"非常感兴趣。乔治又展示了"远征者"———一种较大型的越野车，后者的利润会高一些。这对夫妇看了一眼展厅内标有价格的招牌，叹了口气说，超过他们的预算了。这时，乔治开了一个玩笑："这样吧，我先把这辆车留下来，等你们预算够了的时候再来。"夫妇俩哈哈大笑。

乔治此刻建议这对夫妇到他的办公室来详细谈谈。这也就是汽车销售流程中的第5个步骤——协商。协商通常都是价格协商。在通往办公室的路上，他顺手从促销广告上摘了两个气球下来，给看起来无所事事的两个孩子玩，为自己与客户能够专心协商创造了更好的条件。

汽车行销售人员的办公桌一般都是两个倒班的销售人员共同使用的，尽管如此，乔治还是在桌上摆着自己以及家人的照片，这便创造了另外一个有可能与客户谈到的共同话题。他首先登记了夫妇俩的名字和联系方式。通常采购汽车的潜在客户都不会是第一次来就决定购买，留下联系方式，等客户到其他的车行都调查过以后再联系客户，成功性会高许多。他再一次尝试着问夫妇俩的预算是多少，但他们真的非常老练，反问道："你的报价是多少?"乔治断定他们一定已经通过多种渠道了解了该车的价格情况，因此，乔治给出一个比市场上通常的报价要低一点的价格。但是，夫妇俩似乎更加精明，提出了一个很低的价格，如果以他们提出的价格成交，乔治实际只能挣到 65 美元，因为这个价格仅比进价高 1%。乔治无法接受这个价格，于是乔治说："如果按照这个价格，恐怕一些配置就没有了"。乔治又给了一个比进价高 6% 的报价。经过再次协商，双方最终以比进价高 4% 的价格达成了一致。对于乔治来说，这个价格带来的利润很小，不过还算可以，毕竟，客户第一次来就能够到达这一步已经不错了；而这个价格意味着车行可以挣到 1000 美元，乔治的提成是 250 美元。

乔治非常有效率地做好了相关的文件，因为需要经理签字，只好让客户稍等片刻。通常，对于车行的销售经理来说，最后检查销售人员的合同并予以确定是一个非常好的辅导缺乏经验的销售人员的机会。乔治带回经理签了字的合同，但在这时，夫妇俩却说他们还需要再考虑一下。此时，乔治完全可以使用另外一个销售技巧，那就是压力签约，他可以运用压力迫使客户现在就签约，但是他没有这样做，他宁愿让他们自由地离开。这其实也是这个车行的自我约束规则，这个规则表示，如果期望客户回来，那么不应使用压力，应该让客户在放松的气氛下自由地选择（受过较高教育的客户绝对不喜欢压力销售的方式）。乔治非常自信他们会回来，他给了他们名片，并表示欢迎他们随时与他联系。

两天以后，客户终于打来了电话，表示他们去其他车行看过了，但是不喜欢那里的销售人员，所以准备向乔治购买自己喜欢的车，虽然价格还是高了一点，但是可以接受。他们询问何时可以提车，令人高兴的是，车行里有现车，所以乔治邀请他们下午来。

下午夫妻俩来了，接受了乔治推荐的延长保修期的建议，乔治给他们安排了下一次维护的时间，并且介绍了售后服务的专门人员及售后服务的安排——汽车销售流程的最后一个步骤。此外，还与车行专门的维护人员确定了 90 天后回来更换发动机滤清器。这个介绍实际上是要确定这辆车以后的维护都会回到车行，而不是去路边廉价的小维修店。

任务思考

思考：利用销售相关知识，思考分析以上成功案例当中，汽车销售顾问除了掌握流程性的汽车销售技能之外，还需要具备哪些素质。

汽车展厅推介

通过本项目的学习，了解客户开发与管理的方法，掌握展厅接待和汽车产品静态、动态展示的方法，并了解报价的时机和方法。

同时通过案例分析、课堂演练、角色扮演，使学生能够使用商务礼仪接待顾客，有效展示汽车产品，并最终引导客户成交。

【项目描述】

在汽车展厅销售过程中，往往会经历开发与管理潜在客户、展厅接待客户、向客户静态和动态展示汽车产品、促进成交等几个环节，本项目根据汽车销售过程中这几个实际的工作内容，设计了4个学习任务。

任务一 开发与管理潜在客户

【知识目标】

- ⊅ 掌握潜在客户的含义。
- ⊅ 掌握寻找潜在客户的原则。
- ⊅ 掌握客户开发的方法与流程。
- ⊅ 掌握客户分级管理的方法。

【技能目标】

- ⊅ 能对潜在客户进行有效开发。
- ⊅ 能对客户进行有效分级管理。

📋 【项目剖析】

　　销售过程的第1个步骤就是寻找潜在客户，广泛的潜在客户是产生现实客户的基础，对潜在客户的有效管理和培养是增大客户群的有效途径。汽车销售顾问必须先确定销售的对象，才能开展有效的销售工作。因此，销售顾问应针对产品的市场目标寻找相应的潜在客户。

📝 【知识准备】

一、潜在客户开发方法及流程

（一）潜在客户

　　潜在客户是指那些还没有使用产品，但有购买某种产品或服务的需要、有购买能力、有购买决策权，对产品所提供的功能有所需求的客户。

　　寻求潜在客户是一项艰巨的工作，特别是对于刚刚从事汽车销售行业的销售人员来说，更需要花费较多的精力并通过多种方法来寻找潜在客户。

（二）客户分类

（1）潜在客户　尚未接触，也尚未购车的客户。

（2）有望客户　已经接触，但尚未购车的客户。

（3）战败客户　已经接触，但购买其他品牌汽车的客户。

（4）基盘客户　已经接触，且已经购车的客户。

【小知识 2-1】

销 售 漏 斗

　　"销售漏斗"又称"营销漏斗"，是客户资源管理中非常重要的销售过程管理图形化跟踪与分析工具。

　　在汽车销售当中，在潜在客户向基盘客户的逐步转变过程中，每个环节均不断地有部分客户流失，就像漏斗一样层层筛选，留到最后能够成交转变成基盘客户（也称保有客户）的，仅仅是众多潜在客户中非常少的一部分，这就是所谓的"客户漏斗"，如图 2-1 所示。

　　漏斗的顶部是有购买需求的潜在客户，漏斗的上部是将本品牌产品列入候选清单的意向客户，也就是洽谈阶段的客户。漏斗的中部对应的是正在报价或者进入成交阶段的客户，漏斗的下部是已经下订单的客户，而从漏斗中流出的就是基盘客户。

　　由于销售的每个环节均有客户流失，并且经过数据统计，每个环节的客户流失率都较为稳定，因此只有提高潜在客户的数量，才能增加最后通过漏斗底部的客户成交量。

　　判断潜在客户的购买能力，有以下两个检查要点：

　　1）信用状况。可从职业、身份地位等收入来源状况，判断其是否具有购买能力。

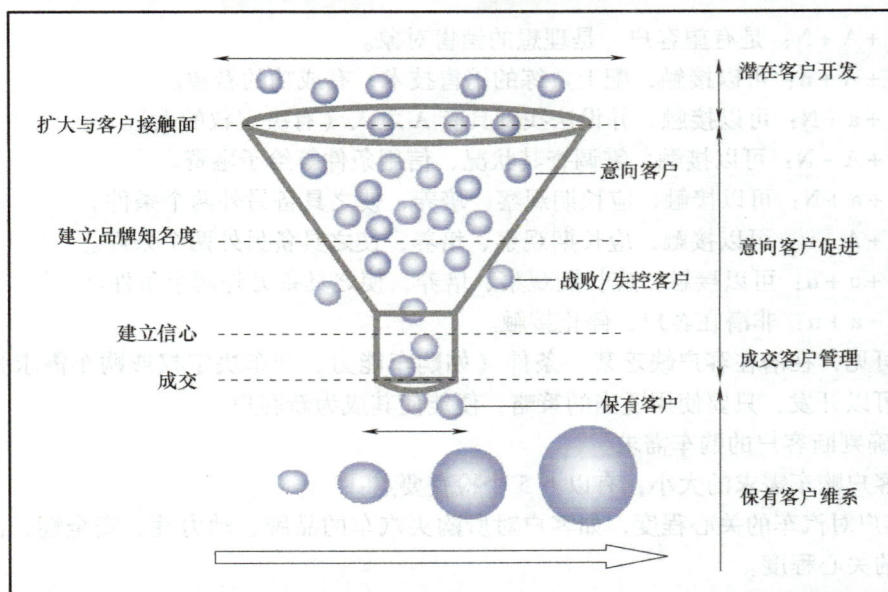

图 2-1 销售漏斗原理

2）支付计划。从客户期望一次付现，还是要求分期付款，以及首付金额的多少等，都能判断客户的购买能力。

（三）MAN 法则

MAN 法则可引导销售人员去发现潜在客户的支付能力、决策权力及需要。

在销售顾问收集的潜在客户的名单中，有相当一部分不是真正的潜在客户。要想提高销售的效率，就必须练就能准确判别真正潜在客户的本领，以免浪费大量的时间、精力和财力。

作为销售顾问，必须对需求有正确的认识：需求不仅可以满足，而且可以创造。事实上，普通销售顾问总是去满足客户的需求、适应客户的需求；优秀的销售顾问则是去发现客户的需求、创造客户的需求。

潜在客户应该具备 3 个条件：有需求，有购买能力，有购买决策权。

判别是否为潜在客户，一般遵循 MAN 法则：

M（MONEY），代表"金钱"，所选择的对象必须有一定的购买能力。

A（AUTHORITY），代表"购买决定权"，该对象对购买行为有决定、建议或反对的权力。

N（NEED），代表"需求"，该对象对产品或服务有需求。

潜在客户应该具备以上特征，但在实际操作中，会碰到表 2-1 所列的状况，应根据具体状况进行操作。

表 2-1 潜在客户的状况

购 车 能 力	购 车 决 定 权	购 车 需 求
M（有）	A（有）	N（有）
m（无）	a（无）	n（无）

其中：

1）M＋A＋N：是有望客户，是理想的销售对象。

2）M＋A＋n：可以接触，配上熟练的销售技术，有成功的希望。

3）M＋a＋N：可以接触，并设法找到具有 A 之人（有决定权的人）。

4）m＋A＋N：可以接触，需调查其状况、信用条件等给予融资。

5）m＋a＋N：可以接触，应长期观察、培养，使之具备另外两个条件。

6）m＋A＋n：可以接触，应长期观察、培养，使之具备另外两个条件。

7）M＋a＋n：可以接触，应长期观察、培养，使之具备另外两个条件。

8）m＋a＋n：非潜在客户，停止接触。

由此可见，在潜在客户缺乏某一条件（如购车能力、购车决定权或购车需求）的情况下，仍然可以开发，只要使用适当的策略，便能使其成为新客户。

1. 准确判断客户的购车需求

判断客户购车需求的大小，有以下 5 个检查要点：

1）客户对汽车的关心程度，如客户对所购买汽车的品牌、动力性、安全性、油耗、维修服务等的关心程度。

2）客户对购车的关心程度，如客户对汽车的购买合同是否仔细研读或要求将合同条文增减、主动要求试驾等。

3）是否符合客户的各项需求，如客户的小孩上学、大人上班是否方便，是否详细了解售后服务流程等。

4）客户对产品是否信赖，客户对汽车品牌是否满意、感觉油耗是否经济等。

5）客户对销售企业是否有良好的印象，客户对销售顾问印象的好坏左右着潜在客户的购买欲望。

2. 准确判断客户的购车能力

判断潜在客户的购车能力，有以下 2 个检查要点：

1）信用状况。可从职业、身份地位等收入来源状况，来判断其是否有购车能力。

2）支付计划。可从客户期望一次付现，还是要求分期付款，以及首付金额的多少等，来判断客户的购车能力。

在对客户购车需求及购车能力这两个因素进行判断后，销售顾问应能够判断客户的购买时间，并做出下一步计划。

（四）寻找潜在客户的渠道

要将汽车产品成功销售出去，首先要找到客户。企业拥有再好、再多的车，如果没有客户，也不能形成销售，特别是在汽车产品日益同质化的今天，市场的竞争更为激烈。

在准备销售之前，开拓准客户是最难的工作，特别是对于那些刚刚投入销售行业的销售新人来说，更是如此。汽车 4S 店潜在客户开发的渠道主要有以下几个，如图 2-2 所示。

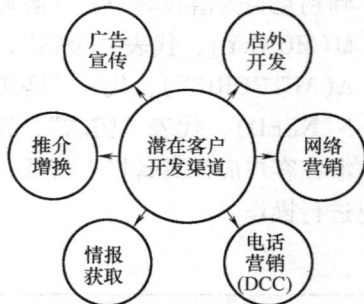

图 2-2 4S 店潜在客户开发的主要渠道

1. 广告宣传

在对顾客渠道信息来源、顾客来源进行分析后，有针对性地选择广告载体，达到宣传效果最大化，这也是提高销售服务中心知名度和增加潜在客户开发数量的方式之一。

2. 推介增换

推介介绍新顾客：利用俱乐部活动、车主讲座、自驾游、促销优惠活动、新车上市、节假日、生日等契机，用客户喜欢的方式主动与其保持联系；主动请保有客户推介亲朋好友关注及购买，并引导其留下推介客户的姓名和联系方式。

增购/二手车置换：在与回店保有客户的交流中发掘新的增购、换购需求，使其成为新的意向购买顾客。离职销售顾问应将其所有顾客资源转交给新的销售顾问以继续跟踪回访。

3. 情报获取

内部情报：销售顾问可利用亲朋关系建立内部情报网，获取意向顾客信息。

外部情报：销售顾问可利用同行/上下关联企业/政府部门/二手车行/修理厂等业务单位提供的信息进行大客户销售及政府采购业务。

4. 电话营销（DCC）

设立专员进行电话接听与跟进工作，解决意向客户无人持续沟通、客户资源浪费的问题；提升留档率及客户意向级别，进而邀约客户到店并由销售专员负责接待并促使其成交。

5. 网络营销

设立专员快速、准确、专业、及时地回答客户关心的问题和疑虑，利用网络体验品牌的产品及服务，并获取促销信息。

通过优惠、促销、团购等营销手段，引导意向客户主动留下联系方式和购车需求等相关信息。

在网络营销时，特约店的联系方式（电话邮箱地址等）应展示在醒目位置，方便客户使用他们喜欢的方式联系特约店。

6. 店外开发

由销售经理联合市场经理，组织具有针对性的市场活动，如本地小型车展、试乘试驾体验、跨行业合作、促销、推广活动等，以此吸引有意向购买本品牌汽车的客户。

【案例 2-1】

店外开发——跨行业合作

销售顾问："早上好/下午好！我是××店的销售顾问张三，弓长张的张，一二三的三，您是××先生/女士吗？希望没有打扰到您。您现在说话方便吗？能够给我 3 分钟的时间简单问您几个问题吗？"

客户："可以。"

销售顾问："××银行是我们店最紧密的行业合作伙伴，并且跟我们签订了长期的大客户购车协议，同时还向我们提供了包括您在内的优质客户名单。到今天为止，已经有很多客户与我们达成了购车意向。××先生/女士，您想具体了解一下这家银行与我们店共同为您制订的"按揭无忧"喜悦购车方案吗？"

销售顾问："××银行本次特别为您这批优质客户提供了如'零首付、免利息'等多套购车金融方案，而且每套购车方案都有一定的名额及时间限制。"

销售顾问："××先生/女士，因为名额有限，我现在可以为您先保留一个名额，您只需跟我们核对一下验证信息就可以了。"

销售顾问："××先生/女士，感谢您的支持，现在就帮您和您在银行的专属理财经理共同约一个时间。我们的活动截止日期是这个月底，明天是周末，您看明天是上午还是下午来比较方便？"

（五）潜在客户信息收集

在开发潜在客户的过程中，重要的是建立良好的关系和信息的收集，一般主要收集潜在客户4个方面的信息，见表2-2。

表2-2 所要收集的潜在客户的信息

客户个人资料：	竞争对手资料：
1）家庭及家乡状况、文化程度	1）竞争车型的使用情况
2）喜欢的运动、餐厅和食物	2）竞争车型的优劣对比分析
3）喜欢的娱乐项目、宠物	3）客户对竞争车型的满意程度
4）喜欢阅读的书籍及平时的行程安排	4）竞争对手的销售代表的名字和销售特点
5）在机构中的作用、同事之间的关系	5）该销售代表与客户的关系
6）今年的工作目标	6）……
7）个人发展计划和志向	
客户所处机构资料：	项目资料：
1）客户所在的组织机构	1）客户最近的采购计划
2）客户各种形式的通信方式	2）通过整个项目要解决什么问题
3）客户所购车辆的使用部门、采购部门、支持部门	3）使用者、决策者和影响者
4）车辆具体使用人员、维护人员、管理层、高层	4）采购时间表
5）客户公司车辆的使用情况，客户的业务情况	5）采购预算
6）客户所在行业的基本状况	6）采购流程

二、分级管理潜在客户

（一）潜在客户的分类与评估

为了实现销售的成功，销售顾问必须对潜在客户进行适当的评估。因为如果没有可以让客户满足的需求，就没有产品的销售说明，自然就不会销售成功。在开始进行销售说明之前，适当地评估潜在客户，才能有针对性地对客户进行销售策略的制订，提高销售的有效性，最终促进销售的完成。

在取得客户的信任、缩短与客户的距离之后，销售顾问需要做好对来店、来电客户等意向客户的管理工作。4S店一般都通过客户管理工具将与客户交流的过程，包括客户的想法和要求、客户的意向级别等详细地记录下来，并把这些信息用计算机信息管理系统进行管理。

1. 潜在客户的分类

目前，主要根据 MAN 模型以及客户意向级别来确定潜在客户。潜在客户虽然都有可能达成交易，但为了获得最大的效益，提高销售业绩，应该将这些潜在客户进行分类管理，以提高销售的有效性。一般将潜在客户进行以下分类。

（1）根据可能成交时间的紧迫性分类 所谓紧迫性，是指客户对购买公司产品/服务或成交时间长短的迫切程度。

1）1个月内可能成交的客户，被称为渴望客户。

2）3个月内可能成交的客户，被称为有望客户。

3）超过3个月才能成交的客户，被称为观望客户。

对于渴望客户，销售人员可以增加访问的频率与深度；对于有望客户，销售人员需要积极争取，主动出击；对于观望客户，销售人员需要做出进一步的判断与评估，然后安排访问的时间。

（2）按客户意向程度分类 客户的意向级别一般是根据客户的意向程度来确定的，一般可设为A、B、C、D 4个级别。

1）A级是指已缴纳购车订金的。

2）B级是指品牌、车型、价格、交车期等主要因素都已确定，只是对诸如颜色等非主要因素还要进行商量和确认，一般情况下能够在1周内付款、订车的。

3）C级是指品牌、车型、价格、交车期等主要因素中有一部分已确定，如对购车的价格范围已经确定，但却不知具体购买哪个品牌、哪种型号等，还需再了解、咨询，一般情况下在1个月内可以决定付款、订车的。

4）D级是指已有购车愿望，可能尚在等待一笔钱到账或者先行对汽车的品牌、车型、价格、颜色、付款方式等问题进行调查、咨询和了解，一般情况下需要1个月以上的时间才能够付款订车的。

不同的汽车品牌按意向级别分类的方法稍有不同，如日产、莲花品牌按照客户意向级别不同分为O级、H级、A级、B级、C级，其客户级别判定与跟踪频率见表2-3。

表2-3 客户级别判定与跟踪频率

级 别	判 别 基 准	购买周期	客户跟踪频率
O级 （订单）	购买合同已签 全款已交但未提车 已收订金	预收订金	至少每周进行1次维系访问
H级	车型、车色、型号已选定 已提供付款方式及交车日期 分期手续进行中 二手车置换进行处理中	7日内成交	至少每两日进行1次维系访问
A级	车型、车色、型号已选定 已提供付款方式及交车日期 商谈分期手续 要求协助处理旧车	7~15日成交	至少每4日进行1次维系访问

（续）

级　别	判别基准	购买周期	客户跟踪频率
B级	已谈判购车条件 购车时间已确定 选定下次商谈日期 再次来看展示车辆 要求协助处理旧车	15～30日成交	至少每周进行1次维系访问
C级	购车时间模糊 要求协助处理旧车	1个月以上的时间成交	至少每半个月进行1次维系访问

注：客户跟踪频率时间以与客户约定的访问时间为第一优先；以经销店销售活动的时间为参考，可适当调整。

在对潜在客户进行分类与不断分析后，可排除那些完全无希望的潜在客户，进行均衡化的销售活动，使销售业绩不至于发生很大的起伏。保持多数潜在客户，可增大销售顾问的信心。销售顾问应尽可能频繁地访问潜在客户，可以通过打电话、发邮件等方式联络客户。

当然，意向客户级别的确定是指一般情况下的常例，由于会受到多种不确定性因素的影响，其变动系数是很大的。比如，有的客户虽然已经交付了购车订金，但也随时存在着客户退订的可能；再如，原本要1个月才能决定的客户，也有可能在1周内就决定付款购车。另外，不同的公司对意向客户的分级标准和名称会有所不同。

2. 潜在客户的评估

评估潜在客户一般要经过以下3个步骤：

1）问诊客户，仔细询问并且聆听。

2）由诊断的结果界定客户需要什么样的问题解决方法。

3）让客户知道销售顾问所销售的产品能够解决客户的问题。

针对评估潜在客户的第3点，销售顾问要问自己4个问题。

第一个问题：潜在客户是不是真的想要你的产品或服务？

第二个问题：潜在客户是不是真的需要你的产品或服务？

第三个问题：潜在客户是不是能够使用你的产品或服务？

第四个问题：潜在客户是不是买得起你的产品或服务？

身为一位专业的销售顾问，必须能回答这几个问题，唯有所有答案都是正面肯定的，才能继续下一个销售步骤。

此外，销售顾问首先要建立对自己的信任，并且在此基础上说服客户，说明产品能给其带来的实际效用，才能使客户最终下定决心向你购买产品。

（二）潜在客户的分级管理

客户管理的目的有两个：一是通过有规划地广拓客源、科学地层层筛选及维护，建立资源丰富的客户宝库；二是在现有客户中产生最大的销售回报。客户管理的工作均围绕这两点展开，其具体的方法有以下几种。

1. 建立客户档案

要进行有效的客户管理，首先要对客户有充分的了解，能及时了解客户的各种变化，能够科学地记录、分析、整理、归类各种相关资料，也就是要建立客户档案，填写客户资料卡，见表2-4。

表2-4　客户资料卡

基本信息	姓　　名		日　　期	
	公司地址		电　　话	
	私人地址		电　　话	
	职业			
	最佳联系时间			
	影响购买的因素			
	兴趣爱好			
购买需求	车　　型		特殊选装要求	
	信息来源		交易类型	
	资金来源		竞争对手	
当前车辆	品　　牌		型　　号	
	生产年份		注册日期	
	车辆状态		里　　程	
	牌照号码			
补充信息				
交易失败信息				
汽车销售顾问				
日　　期	C	T	L	联系报告	下次联系

2. 客户级别分类的意义

将客户进行分类后，可按照意向级别将其分别填在表上，以便以后根据客户意向级别，按照设定的时间追踪方法对其进行追踪联系。客户级别分类的意义主要表现在以下两个方面：

第一，对于销售经理来说，可以及时了解到很多信息，便于日常工作的掌控和管理，合理有效地安排工作和资源。

例如，可以了解来店、来电客户的购车意向级别，各时段来店的客户情况，客户留下资料的比例，来店成交率，来店客户的喜好车型，值班销售顾问的销售能力等。

因此，销售顾问需要不断地联系和管理客户，不断地重新认定客户的购车级别，这样才能在变动中准确地把握公司的意向客户，把握住各阶段的市场信息，从而提高自己客户管理的能力。

第二，对于销售顾问来说，便于其改进工作质量，提高工作水平；便于登记和保留来电、来店的客户资料；便于作为其继续联系客户和判断客户级别的依据；便于了解个人的销售能力；便于通过与其他销售顾问的业绩对比来增加自己提高销售业绩的动力；便于获得同事的帮助。

三、潜在客户跟进

从和客户的第一次接洽开始直至成功销售，销售顾问要紧密跟进客户，增加客户的购买信心。潜在客户跟进主要有两个目的：一是维持潜在客户的群体规模，避免潜在客户流失；二是可有效利用潜在客户信息资源，促使潜在客户向现实用户转变。

进行潜在客户跟进后，应及时将潜在客户的跟进信息填进 DMS（汽车经销商管理系统）和"客户洽谈卡"，并根据潜在客户的反馈内容、购买热情，来决定是否继续跟进。

（一）潜在客户跟进的方式

1. 发短信

短信的特点是既能及时有效地传递信息，又不需要接收者当即做出回答，对接收者打扰很小，非常"含蓄"，更符合中国人的心理特点。发短信形式多样，有短信提醒、短信通知、短信问候等，这些方式的优势在于保证对方一定能收到，即"有效传播"，但是也很容易被不小心地删除。

2. 电话邀约

打电话是为了获得更多的客户需求和信息。电话邀约的目的是借助试乘试驾、市场活动等，引发客户的兴趣，让客户到门店来体验汽车产品，增加销售的机会。

3. 发送电子邮件

利用电子邮件进行客户跟进和产品宣传，既节省了纸张，又迅速快捷，且附带多样化内容。文字、图片、动画、视频等均可通过电子邮件即时传递到客户面前。这是一种方便快捷的跟进方式，所见即所得，信息量大，目的性强。

4. 来电接听

对销售人员来讲，接听电话是一门学问，也是增进沟通的一座桥梁。客户主动来电说明其已经开始接受并认可你了。因此在接听电话时，要注意电话接听礼仪，态度要热情，语气要和善，声音要洪亮，并应及时且认真地对待客户的诉求。

【小知识 2-2】

接听电话规范

1）提前准备好各种车型介绍彩页、各类增值服务介绍、竞品资料信息、最新销售和售后信息、售后服务基本信息、车辆和增值产品报价单、内部通信录、电话内容记录等相关文件工具，以备查询。

2）设置电话接听排班表，随时确保专人实时接听电话。

3）特约店所有电话以及所有员工的手机均采用统一的问候铃声，应于电话铃响3声（或3秒）内接听。

4）按照统一话术进行自我介绍。

5）问候客户，感谢致电，主动询问对方怎么称呼。

6）客户如需转接，要在20秒内顺利转接电话，并留意是否连接成功。

7）尽可能详细地发掘客户的需求，比如感兴趣的车型、排量、颜色、价格、配置等，准确而有针对性地回答客户的问题。

8）对于不能立即给予答复的问题，销售顾问应解释原因，并和客户约定好进行反馈的具体时间。

9）主动邀请客户到店，以进行进一步洽谈，并邀请客户参加试乘试驾活动。

10）如有当期市场活动，主动邀请客户参加活动。

11）根据客户到店方式，主动告知到店路线。

12）留下客户的联系方式，以感谢语结束通话，并在客户挂断电话之后再挂断。

13）通话结束后，将客户的联系方式、谈话内容、需求发现等信息立即录入DMS和"来电登记表"。

14）在来电咨询新车的客户挂断电话后1分钟内，负责接待的销售顾问发送温馨短信。

【案例2-2】

来电接听案例——客户询问某款车型

销售顾问："早上好/下午好！我是××店的销售顾问张三，弓长张的张，一二三的三，感谢您的致电，请问您怎么称呼？"

（您好！这里是×××4S店，我是销售顾问×××，很高兴为您服务。

您好！这里是×××4S店，我是销售顾问×××，请问有什么可以帮您吗？

您好！这里是×××4S店，我是销售顾问×××，有什么可以为您效劳的吗？）

客户：我想咨询××车型。

销售顾问：（提出来店邀请）"您的眼光真的很好，这个系列的车现在卖得很火，现在店里有现车，今天也正好有两辆车要交付，接下来很快还会有车到店。您已经想好具体要买这个系列的哪款车型了吗？内饰要什么颜色的？配置方面有什么具体的要求？您打算在什么时候提车？××先生您今天打电话过来真的很巧，正好明天我们举办全系型的试驾会和关于这个系列车型的为期一周的专题促销会，我现在就帮您登记，请问您的联系方式是……"

销售顾问：（预约到店时间）"××先生/女士，您看明天您是上午还是下午来？（假设客户回答上午到店）那我们就明天上午10点见，我是××店的销售顾问张三，明天您一进门看到最高的那个小伙子就是我。挂电话后我会把地址及联系方式的信息发到您的手机上。"

5. 发传真

销售人员经常会在接到客户的询问之后，被要求传真一份参数过去，先让客户对产品有一个基本了解。发传真也是一种很好的跟进方式，可以通过传真发送字迹清晰的参数表、明确的展厅线路图、品牌的官方网站及相关网址列表、销售顾问详细的个人联络方式及名片放大复印图，随时表现自己的专业服务。

6. 寄送邮件

寄送邮件就是以实物为代表和客户进行接触。邮递内容包括产品资料、车型目录、车辆参数、车主杂志、报纸媒体摘编，以及贺卡、生日卡、祝福卡、小礼物、活动邀请函、参观券等，这些都是维系客户关系的方式。这种客户维系方式由销售顾问掌握主动权，而且经常会给客户带来意想不到的惊喜，令客户眼前一亮。

7. 上门拜访

根据相关数据统计，上门拜访是成功率较高的一种客户跟进办法，但同时成本也相当昂贵。

【小知识2-3】

上门拜访客户

由于我国目前多采用"店销"的形式，因此销售顾问只要守在展厅里面，被动地等待客户来店咨询或者来店看车，做好接待工作就可以了。开发客户在我国被认为是和上门销售一样费力不讨好的工作，这种不正确的认识造成我国汽车销售顾问的销售业绩不佳，而日本、美国等其他国家则不同，日本的汽车销售顾问平均要上门拜访30次才能成功销售一辆汽车，美国的汽车销售顾问则是被认为最能跟进客户的人之一。

上门拜访客户是汽车销售顾问进行潜在客户开发最常用的方法之一，与客户第一次面对面地沟通，有效地拜访客户，是汽车销售迈向成功的第一步。只有在充分的准备下拜访客户，才能取得成功。

（一）良好的拜访形象

上门拜访客户尤其是第一次上门拜访客户，难免相互存在一点戒心，不容易放松心情，因此汽车销售顾问要特别重视留给客户的第一印象，得体的拜访形象可以在成功之路上助你一臂之力。

（1）外部形象　服装、仪容、言谈举止乃至表情动作都力求自然，即可以保持良好的印象。

（2）控制情绪　不良的情绪是阻碍成功的大敌，要学会控制自己的情绪。

（3）投缘关系　清除客户的心理障碍，建立投缘关系就建立了一座可以和客户沟通的桥梁。

（4）诚恳态度　"知之为知之，不知为不知。"

（5）自信心理　只有做到"相信公司、相信产品、相信自己"才可以树立强大的自信心理。

（二）拜访前的准备

接触是促成交易的重要一步，上门拜访接触是成功的基石。

1. 计划准备

（1）计划目的　由于销售模式是具有连续性的，因此上门拜访的目的是推销自己和企业文化，而不是产品。

（2）计划任务 销售顾问的首要任务就是把自己"陌生之客"的立场在短时间内转化成"好友立场"。

（3）计划路线 销售顾问要做好路线规划，统一安排好工作，合理利用时间，提高拜访效率。

（4）计划开场白 如何使客户允许自己进门是销售顾问的最大难题，好的开始是成功的一半，同时可以占据大部分先机。

2. 外部准备

（1）仪表准备 "第一印象的好坏90%取决于仪表"，上门拜访要成功，就要选择与场合相协调的服装，以体现专业形象，以期通过良好的个人形象向客户展示品牌形象和企业形象。最好是穿公司的统一服装，会让客户觉得公司很正规，管理很规范。

着装需要考虑被访的对象，如着装反差太大反而会使对方不自在，会无形中拉开双方的距离。如果工程机械销售顾问西服笔挺地到工地拜访客户，双方就难有共同语言。因此，一般销售顾问最好的着装方案是"客户 + 1"——只比客户穿得"好一点"，既能体现对客户的尊重，又不会拉开双方的距离。

（2）资料准备 "知己知彼，百战不殆！"要努力收集客户资料（教育背景、生活水准、兴趣爱好、社交范围、习惯嗜好等），掌握活动资料、公司资料和同行业资料。

（3）工具准备 "工欲善其事，必先利其器。"一位优秀的销售顾问除了要具备锲而不舍的精神外，一套完整的销售工具是绝对不可缺少的。凡是能促进销售的东西，销售顾问都要带上。调查表明，销售顾问在拜访客户时，利用销售工具可以降低50%的劳动成本，并提高10%的成功率和100%的销售质量！这里所说的销售工具包括产品说明书、企业宣传资料、名片、计算器、笔记本、笔、价格表、宣传品等。

（4）时间准备 如提前与客户预约好了时间，应准时到达，到得过早会给客户一定的压力，到得过晚会给客户留下"我不尊重你"的印象，进而会令客户产生不信任感，因此最好是提前5~7分钟到达，做好进门前的准备工作。

3. 内部准备

（1）信心准备 销售顾问的心理素质是决定成功与否的重要原因，应突出自己最优越的个性，让自己人见人爱，还要保持积极乐观的心态。

（2）知识准备 上门拜访是销售活动前的热身活动，这个阶段最重要的是提出客户关心的话题以制造机会。

（3）拒绝准备 大部分客户是友善的，换个角度去想，在接触陌生人的初期，每个人都会本能地抗拒以保护自己，所以会找一个借口回绝你，并不是真的讨厌你。

（4）微笑准备 你希望客户怎样对待你，你首先就要相同地对待客户。

（三）选择拜访客户的最佳时间

在销售行业，不少销售顾问之所以销售失败，往往是因为选错了拜访客户的最佳时间。不能在最佳时间拜访客户，就无法获得客户的好感，拜访也就无从谈起。

拜访客户的最佳时间应当是客户最空闲的时间，这样双方才能达到充分交流与沟通的效果。下面以第一次拜访客户为例，说明拜访各类型客户的最佳时间，供销售顾问参考（表2-5）。

表2-5　拜访各类型客户的最佳时间建议

客 户 类 型	建议拜访时间
公司职员、公务员	如果到公司去拜访，最好在上午11点之前
企业负责人	最好在刚上班时拜访，因为此时拜访他们，见到的概率最高
产业工人	最好在午饭时间拜访，或在晚上6—8点拜访
医生	最好的拜访时间应当选在上午7—8点
值班人员	最好在晚上7—9点拜访
教师	最好在下午4点半左右拜访
家庭主妇	家庭主妇一般在上午9—11点、下午2—4点不忙于做家务，可以在这个时间段去拜访她们
夜市老板	最好在下午2点左右拜访
商店老板	最好在上午刚开门时拜访，这时商店刚开门，客流不大，他们有空闲时间
其他	对于难以总结出作息规律的行业，一般最好在晚饭后拜访

（四）拜访方法与步骤

1. 上门拜访的10分钟法则

（1）开始10分钟　虽然销售人员与从未见过面的客户之间没有沟通过，但"见面三分情"，因此刚开始的10分钟很关键，这10分钟主要用于消除陌生感而进行的沟通。

（2）重点10分钟　了解客户需求后自然过渡到谈话重点，千万不要画蛇添足地超过10分钟。这10分钟主要是用于情感沟通，以判断客户是否是目标客户。

（3）离开10分钟　为了避免客户烦躁导致上门拜访失败，最好在重点交谈后10分钟内离开客户家。给客户留下悬念，使其对活动产生兴趣。

2. 第一次上门拜访的7个步骤

（1）第1步——确定进门　进门之前应先按门铃或敲门，然后站立门口等候。敲门以3下为宜，声音有节奏但不要过重。采用的话术："××在家吗？我是××公司的小×！"主动、热情、亲切的开场白是顺利打开客户家门的金钥匙。对方开门后一定要展示自己诚实大方的精神面貌，不要有傲慢、慌乱、卑屈、冷漠、随便等不良态度。同时，严谨的生活作风能代表公司与个人的整体水准，千万不要让换鞋、雨伞滴水等小细节影响正事。

（2）第2步——赞美观察　上门拜访过程中会遇到形形色色的客户，每一位客户的认知和态度是不同的，要持有一个理念："没有不接受产品和服务的客户，只有不接受销售产品和服务的营销人员的客户。客户都是有需求的，只是选择哪一种品牌的产品或服务的区别而已"！

　　人人都喜欢听好话，赞美的语言是最好的销售武器。可以通过房间布局和布置、气色、气质、穿着等话题进行交流。赞美是一种非常好的沟通方式，但不要过于夸张地进行赞美，这会给人留下不好的印象。

　　通过观察可以了解客户的身份、地位、爱好等，从而判断是否是目标客户。

　　观察六要素：门前的清洁程度，进门处鞋子的摆放情况，家具摆放及装修状况，家庭成员及气氛明朗程度，宠物、书画、屋中杂物摆放状况。

　　（3）第3步——有效提问　销售顾问是靠口才来赚钱的，凡是优秀的销售顾问都具备良好的沟通能力。但"客户不开口，神仙难下手"，销售顾问应通过有效的提问，让客户来主动讲话，从而与客户进行有效沟通。

　　1）提问的目的，就是通过沟通了解客户是否是所要寻找的目标客户。

　　2）提问时应注意：

　　↗　确实掌握谈话目的，熟悉谈话内容，这样谈话时才有信心。

　　↗　预测与对方的面谈状况，准备谈话的主题及内容。

　　↗　努力给对方留下良好的第一印象，即努力准备见面最初15~45秒的开场白提问。

　　3）寻找话题的8种技巧。

　　↗　仪表、服装："阿姨这件衣服料子真好，您是在哪里买的？"客户回答："在×××买的"。销售人员就要立刻有反应，客户在这个地方买衣服，消费水平很高。

　　↗　乡土、老家："听您口音是湖北人吧？我也是……"不断以这种提问拉近关系。

　　↗　气候、季节："这几天热得出奇，去年……"

　　↗　家庭、子女："我听说您女儿是……"

　　↗　饮食、习惯："我发现一家口味不错的餐厅，下次咱们一起尝一尝。"

　　↗　住宅、摆设、邻居："我觉得这里布置得特别有品位，您是做这个行业的吗？"了解客户的工作性质并能确定是不是目标客户。

　　↗　兴趣、爱好："您的歌唱得这么好，真想和您学一学。""我们公司最近正在办一个老年课程，其中有歌唱这门课，不知阿姨有没有兴趣参加呢？"可以用这种提问技巧销售公司的企业文化，加深客户对企业的信任。

　　↗　线索、侦察：从蛛丝马迹中就可以了解到客户喜欢的一些话题。

　　4）上门拜访提问绝招：

　　↗　先让自己喜欢对方再提问，向对方表示友好，尊敬对方。

　　↗　尽可能以对方的立场来提问，谈话时注视对方的眼睛。

　　↗　开放性问题所回答的面较广，不容易被客户拒绝。

　　↗　特定性问题可以展现你的专业身份，由小及大、由易及难地多问一些引导性问题。

　　↗　问二选一的问题，帮助犹豫的客户做决定。

➚ 先提问对方已知的问题提高职业价值，再引导性地提问对方未知的问题。

（4）第4步——倾听推介 销售人员要少说话、多听、多看。

销售人员应通过倾听获取客户信息，这有助于对客户进行需求分析，在倾听时要集中精神、快速思考、抓住内容的精髓。

（5）第5步——克服异议 在汽车销售的过程中，任何时候客户都有可能提出异议。因此，作为销售人员应该正确对待客户异议，明白客户异议是成交的开始，只有处理好客户异议，才能促进成交。

（6）第6步——确定达成 销售人员应该从客户的举止、言谈中正确识别客户的成交信号，并抓住这些信号，进而把握成交的契机。

（7）第7步——致谢告辞。

1）时间：初次上门拜访时间不宜过长，一般控制在20～30分钟。

2）观察：细心观察当时的情况，如发现客户有频繁看表、经常喝水等动作时，应及时致谢告辞。

3）简明：在说清楚事情之后，不要再进行过多修饰。

8. 展厅约见

客户既然愿意预约来到展厅，就表明他本人对此款车型已经有了相当强的购买意愿。展厅约见的基本理由包括：新车型到店，客户中意的颜色到店，新配置车型到店，邀请参与试乘、试驾，店头促销活动邀请等。

【小知识2-4】
80%的销售是在第4～11次跟踪后完成的

美国专业营销人员协会和国家销售执行协会的统计报告数据如下：

2%的销售是在第1次接洽后完成。

3%的销售是在第1次跟踪后完成。

5%的销售是在第2次跟踪后完成。

10%的销售是在第3次跟踪后完成。

80%的销售是在第4～11次跟踪后完成。

（二）潜在客户跟进的流程

潜在客户跟进主要包括跟进准备、联系客户、跟进总结3个环节，具体内容如下。

1. 跟进准备

（1）跟进计划

1）根据"客户洽谈卡"当中的客户意向级别，以及喜好的联系方式和时间制订客户跟进计划。

2）跟进计划应包括跟进的内容及频率，下面以按购买意向分A、B、C、D四个级别为例进行说明：

A 级跟进目的：完成交车；跟踪频率：根据车实际到店日期设定跟踪频率。

B 级跟进目的：加速签单；跟踪频率：1 次/2 天。

C 级跟进目的：完成交车；跟踪频率：1 次/周。

D 级跟进目的：完成交车；跟踪频率：1 次/15 天。

（2）联系客户

1）联系前，查看 DMS（汽车经销商管理系统）和"客户洽谈卡"上的交流记录，回顾客户的购车相关需求和兴趣点。

2）了解销售和售后部门最新的促销计划，和销售主管或经理沟通、确认后，作为准备吸引客户的条件。

3）致电前，准备好所有跟进客户时需要用到的文件，如各车型的介绍彩页、增值服务介绍、竞品信息等，以备查询。

4）在 DMS 查看客户的意向车型，了解当前最新的库存情况。

2. 联系客户

1）对所有第一次到店的客户，在离店后 10 分钟内，依照之前约定的联系方式和时间进行客户跟进，并附上销售顾问的联系方式。

2）亲切、友好地问候客户，介绍自己的名字、所属特约店的店名，并简短提及之前客户的拜访经历，以迅速拉近和客户的关系。

3）询问客户是否有时间接听电话，并表示"希望没有打扰到您"。

4）询问客户目前所处的购车决策状态。若客户仍未做出决定，需了解原因。例如，需要更多信息，在和竞品做比较，期待更实惠的价格，个人因素制约等。要对客户所处的决策状况和制约原因表示理解。

5）基于对客户目前状况的了解，可参考以下活动对客户进行邀约：

① 提供试乘试驾的机会。

② 邀请客户来店了解更多产品和服务方面的信息。

③ 邀请客户来店商议价格。

④ 邀请客户来店参加销售和售后的促销活动。

⑤ 邀请客户参加市场活动，例如品牌活动、新品上市、车主俱乐部活动等。

6）若客户接受邀约，要表示感谢，并对约定的时间和内容再次进行确认。若客户已经购买了竞品或已在其他特约店购车，要恭喜客户，同时了解客户选择其他品牌或其他特约店的原因。最后感谢客户，并表示希望有机会再次为其服务。

3. 跟进总结

1）与客户结束联系后，及时将客户的跟进信息填进 DMS 和"客户洽谈卡"，并根据客户的反馈内容和购买热情来修正级别，以决定是否继续跟进。

2）对需要继续跟进的客户，制订下一次跟进计划。

3）若客户已经购买竞品或已在同一品牌的其他特约店购车，要在 DMS 和"客户洽谈卡"中记录客户未购买的原因。

4）每周对失败原因和相关车型进行分析，制订改善对策。销售经理或销售主管要每周跟踪并检查客户跟进情况。

✕【任务实施】

🔖 任务要求

根据以下案例内容，利用本任务涉及的有关销售模式等相关知识进行分析，并回答问题。

📖 任务载体

【案例2-3】

增购潜在客户的开发

客户背景：熊先生约45岁，品牌家具制造商，第一次来展厅时开的车是丰田普拉多4000。

8月下旬，熊先生携太太一行4人来到展厅，从谈话中得知，他目前需要购买一辆越野汽车。他们刚从对面奥迪展厅出来，就来到了我们这边。熊太太初看了"路虎发现3"之后，当场就反对购买此车，认为其太难看。熊先生匆匆了解了车的配置后留下电话就离开了。其间通过近2个月的跟进，最终于10月中旬成交。

📠 任务思考

思考一：利用潜在客户开发的相关知识，你认为熊先生是否是潜在客户？属于哪个级别？

思考二：如果你是一名汽车销售顾问，针对以上案例中客户不同阶段的跟进进行分析，设计相关的跟进话术并填入表2-6中。

表2-6　跟进话术设计

序号	潜在客户资料	跟进方法	建议话术	沟通目的
1	8月客户到店看车，离店大约1小时后			
2	客户来展厅3天后			
3	9月中旬，接到熊先生的电话，说到想做按揭，要销售顾问把购车的相关费用列个明细传真给他			
4	9月下旬，销售顾问从别的途径了解到熊先生10月2日要到新加坡出差			
5	9月下旬，通过和熊先生助理的沟通，得知熊先生想进一步了解路虎的相关情况			
6	10月中旬，熊先生希望购买的路虎绿色车到货，于是通知其到展厅看车			

任务二 展厅接洽

【知识目标】

- ↗ 掌握汽车销售顾问的商务礼仪。
- ↗ 掌握汽车销售前的车辆准备的注意事项。
- ↗ 了解汽车销售前所要准备的销售工具。
- ↗ 掌握汽车展厅接待的方法。

【技能目标】

- ↗ 能灵活运用商务礼仪进行展厅客户的接待。
- ↗ 能根据不同的顾客类型进行有针对性的接待。
- ↗ 能有效解决汽车展厅接待过程中的顾客异议。

【项目剖析】

　　展厅接待是汽车销售中的一个重要环节,也是后续实质性谈判的前奏。汽车制造商与汽车经销商在营销策划时无论是做广告、策划各种促销活动还是进行业务推广,主要都是为了吸引客户进入销售展厅。当企业的营销活动引起客户的注意后,他们就会来到汽车展厅。当客户进入展厅时,销售人员就要开始实质性销售工作的第一步,即销售接待。

　　销售接待如果做得好,就能够给客户留下好印象,为下一步的销售工作打下良好的基础。如果接待失败,则意味着不能再接近客户了,也就是销售工作的终止。

【知识准备】

一、汽车销售流程

　　规范汽车的销售流程、提升销售人员的营销技能和客户满意度,已成为当今各汽车公司以及各4S店的追求。

　　1. 流程的作用与意义

　　(1) 流程的作用　流程的作用是将复杂的销售过程分解为易于理解的和清晰的阶段目标和步骤。

　　(2) 流程的意义　汽车销售流程的意义主要包括:提高销售成功率,提升品牌形象,便于网络和团队内互相借鉴、共享经验,利于自我检查工作质量,便于规范记录和团队合作,使管理层和销售顾问之间的沟通更准确、更清楚。

　　2. 规范的销售流程内容

　　汽车销售指的是整车销售。整车销售是指当客户在选购汽车产品时,帮助客户购买到汽车所进行的所有服务性工作。在整个销售过程中,销售顾问应遵循一定的服务规范,为客户提供全方位、全过程的服务，在销售工作中满足客户要求，确保客户有较高的满意度，提高客户对所销售产品的品牌忠诚度。

汽车销售人员不仅需要有一个流程性的销售技能表现，还需要许多个人素质方面的技能，如沟通的细节问题，拉近距离的方法，发现客户个人兴趣方面的能力以及协商能力。尽管汽车销售流程会给汽车销售人员一个明确的步骤，但是具体的、软性的销售素质还需要依靠灵活的、机智的、聪颖的个人基本实力。汽车销售人员应具备7种必需的销售基本实力，分别是：行业知识、客户利益、顾问形象、行业权威、赞扬客户、客户关系、压力销售。

3. 各汽车品牌规范的汽车销售流程

各汽车品牌（经销商一般是执行整车厂的标准流程）的汽车销售流程各个环节略有不同，但是内容大同小异。例如，一汽丰田标准汽车销售流程包括：集客活动、顾客接待、需求分析、商品说明、试乘试驾、报价说明、车辆交付和售后跟踪8个环节，如图2-3所示。广州本田"喜悦销售流程"包括：售前准备、顾客接待、需求分析、产品介绍、试乘试驾、报价成交、交车环节、售后跟踪8个环节。

随着汽车市场的进一步发展，为了体现以满足客户实时动态的需求为核心，以超越客户的期望值，有些汽车品牌对其汽车销售流程进行了进一步优化。如广汽本田的喜悦销售流程于2012年已经进行了升级，将售前准备和需求分析贯穿到了整个汽车销售流程当中，并称之为"新喜悦销售流程"。这个流程能够反映真实的汽车销售过程，如图2-4所示。

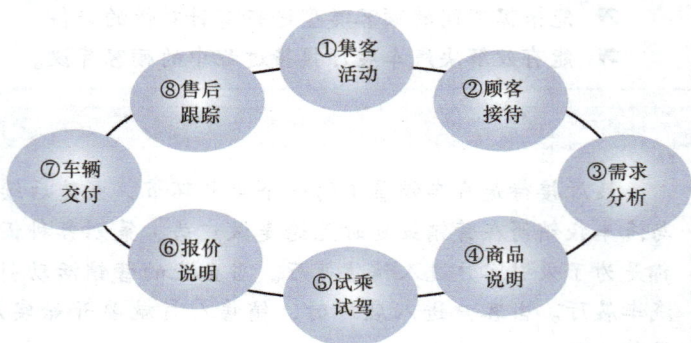

图 2-3 FTMS（一汽丰田）标准汽车销售流程

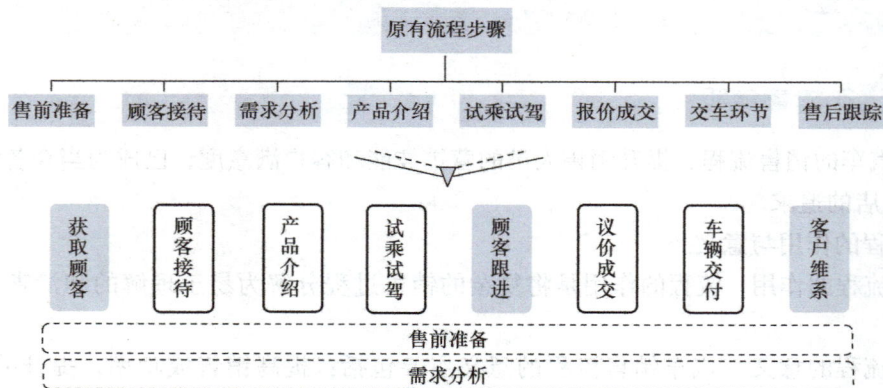

图 2-4 广汽本田汽车销售流程对比（2012年及更早版）

近年来，随着互联网技术的发展和网络的普及，网络成为消费者了解车市行情、汽车知识、用车体验、选择车型和商家等汽车产品和品牌相关信息的主要渠道。根据相关数据统计，73%的客户在到店前已经通过互联网了解过汽车产品；而50%的客户到店前已经确切地知道自己想买的车型。

面对互联网等汽车销售模式的影响，之前采用汽车主流销售模式的汽车 4S 店开始进行销售模式的创新和完善，积极向互联网方向转型。但是，互联网销售还未完全成熟，交易仍然在线下实体店中进行，因此，汽车企业一般将网络营销部门和原有的电话营销部门（DCC）结合起来，采用互联网 + 电话营销的销售模式，成立互联网电话营销部门（IDCC），该部门独立于展厅销售并与展厅销售部门同级。IDCC 和展厅销售部门隶属于销售部，均要完成销售任务，具有一定的竞争关系，但是客户渠道的来源不同、顾客促进环节的流程不同。2016 年版广汽本田汽车销售流程如图 2-5 所示。

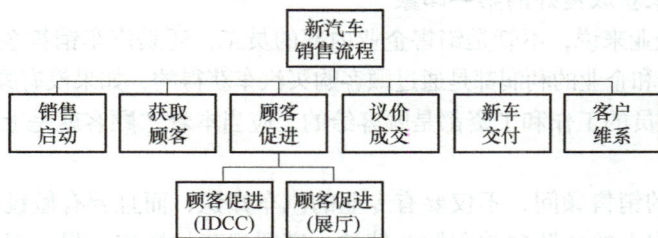

图 2-5 **2016 版广汽本田汽车销售流程**

在这个最新版的销售流程当中，将原有的"顾客接待、产品介绍、试乘试驾、顾客跟进"环节，以及新增的"水平业务、需求确认"，都整合到"顾客促进"当中，并在流程各个环节中都渗透互联网元素，使得流程更加灵活，更能满足互联网、电话、广告、外拓等不同客户渠道的销售多样化需求，也解决了客户"线上决策、线下体验"的需求。IDCC 部门的客户来源主要是互联网和电话渠道，展厅销售的客户主要是自然到店和老客户推荐到店的客户，因而在"顾客促进"环节当中的具体操作流程有所差异，如图 2-6 所示。

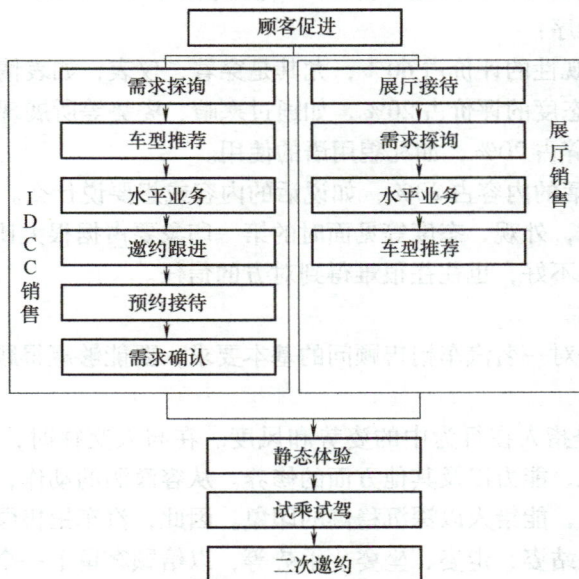

图 2-6 **广汽本田汽车销售流程"顾客促进"环节上 IDCC 和展厅销售的具体流程对比**

在图2-6中，流程当中的"水平业务"指的是"增值业务"，一般包含二手车置换、金融、保险、精品、延保等业务。"静态体验"是销售顾问通过展厅展示汽车产品，让客户进行汽车产品静态体验，这与其他品牌销售流程的"产品介绍"环节作用一样。

二、销售前准备

销售接待工作的关键集中在四个方面：第一是让顾客首先感到这个公司的迎客氛围——公司的销售人员都在等待着顾客的到来；第二是给顾客一个深刻的印象，即让顾客对这个公司有一个专业化、高品质服务的感知；第三是增强顾客对产品的信心；第四是销售人员运用与顾客沟通的技巧来获取良好的第一印象。

对于汽车销售企业来说，不管是销售企业内部的员工，还是汽车销售企业以外的人都是顾客，销售人员的工资和企业的利润都是通过顾客购买汽车获得的，如果没有顾客，销售人员就会失业，因此，销售人员的工作和工资都是顾客给的，应当本着"顾客就是上帝"的原则来进行接待。

作为一名合格的销售顾问，不仅要有专业的汽车知识，而且要有敏锐的销售意识、积极的工作态度、健康向上的团队精神和敬业精神。遵照规范的操作流程，把企业文化产品信息传递到每一位客户心中，体现了一名销售顾问的综合素质以及能力。

（一）销售人员自我准备

在与陌生人交往的过程中，所得到的有关对方的最初印象称为第一印象。第一印象并非总是正确的，但却总是最鲜明、最牢固的，并且决定着以后双方交往的过程。第一印象主要是基于对方的表情、姿态、身体、仪表和服装等形成的印象。例如对于有好感及印象良好的人，人们就愿意与之交往；而对于没有好感、不感兴趣的人，则不想关心。销售顾问留给顾客的第一印象还影响着顾客对企业的评价，决定其是否光临4S店，特别是对于汽车销售，更多的顾客是第一次接触见面，因此销售顾问更应该给人以好印象。

对人进行评价的顺序：

1）外表评价：外观性的评价占60%，尤其是穿着、仪表，如表情、发型、服装等。

2）态度评价：对态度的评价占20%，如通过寒暄、姿势等所展现出来的态度。

3）语言评价：措辞占20%，如礼貌用语的使用。

4）内容评价：说话的内容占20%，如说话的内容或想要说什么。

当顾客做出判断时，外观、态度等见面时的第一印象要占据很大比例，不论谈话内容有多好，如果给人的印象不好，也往往很难得到对方的信任。

1. 仪态仪表

较好的仪态仪表是对一名汽车销售顾问的基本要求，要能够赢得顾客，首先要从外表上吸引顾客。

（1）仪态　仪态是指人在行为中的姿势和风度。在与人交往时，可以通过一个人的仪态来判断其品格、学识、能力以及其他方面的修养。从容潇洒的动作，能给人以清新明快的感觉；端庄含蓄的举止，能给人以深沉稳健的印象。因此，汽车销售顾问应通过训练培养良好的个人仪态，尤其是站姿、走姿、坐姿、手势等，以给顾客留下一个好印象。

1）站姿礼仪。符合礼仪规范的站姿是培养仪态美的起点，其动作要领是培养其他优美仪态的基础，如图2-7所示。

a) 标准站姿及优雅的站姿　　　　　　　　　　　　　b) 不雅的站姿

图2-7　站姿

标准站姿：①头正，双目平视，嘴角微闭，下颌微收，面部表情平和自然；②双肩放松，稍向下沉，人有向上的感觉；③躯干挺直，挺胸，收腹，立腰；④双臂自然下垂于身体两侧，中指贴拢裤缝，两手自然放松；⑤双腿立直、并拢，脚跟相靠，两脚尖张开两脚夹角约60°，身体重心落于两脚正中。（男女适用）

此外，男性还经常采用后搭手势，女性经常采用前搭手势，其要求如下。

男性站姿：身体立直，两手背后相搭，贴在臀部，两腿分开，两脚张开，比肩宽略窄些。

女性站姿：身体立直，右手搭在左手上，自然贴在腹部，右脚略向前靠在左脚上成丁字步。

正确健美的站姿会给人以挺拔笔直、舒展俊美、庄重大方、精力充沛、信心十足、积极向上的印象。站姿的基本范式是其他各种工作姿势的基础，也是优雅端庄的举止的基础。

2）坐姿礼仪。一般来说，在正式社交场合，要求女性两腿并拢无空隙，两腿自然弯曲，两脚平落地面，不宜前伸。在日常交往场合，女性应大腿并拢、小腿交叉，但不宜向前伸直，如图2-8所示。

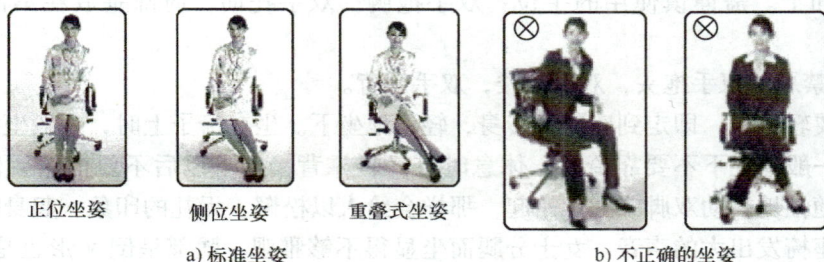

正位坐姿　　　侧位坐姿　　　重叠式坐姿

a) 标准坐姿　　　　　　　　b) 不正确的坐姿

图2-8　女士坐姿

① 头部：头正稍抬，下颌内收，双眼平视。

② 躯体：双肩自然下垂，躯干竖直，也可向椅背后靠。

③ 3种脚位：双脚自然平行停放，双膝并拢，膝盖自然弯曲90°～120°；双膝并拢，双脚自然往一侧平放，可稍往内弯曲；两脚交叉叠放，膝关节相连，两脚腿面相贴，可往一侧斜放。

④ 脚位禁忌：分腿、前伸、平放；双膝相连，两脚分别向外侧斜放，形成人字形；两腿叠放时，双腿不停抖动；双脚或单脚抬起放在椅面上。

⑤ 手位标准：自然相握垂放在双腿上，或平放在与腿斜放反方向的腿上；或自然相握，垂放在与双腿斜放相反方向的椅子扶手上；或自然平放在桌面上。需谨慎使用的手位：双手抱胸；双手托面，肘部垂放在桌面或椅子扶手上。

⑥ 手位禁忌：双手抱头，双手叉腰，双手后背。

男子就座时，双脚可平踏于地，双膝亦可略微分开，双手可分置在左、右膝盖之上，男士穿西装时应解开上衣纽扣。一般正式场合，要求男性两腿之间可有一拳的距离。在日常交往场合，男性可以跷腿，但不可跷得过高或抖动，如图2-9所示。

正位坐姿　　　叠腿式坐姿　　　西方国家男士
　　　　　　　　　　　　　　　　叠腿方式

a) 标准坐姿　　　　　　　　　　　　　　　　b) 错误的坐姿

图2-9　男士坐姿

① 头部：头正稍抬，下颌内收，双眼平视。
② 躯体：双肩自然下垂，躯干竖直，可向椅背后靠。
③ 3种脚位：双脚自然平行停放，双膝弯曲90°～120°；双脚脚踝部分自然小交叉，向前停放在椅前，或曲回停放在椅下；一脚摆放在另一脚腿面，形成"二郎腿"姿势。
④ 脚位禁忌：分腿、前伸、平放；一腿弯曲，一腿平伸；采取二郎腿脚位时，双腿不停抖动；双脚或单脚抬放在椅面上。
⑤ 手位标准：自然相握垂放在双腿上，自然平放在腿上，自然垂放在椅子扶手上，自然平放在桌面上。需谨慎使用的手位：双手抱胸；双手托面，肘部垂放在桌面或椅子扶手上。
⑥ 手位禁忌：双手抱头，双手叉腰，双手后背。

入座时要轻且稳，即走到座位前转身，轻稳地坐下。坐在椅子上时，一般坐满椅子面的1/3～2/3。一般情况下不要靠椅背，休息时可轻轻靠背，坐下以后不要前俯后仰、东倒西歪，也不要随性地抖动双脚或猛然站起，那样会给人以松懈、无礼的印象。起身时，要尽量避免自己或座椅发出大的声音。女士分腿而坐显得不够雅观，腿部呈倒V形也是不提倡的，女士若穿裙装应有抚裙的动作，如图2-10所示。

起立时，双脚往回收半步，用小腿的力量将身体支起，不要用双手撑着腿站起，要保持上身的起立状态。

3）走姿礼仪。走姿要点如图2-11所示。
① 以站姿为基础，面带微笑，头正颈直，眼睛平视。
② 双肩平稳、有节奏地摆动，摆幅以30°～35°为宜，双肩、双臂都不应过于僵硬。
③ 重心稍前倾；行走时，左右脚重心反复地前后交替，使身体向前移。

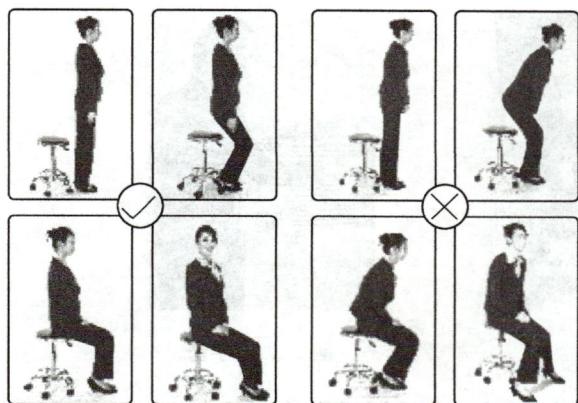

图 2-10　女士入座　　　　　　　　图 2-11　正确的走姿及错误的走姿

④ 身体重心在脚掌前部，两脚跟走在一条直线上，脚尖偏离中心线约 10°。

⑤ 步幅要适当。一般应该是前脚的脚跟与后脚的脚尖相距一脚掌长，但因性别、身高不同会有一定的差异。着装不同，步幅也不同。如女士穿裙装（特别是穿旗袍、西服裙、礼服）和穿高跟鞋时步幅应小些，穿长裤时步幅可大些。

⑥ 速度适中，不要过快或过慢。过快会给人轻浮的感觉，过慢则显得没有时间观念，没有活力。

⑦ 迈步时应是脚跟先着地，膝盖不能弯曲，脚踝和膝盖要灵活、富有弹性，不可过于僵直。

⑧ 走路时应有节奏感，走出步韵来。

4）蹲姿礼仪。很多人认为"蹲"这个动作是不雅观的，所以只有在非常必要的时候才可以蹲下来做某件事情。日常生活中，蹲下捡东西或者系鞋带时一定要注意自己的姿态，尽量美观、大方。

在展厅销售中，当客户坐在展车内听取介绍时，为了表示对客户的尊敬，销售顾问应该保持大方、端庄的蹲姿。

若用右手捡东西，可以先走到东西的左边，右脚向后退半步后再蹲下来；下蹲时前脚全着地，小腿基本垂直于地面，后脚跟提起，脚掌着地，臀部向下。脊背要保持挺直，臀部一定要放低，避免弯腰翘臀的姿势。男士两腿间可留有适当的缝隙，女士则要两腿并紧，穿旗袍或短裙时需更加留意，以免尴尬。下蹲时的高度以双目保持与客户双目等高为宜，如图 2-12 所示。

5）手势礼仪。手势可以反映人的修养和性格，所以，销售顾问要注意手势的幅度、使用次数、力度等。手势礼仪主要用来引导来宾、指示方向、介绍商品。

指示性手势语的正确姿势为：将右手或左手抬至一定高度，五指并拢，掌心向上，与地面呈 45°，以肘部为轴，朝一定方向伸出手臂，做出动作时亦可配合身体向指示方向前倾，如图 2-13 所示。

在社交场合，应注意手势的大小幅度，手势的上界一般不应超过对方的视线，下界不低于自己的胸区。在一般场合，手势动作幅度不宜过大，应在人的胸前或右方进行，次数不宜过多，也不宜重复。手势应自然亲切，交谈时不得出现"一阳指"等不规范的手势，且手势不能过快或过急，应温柔平稳，让顾客感受到一种美感。

图 2-12 　正确的蹲姿 　　　　　　图 2-13 　手势

6）握手礼仪。一般在见面和离别时进行握手。冬季握手应摘下手套，以示尊重对方。一般应站着握手，除非生病或场合特殊，但也要欠身握手，以示敬意。如果和妇女、长者、被拜访者、领导人、名人打交道，为了表示对他们的尊重，应把是否愿意握手的主动权交予他们。在和新客户握手时，应伸出右手，掌心向左，虎口向上，以轻触对方为准（如果男士和女士握手，则男士应轻轻握住女士的手指部分），时间以 1~3 秒为宜，轻轻摇动 1~3下，并且根据双方的熟悉程度确定握手的力度，和新客户握手应轻握，和老客户握手时应握重些，以示礼貌、热情（图 2-14）。握手时，表情应自然，面带微笑，眼睛注视对方。

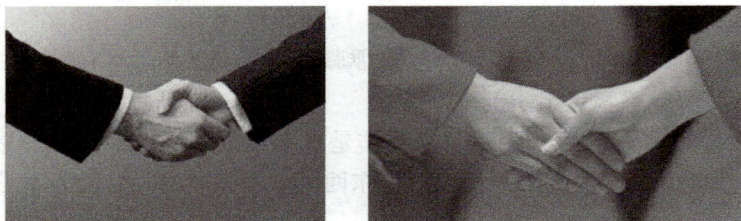

图 2-14 　合适的握手姿势

7）鞠躬礼仪。鞠躬是表达敬意、尊重和感谢的常用礼节。鞠躬时，应从心底发出对对方表示感谢、尊重的意念，从而体现于行动，给对方留下诚恳、真实的印象。在行鞠躬礼时，要以标准站姿站立；按标准行姿行走时鞠躬应适当减缓速度，面带微笑，头自然下垂，并带动上身前倾15°，时间要持续 1~3 秒。"遇到客人"一般是 15°鞠躬；"问候礼"通常是30°鞠躬；"告别礼"通常是45°鞠躬。鞠躬时，眼睛直视对方是不礼貌的表现。男士鞠躬时，手放在身体的两侧；女士鞠躬时，双手握于体前。当别人向你鞠躬时，你一定要鞠躬还礼，如图 2-15 所示。

8）名片礼仪。名片是工作过程中需使用的重要的社交工具之一。交换名片时应注重礼节，如图 2-16 所示。名片通常具有两个作用：一是表明自己所在的单位，二是表明职务、姓名及承担的责任。总之，名片是自己（或公司）的一种表现形式，因此在使用名片时要格外注意。

名片不应和钱包、笔记本等放在一起，原则上应该使用名片夹，也可放在上衣口袋中（但不可放在裤兜里），应保持名片或名片夹的清洁、平整。在接受名片时，必须起身双手接受名片，不要在接受的名片上面做标记或写字、来回摆弄。接受名片时，要认真地看一

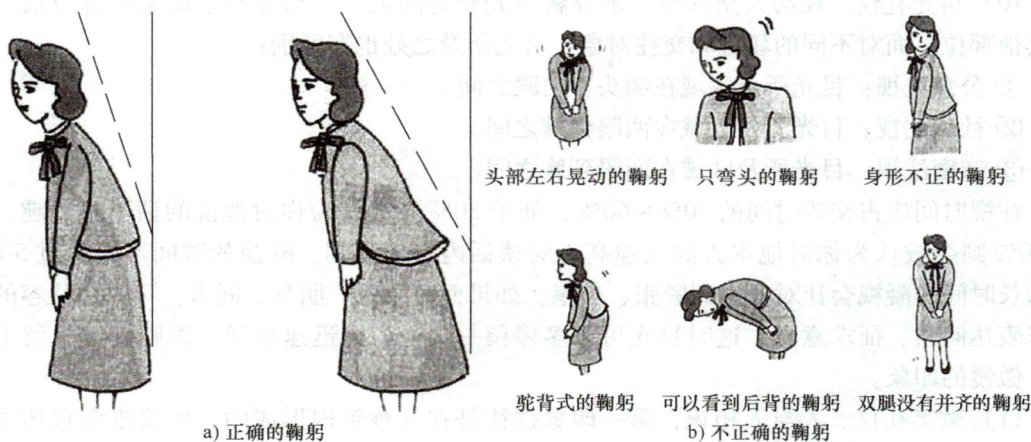

头部左右晃动的鞠躬　　只弯头的鞠躬　　身形不正的鞠躬

驼背式的鞠躬　　可以看到后背的鞠躬　　双腿没有并齐的鞠躬

a) 正确的鞠躬　　　　　　　b) 不正确的鞠躬

图 2-15　鞠躬（15°鞠躬、45°鞠躬和 6 种不正确的鞠躬）

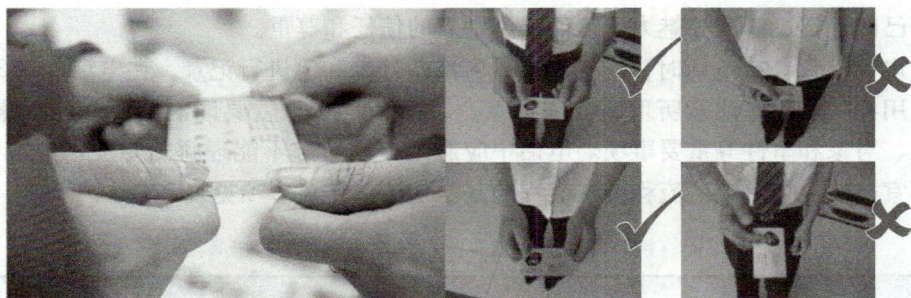

图 2-16　正确和错误的递名片方法

遍，不要将对方的名片遗忘在座位上，或存放时不小心落在地上。递名片时，次序是下级或拜访者先递名片。如果正在进行介绍，应由先被介绍的一方递名片，将名片上的字体正对对方，并说些"请多关照""请多指教"之类的寒暄语。如果是互换名片，则应用右手递出自己的名片，用左手接对方的名片；在会议室如遇到多数人相互交换名片，可按对方座次排列名片。

9）距离礼仪。在接待客户时应根据情况保持适当的空间距离。一般情况下，人际交往的空间距离见表 2-7。

表 2-7　人际交往的空间距离

空间层次	距　离	适用范围	与社交活动的关系
亲密空间	15～46 厘米	最亲密的人	社交不能侵犯这一区域
个人空间	46～120 厘米	亲朋好友之间	按照适当的方式，使社交活动适时地进入这一空间，会增加彼此之间的情感和友谊，取得社交的成功
社交空间	1.2～3.6 米	凡有交往关系的人都可进入的空间	彼此保持一定的距离，会产生威严感、庄重感
公众空间	大于 3.6 米	任何人都可进入的空间	在此空间，看见曾有过联系的人，一般都要有礼貌地打招呼；对不认识的人，不能长久注视

10）目光礼仪。在与人交谈时，不要将目光长时间聚焦于对方脸上的某个部位或身体的其他部位。面对不同的场合和交往对象，目光所及之处也有区别：

① 公众注视：目光所及区域在额头至两眼之间。

② 社交注视：目光所及区域在两眼到嘴之间。

③ 亲密注视：目光所及区域在两眼到胸之间。

注视时间应占交谈时间的30%～60%，低于30%会被认为你对他说的话不感兴趣，高于60%则会被认为你对他本人的兴趣高于对谈话内容的兴趣。凝视的时间不能超过5秒，因为长时间的凝视会让对方感到紧张、难堪。如果面对熟人、朋友、同事，可以用从容的目光来表达问候、征求意见，这时目光可以多停留一会，切忌迅速移开，否则会给人留下冷漠、傲慢的印象。

11）微笑礼仪。人与人相识，第一印象往往是在几秒钟内形成的，而要改变它却需付出很长时间的努力。良好的第一印象来源于人的仪表谈吐，但更重要的是取决于他的表情。微笑是表情中最能赋予人好感、加强沟通、愉悦心情的表现方式。一个对人微笑的人，必能展现出自己的热情、修养和魅力，从而得到别人的信任和尊重。

12）电话礼仪。接电话时，应在电话机旁准备好纸和笔进行记录，在电话铃响3声之内接起，使用礼貌用语，注意听取时间、地点、事由和数字等重要词语，认真记录来电的时间、地点、对象和事件等重要事项。电话中应避免使用对方不能理解的专业术语或简略语，语速也不宜过快。接听电话流程及各流程的基本用语、注意事项见表2-8。

表2-8 接听电话流程及各流程的基本用语、注意事项

序 号	电话内容	基本用语	注意事项
1	拿起电话听筒，并告知对方自己的姓名	1）"您好，×××店销售顾问×××，很高兴为您服务" 2）上午10点以前使用"早上好" 3）电话铃声响3声以上时的话术："让您久等了，我是××汽车4S店的汽车销售顾问×××，很高兴为您服务"	1）电话铃响3声之内接起 2）在电话机旁准备好记录用的纸和笔 3）接电话时，不使用"喂" 4）音量适度，不要过高 5）告知对方自己的姓名
2	确认对方	"先生/女士，您好！请问怎么称呼""感谢您的关照"等	1）要尽量留下客户的电话和客户的需求信息 2）如果是客户，要表达感谢
3	听取对方来电的用意	"有什么可以帮到您""您想咨询哪款车""您是周六还是周日过来展厅看车呢"等	1）必要时应记录 2）谈话时不要离席 3）简单回答客户的问题，一定要向客户介绍厂家或公司正在进行的促销活动 4）不要在电话中回答客户的所有问题，尽量邀请客户到店看车、试乘试驾 5）如果不能回答客户的问题，放下电话后，需要在10分钟之内给客户回复；如果客户是在线请求，回复的时间是20分钟以内

（续）

序　号	电话内容	基本用语	注意事项
4	进行确认	"我是销售顾问×××""您看什么时间再给您打电话""我们店的营业时间是 8：30—17：30，我将在展厅恭候您的光临"等	1）吐字清晰，语气轻松愉快 2）明确自己的姓名、展厅的营业时间 3）热情欢迎客户到店看车
5	结束语	"感谢您的来电""恭候您的光临"	1）语气诚恳、态度和蔼 2）等对方放下电话后，再将听筒轻轻放回电话机上 3）电话接完后，10 分钟之内给客户发送来电短信，一般内容如下：尊敬的客户，感谢您的关注！我店的地址为×××区××路××号，公交路线××××，驾车路线×××。我是您的销售顾问×××，电话是×××，恭候您的光临

打电话时应考虑打电话的时间（对方此时是否有时间或者方便接听）。应注意确认对方的电话号码、单位、姓名，以避免打错电话，并提前准备好需要用到的资料、文件等。讲话内容要有次序，简洁明了，注意通话时间不宜过长。拨打电话的流程及各流程的基本用语、注意事项见表2-9。

表 2-9　拨打电话的流程及各流程的基本用语、注意事项

序　号	电话内容	基本用语	注意事项
1	准备	确认对方的姓名、电话号码	准备好要讲的内容、说话的顺序和所需要的资料、文件等
2	问候、告知对方自己的姓名	"您好！我是××汽车 4S 店的销售顾问×××"	一定要报出自己的姓名，讲话时要有礼貌
3	确认电话对象	"请问是××先生吗"	必须确认电话对象
4	电话内容	"今天打电话是想告诉您一个好消息，上次您看中的××车型有现车了……"	1）一定要向客户介绍厂家或公司正在进行的促销活动 2）对时间、地点、数字等进行准确的传达 3）说完后可总结所说内容的要点
5	结束语	"恭候您的光临""感谢您百忙之中接听我的电话"等	1）语气诚恳、热情，态度和蔼 2）等对方放下电话后，轻轻将听筒放回电话机上

13）座位排次礼仪。销售顾问拜访客户或有客户来访时，座位排次有礼仪，不能随便坐，如图 2-17a 和图 2-17b 所示，A 为上座，其次为 B，C，D。

为了方便顾客观察到展车，展厅接待时，应将顾客引导到能全面观察到顾客感兴趣的展车的座位就座。汽车销售人员是为顾客推荐符合其需求的车型，不是在与顾客谈判，所以一般销售人员应坐在顾客的右侧位置，并从座椅右侧入座，如图 2-17c 和图 2-17d 所示，客户应坐在 A 座。

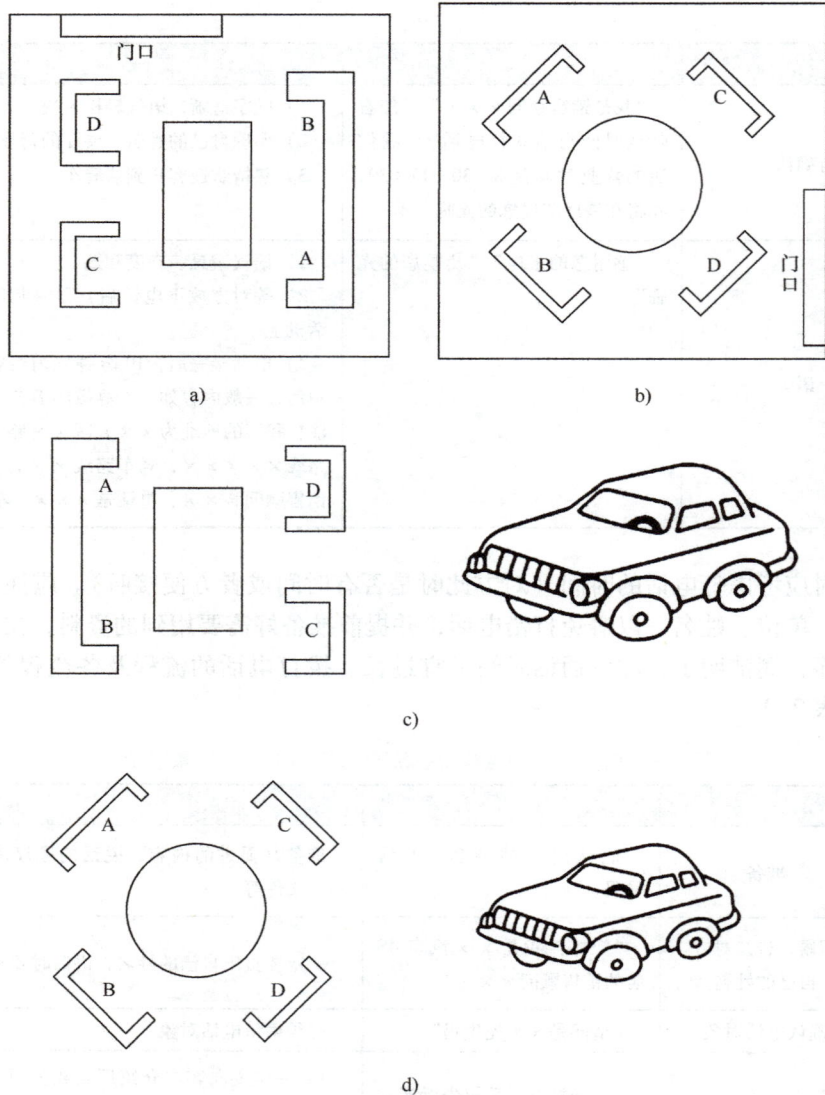

图2-17 洽谈区座次礼仪

14）拜访客户礼仪。作为汽车销售顾问，拜访时的礼节、礼仪是非常重要的。拜访前应与对方约定拜访的时间、地点及目的，并将拜访日程记录下来；拜访时，要注意遵时守约；到被拜访单位前台时，应先自我介绍。如需等候被拜访人，可听从被拜访单位接待人员的安排，亦可在会客室等候或坐在沙发上边等候边准备要使用的名片和资料文件等。看见被拜访人后，应起立（初次见面，递上名片）问候。如遇到被拜访人的上司，应主动起立（递上名片）问候，再继续交谈。会谈尽可能在预约时间内结束，并且会谈时要注意谈话或发言不要声音过大。告辞时，要与被拜访人道别。

15）注目礼仪。当客户离店时，应向远去的客户挥手、微笑、行注目礼，目送客户或其车辆消失于视野之外。

16）上、下车礼仪。上车时，仪态要优雅，姿势应该为"背入式"，即将身体背向车厢入座。女士登车首先应拉开车门，手自然下垂，先将背部侧向座位，坐到座位上（如着裙装，可半蹲将裙摆顺势坐下）；然后双脚并拢提高，保持双腿与膝盖并拢姿势，脚平移至车内，坐好后稍加整理衣服；最后略微调整身体位置，坐端正后关上车门。不要一只脚先踏入车内，也不要爬进车里。需先站在座位边上，把身体降低，让臀部坐到位子上，再将双腿一起收进车里，双膝一定要保持合拢的姿势，如图 2-18 所示。

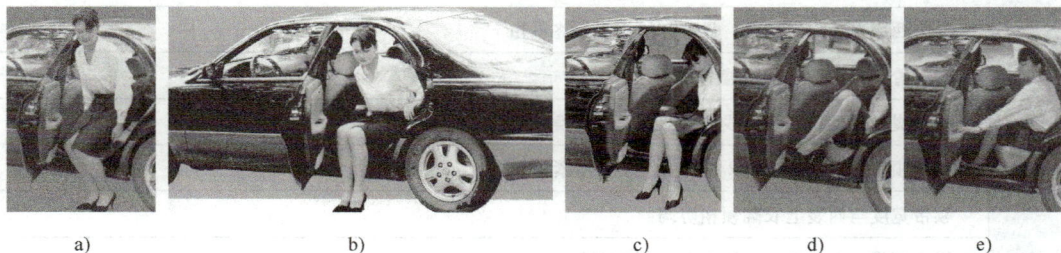

图 2-18　女性上车礼仪

下车时，身体要保持端坐状态，侧头伸出靠近车门的手打开车门，略斜身体把车门推开；然后双脚膝盖并拢抬起，同时移出车门外，身体随之转向车门，同时双膝膝盖并拢，一手撑着座位，一手轻扶门框，身体移近门边立定，然后将身体重心移至一只脚，再将整个身体移至车外，最后踏出另一只脚（如穿短裙，则应保持膝盖并拢着将身体从车身内移出，双脚不可一先一后）；起身后转身关车门，关门时不要东张西望，应面向车门，并避免用太大力气，如图 2-19 所示。

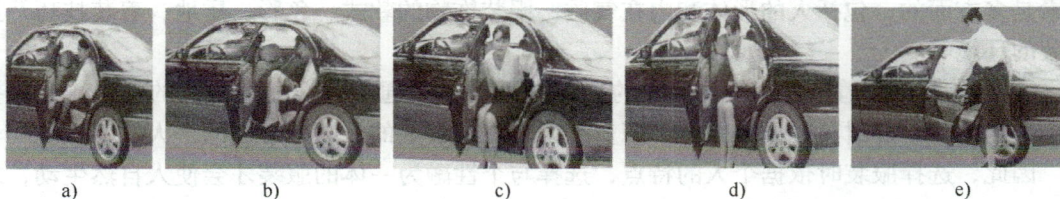

图 2-19　女性下车礼仪

（2）仪表　汽车销售顾问的仪表不仅表现了销售顾问的外部形象，还反映了销售顾问的精神风貌。在展厅销售中，销售顾问能否赢得客户的尊重与好感，能否得到客户的承认与赞许，先入为主的"第一印象"非常关键，而礼仪正是构成第一印象的重要因素。一般汽车 4S 店销售顾问应在每天晨会前完成仪容仪表的自检，展厅经理在晨会时根据表 2-10 的仪容仪表检查单进行检查。

表 2-10　仪容仪表检查单

面部	男士面部清洁，不蓄须，不留鬓角
	女士面部化淡妆
	牙齿清洁，口腔无异味
头发	男士头发不宜过长或者过短
	女士头发不过肩，过长需挽束，做到前不覆额、侧不过耳、后不及领

（续）

手	保持手和指甲清洁，指甲修剪整齐、不染色
服饰	统一着装、佩戴胸牌（左上方口袋正上方 2 厘米处）
	着装上衣长度：手臂自然垂直，双手自然弯曲时手指第 3 节正好接触到西装上衣末端
	服装表面没有脱线、衣领褶皱、纽扣松脱等现象
	男士西服上扣保持扣紧，最下方的扣子始终不扣
	女士着套裙，裙长至膝盖上方 1 厘米
	外套熨烫平整，着统一浅色衬衫，每日更换且熨烫平整
	衬衫领口可以正好容纳 2 指伸入，不松不紧
	领带宽度与西装上衣翻领相协调
	男士领带、女士丝巾选择 100% 丝绸面料
	男士穿黑色棉袜/女士穿肤色丝袜
	男士穿黑色系带皮鞋，女士穿黑色船型皮鞋，皮鞋要擦拭干净，鞋跟磨损不严重
	男士腰间不佩戴手机或者其他饰物
	女士佩戴的饰物应小巧精致

1）个人着装的 4 个原则。

① 整体性原则。着装要能与体形、容貌等形成一个和谐的整体。服饰的整体美的构成因素是多方面的，包括人的形体和内在气质，服装饰物的款式、色彩、质地，着装技巧乃至着装的环境等。

② 个性原则。着装的个性原则中的"个性"不单指通常意义上的个人的性格，还包括一个人的年龄、身材、气质、爱好、职业等因素在外表上的反映所形成的个人的特点。

因此，选择服装时依据个人的特点，选择与个性融为一体的服装才会使人自然生动，才能烘托个性、展示个性，保持自我以别于他人；只有当服饰与个性协调时，才能更好地通过服饰塑造出更佳的形象，展现出良好的礼仪风范。

③ TPO 原则。TPO 原则指的是着装应与时间（Time）、地点（Place）、场合（Occasion）相配的原则。

④ 整洁原则。在任何情况下，服饰都应该是干净整齐的。衣领和袖口处尤其要注意不能污渍斑斑。服装应该是平整的，扣子应齐全，不能有开线的地方，更不能有破洞，内衣亦应该勤换洗，西服衬衫尤其应该整洁。

皮鞋应该经常保持鞋面光亮，一旦落上灰尘要及时擦去。袜子要经常换洗，保持清洁。

2）销售人员仪表规范。汽车销售人员良好的外在形象和举止表现可以给客户留下较好的第一印象。仪容仪表可根据表 2-10 的仪容仪表检查单进行自我检查。

2. 良好的心态

积极、主动、诚实待人、乐观向上的心态，能够使销售顾问在遇到销售困境时主动出击、积极进取。

【案例2-4】

心态影响销售

李先生："你们的汽车有多好？你说给我听听。"

销售顾问："先生，我们这个品牌的汽车具有油耗低、小巧玲珑等特点。"

李先生："小巧玲珑是不是空间小的代名词呢？"

销售顾问："先生，这个……"

李先生扫了一眼一脸无知的汽车销售顾问小李，转身走了，留下小李尴尬地站在原地。看着李先生的背影，小李的泪水在眼角打转，他觉得没法再坚持下去了，或许应该换个工作。

在汽车销售过程中，积极向上的心态可以帮助汽车销售人员取得成功，而消极低落的心态则会成为销售工作的障碍。同样的客户、同样的态度，在不同心态的汽车销售人员面前，其结果会是完全不一样的。良好的心态可以帮助汽车销售人员养成立刻行动的习惯，能够主动占据有利位置，迅速行动而尽早获得优势，因而更加容易取得成功。

因此，汽车销售人员应保持以下良好的心态：

1）热爱、激情的心态——爱岗敬业，满怀激情。

一旦工作成为一种爱好，将不再单调，而是转变为一种欢乐和满足。这种成就感将促使汽车销售人员的事业更加稳定。

2）自信、行动的心态——干劲十足，付出行动。

汽车销售人员要对自己的工作能力充满自信，对自己销售的汽车充满信心，对美好的未来充满信心，再把最美好的生活方式推荐给客户，想方设法满足他们的出行需求，通过行动来实现目标。

3）给予、双赢的心态——销量大增，客户遍地。

汽车销售人员必须追求一种双赢的结果，不能为了自己的利益而给客户造成损失。这已经成为共识，并日渐成为众多公司的市场原则。汽车销售人员应懂得"想要索取，要先学会给予"的道理，在把汽车卖出去之前，不能怕付出，只有切实付出了，才会收获真正的利润。

4）老板的心态——业绩提升，职位提升。

到了这个层次的汽车销售人员已经站在了事业和行业的制高点，已经懂得了从市场的角度去经营自己的客户和人生，与普通汽车销售人员相比，他们更加勇于承担责任，更加容易赢得公司和客户的尊重和信任。

很多汽车销售人员只专注于销售技巧的提升和专业知识的学习，而忽略了对心态的历练。其实，好的心态是成为优秀汽车销售人员的重要因素，它能够使汽车销售人员在精神上产生积极的动力，全力以赴地向自己的目标奋进。

3. 掌握汽车产品知识

专业的汽车销售人员必须具备全面的汽车知识、独到的见解，才能够赢得客户的信任，帮助客户建立倾向于自己所销售的汽车产品的评价体系与评价标准。

汽车销售人员只有完全了解自己的汽车产品，了解它的优点、缺点、价格策略、技术、品种、规格、宣传促销活动、竞争产品状况及替代产品状况等，才能为客户释疑解惑，以最专业的姿态赢取客户的信任和尊重。

4. 掌握汽车销售知识

优秀的汽车销售人员不仅应具备专业的汽车基础知识，还应具备丰富的汽车金融按揭、新车上牌、保险、精品、延保、二手车置换等汽车销售增值业务知识，以及汽车行业信息、热点新闻、法律常识等，这些知识可以有效地拉近销售人员与客户的距离，实现与客户的顺畅交流。

（二）销售工具准备

"工欲善其事，必先利其器。"调查表明，销售人员在拜访客户时，利用销售工具可以降低50%的劳动成本，提高10%的成功率。

销售工具主要包括公务包、公司及产品介绍、名片、便笺、笔及各类表格。具体的销售工具清单见表2-11。

表2-11 销售工具

序 号	项 目	主 要 工 具
1	工具表格	展厅来电（来店）客户登记表、有望客户管理卡（C表）、有望客户级别月度管控卡、产品参数表、产品装备表、产品价目表、洽谈卡、月计划分析表、需求分析评估表、试乘试驾协议书、总报价表、新车订单协议、万元基数表、车险解决方案表、保险费报价单、库存车表等
2	资料	公司介绍材料、品牌介绍、车型介绍彩页、竞品资料信息、媒体报道剪辑、顾客档案资料、特约店内部通信录、售后服务基本信息、增值服务介绍资料、最新销售和售后促销信息等
3	其他	公文包、名片（夹）、计算器、打火机、便笺、笔、地图、纸巾、小礼品等

（三）展车准备

1. 展车准备要点

（1）车外部分

1）车顶正上方摆放POP板（价格板或者促销板）。

2）展车摆放按本品牌规范执行，包括展车数量、型号、位置、照明、车辆信息牌（在驾驶人侧左前方约0.7米处）等。

3）展车前、后均有车牌（前、后牌），指示车辆名称/型号。

4）保持展车全车洁净，轮胎上蜡，轮毂中央品牌车标摆正，轮胎下放置轮胎垫。

5）展车不上锁，前窗或者后窗玻璃打开，且左右高度一致，配备天窗的车型则打开遮阳内饰板。

6）展车发动机舱干净无灰尘。

（2）车内部分

1）展车内座椅、饰板等位置的塑胶保护膜需全部去除，并放置精品脚垫。

2）展车前风窗玻璃贴有汽车燃料消耗标识。

3）展车蓄电池电力充足，蓄电池电压不低于12.5伏。

4）展车车内、行李舱内、杂物箱内、车门内侧杂物袋干净、整洁、无杂物。

5）摘除前风窗玻璃上的票据，置于杂物箱内。

6）展车方向盘调整至较高位置且标识保持向上，座椅头枕调整至最低位置，驾驶人侧座椅向后调，椅背与椅垫呈105°角，与前排乘员侧座椅背角度保持一致。（顾客使用10分钟后回位。）

7）预先设定展车的时钟与音响系统，选择信号清晰的电台，并准备3组不同风格的音乐备用。

8）展车应有充足的燃油或电能。

9）安全带缩进到位。

2. 展车摆放原则

1）摆放规范：符合品牌展厅布置要求、视觉要求，并注意车头朝向的统一性。

2）车辆间距适当：车辆间的距离应方便开门，摆放空间应方便客户走动。

3）展车颜色搭配：选择代表性颜色，不要太单一，车辆及颜色都应每周更新。

4）车型的选择：最好摆放最高配置的车辆和库存车辆，并应突出所推荐的车型。

3. 展车维护标准

必须确保每一位来展厅观赏展车的客户看到的展车都处于最佳的展示状态，因此要严格按照展车维护标准及时进行展车的动态维护。一般要求销售人员在每一组客户观赏完展车离开后5～10分钟之内完成展车的维护，以保证能给下一组客户提供最佳的展示效果，这也是做好展车绕车介绍的关键性前提条件。

大众迈腾展车维护表见表2-12。

表2-12 大众迈腾展车维护检查表

维护时间：___年___月___日___时___分　　　维护人（签字）：_____

序号	项 目	检查结果	
		合 格	不 合 格
1	车身漆面光滑、光亮，无划痕、灰尘、油垢和指纹	☐	☐
2	玻璃内、外擦拭干净，无指纹或水痕	☐	☐
3	车身外饰及各种装饰条、车型标识、标牌齐全无损	☐	☐
4	轮胎气压正常，打过轮胎蜡，内轮弧清洁无尘	☐	☐
5	车轮装饰盖上的大众标识始终处于水平状态	☐	☐
6	座椅上无塑料罩，去除方向盘保护套	☐	☐
7	前排车窗保持开启状态	☐	☐
8	中控门锁、遥控门锁开关正常，遥控钥匙各项功能正常	☐	☐
9	"四门两盖"开关灵活，无干涉、反弹	☐	☐
10	展车所有车门锁均处于开启状态	☐	☐
11	内饰、仪表盘、门护板、顶篷、座椅、脚垫清洁无破损	☐	☐
12	方向盘上大众标识保持水平状态	☐	☐
13	各项电器设施使用正常	☐	☐
14	行车计算机各项设置恢复出厂设置	☐	☐

（续）

序号	项　目	检查结果	
		合　格	不　合　格
15	驾驶人侧座椅按 180 厘米身高驾驶人计算，位于腿部空间最大位置	☐	☐
16	前排乘员侧座椅较驾驶人侧座椅前移 3～5 厘米	☐	☐
17	后排座椅处于标准位置，中央扶手处于放下位置	☐	☐
18	行李舱干净、整齐、无杂物	☐	☐
19	展车内无任何杂物	☐	☐
20	展车蓄电池有电	☐	☐
21	展车备件完整无缺，如随车工具、备胎	☐	☐
22	发动机舱干净、无灰尘	☐	☐

三、展厅接待流程

销售流程的接待步骤可给客户建立一个良好的第一印象。通常情况下，客户对购买汽车的过程都有一些先入为主的负面想法，因此，专业人员周到礼貌的接待将会消除客户消极的思想情绪，并为客户带来愉快而满意的购车经历，同时能够提高客户的满意度。

（一）展厅接待的目的

潜在客户进入展厅总会有很多顾虑、很多期待，通过接待可以了解客户，并为后续的销售工作打好基础。具体来说，展厅接待的目的表现在以下几个方面：

1）让客户感受到销售人员及公司的热情。

2）让客户感到舒适，消除客户的焦虑。

3）消除客户的疑虑，为引导客户需求做好准备。

4）建立客户的信心，为销售服务奠定基础。

5）让客户喜欢在展厅逗留，走了以后还想回来，以便能进行持续的沟通。

（二）展厅接待的流程

展厅接待覆盖从顾客来店到离店的整个过程，丰田汽车展厅接待的各个关键时刻及接待要点见表 2-13。

表 2-13　汽车展厅接待的关键时刻及接待要点

序　号	顾客接待的关键时刻	接　待　要　点
1	顾客接待的准备	1）销售人员穿着公司指定的制服，保持整洁，佩戴名牌 2）每日早会销售人员互检仪容仪表和着装规范 3）销售人员从办公室进入展厅前，在穿衣镜前依人形模特自检仪容仪表和着装 4）每位销售人员都配有销售工具夹，与顾客商谈时应随身携带 5）每日早会，销售人员自行检查销售工具夹内的资料，及时更新 6）每日早会设定排班顺序，制定排班表 7）接待人员在接待台站立接待，值班销售人员在展厅等候来店顾客

（续）

序　号	顾客接待的关键时刻	接待要点
2	顾客来店时	1）若顾客开车前来，值班保安主动引导顾客进入顾客停车场停车 2）值班保安人员着标准制服，对来店顾客问候致意，并指引展厅入口 3）顾客来店时，值班销售人员至展厅门外迎接，点头、微笑、主动招呼顾客 4）销售人员随身携带名片夹，第一时间介绍自己，并递上名片，询问顾客的称呼 5）销售人员抬手开启自动门，引导顾客进入展厅 6）经销店的所有员工在接近顾客至3米内时都主动问候来店顾客（全员参与） 7）若顾客在雨天开车前来，主动拿伞出门迎接顾客 8）销售人员主动询问顾客的来访目的 9）按顾客意愿进行，请顾客自由参观浏览，明确告知销售人员在旁随叫随到
3	顾客自己参观车辆时	1）与顾客保持3~5米的距离，在顾客目光所及的范围内关注顾客的动向和兴趣点 2）顾客表示想问问题时，销售人员主动趋前询问 3）顾客对商品有兴趣时，销售人员主动趋前询问
4	请顾客入座时	1）销售人员向顾客提供可选择的免费饮料（3种以上），主动邀请顾客就近入座，座位朝向顾客感兴趣的车辆以便其继续观赏 2）征求顾客同意后入座于顾客右侧，保持适当的身体距离 3）关注顾客的同伴（不要忽略"影响者"）
5	顾客离开时	1）提醒顾客清点随身携带的物品 2）销售人员送顾客至展厅门外，感谢顾客惠顾，热情欢迎再次来店 3）微笑、目送顾客离去（至少5秒时间） 4）值班保安人员向顾客致意道别 5）若顾客开车前来，陪同顾客到车辆边，感谢顾客惠顾并道别 6）值班保安人员提醒顾客道路状况，指引方向 7）若出口位于交通路口，保安人员需引导车辆到主要道路上
6	顾客离去后	整理顾客信息，填写来店（电）顾客登记表及A-C卡
7	电话应对	打出电话： 做好打电话前的准备工作（5W2H[①]），尤其要准备好顾客资料和信息 接通电话后： 1）先表明自己的身份，并确认对方身份；标准开场："您好，我是××经销店的销售顾问××，是××先生吗？您上次……" 2）电话结束时，感谢顾客接听电话，待对方挂断电话后再挂电话 3）记录顾客信息和资料 接听电话： 1）电话铃响3声之内接听电话，微笑应对 2）主动报经销店名称、接听人姓名与职务，"您好！××经销店，销售顾问×××，请问有什么可以帮到您?" 3）在电话中明确顾客信息，包括联络方式、跟踪事项等，并适时总结 4）结束时感谢顾客致电，并积极邀请顾客来店参观 5）待对方挂断电话后再挂电话 6）填写来店（电）顾客登记表，记录顾客信息

① 5W2H分析法又称七何分析法，以What，Why，Who，When，Where，How，How much进行设问，以发现线索、寻找思路。

（三）展厅接待行为范例与错误范例

在展厅接待各个关键点都有具体的工作内容，并有具体的规范要求，标准范例如图2-20、图2-21和图2-22所示。

a) 在展厅门口等候，随时出门接待顾客　　　　b) 引导顾客停车

c) 雨天或炎热天气为顾客打伞

图 2-20　顾客来店时的标准范例——展厅外接待

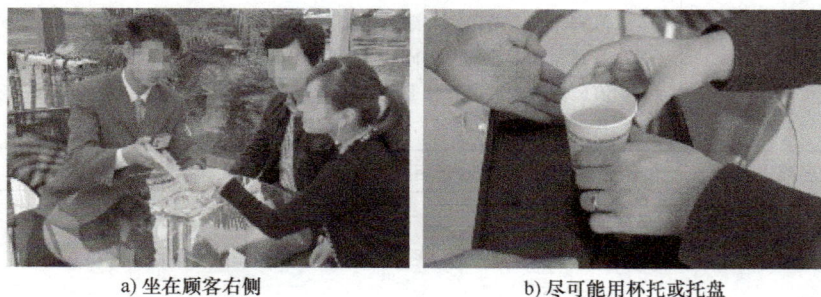

a) 坐在顾客右侧　　　　b) 尽可能用杯托或托盘

图 2-21　顾客来店时的标准范例——座次和递送茶水

a) 递送车型资料　　　b) 送客至展厅外并致谢　　　c) 目送顾客离开

图 2-22　顾客离开时的标准范例——送客

在展厅接待各个关键点，也经常出现一些不符合礼仪要求的行为，错误范例如图2-23、图2-24和图2-25所示。

a) 展厅门口无销售顾问值班　　b) 顾客进入展厅后才上前接待　　c) 站姿不端正

d) 销售顾问在前台打　　　　　e) 销售顾问在前台闲聊　　　　f) 销售顾问未主动上前接待
　　电话或发短信

图 2-23　顾客来店时的错误范例

a) 销售顾问坐姿不正确　　　　　b) 引导顾客入座位置不正确
　　　　　　　　　　　　　　　　　　（顾客背对展车）

c) 未经顾客同意接听电话且时间过长　　d) 未征得顾客同意便擅自离开

图 2-24　顾客入座时的错误范例

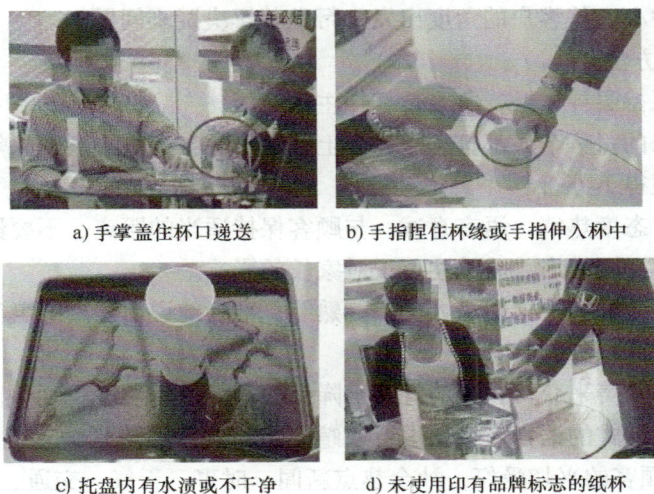

a) 手掌盖住杯口递送　　　　　b) 手指捏住杯缘或手指伸入杯中

c) 托盘内有水渍或不干净　　　d) 未使用印有品牌标志的纸杯

图 2-25　销售顾问送茶水时的错误范例

四、展厅接待方法

来店客户，尤其是初次来店的客户，往往会担心、疑虑、紧张和不舒适。他们希望在自己需要的时候能够及时得到帮助。客户在看车时不希望被打扰，而在需要帮助的时候希望能够立刻得到帮助，客户出现这种心理状态是因为进入了不舒适区，如图2-26所示。

舒适区最早是心理学上的一个概念，就是一个使人感到非常舒服的社会环境。人在这种社会环境中，会感到舒适、安全、温暖、轻松、愉悦。客户一旦进入舒适区，就容易对销售顾问产生信任。

与客户接触时，应主动缩短与客户之间的距离，恰到好处地了解客户来店的真实动机，尽快取得客户的信任。一般情况下，客户进入展厅时大都存在以下两种心态。

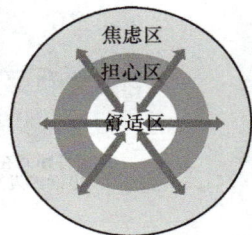

图2-26　顾客到店时的心理状态

期待：以最少的钱买最好的车。

担心：希望、想法、要求不能得到满足，甚至被骗。

由于这种期待和担心常常交织在一起，故表现为本能上的自我保护——对立意识，行为上常常表现为一种怀疑或逃避的态度。

1. 消除顾客疑虑的方法

为了消除客户的这些疑虑，要想方设法地营造一个舒适、温馨的购车环境，并在和客户的整个接触过程中针对不同的情况使用以下方法来消除客户的疑虑。

1）认同客户的观点。

2）不诋毁同行或竞争对手。

3）尽量展示出自己的专业能力。

4）努力表现出自己的素质与修养。

5）通过灵活地运用方法和技巧，让客户情绪放松，逐渐消除其对立情绪。

6）向客户了解购买动机和真实的需求。

7）以客户为中心，从客户的角度出发来帮助其解决疑难问题。

2. 迎接客户的方法

1）微笑，并保持眼神接触，争取让客户主动交谈。

2）与客户同来的每一个人都打招呼，奉上茶水、咖啡、点心、糖果等。

3）业务上表现得不外行。

4）自然放松，态度热情，语言真诚，与顾客保持适当的距离，不要给顾客压迫感。

5）如果有儿童一同来店，需关注孩子对家长的影响。

6）对第二次进店的客户，销售人员应能熟练、准确地说出客户的名字。

7）关注与客户同来的影响者。

8）通过适当的赞美来获得顾客的好感，降低顾客的戒备程度。

9）善于利用破冰式的语言与客户进行寒暄。寒暄的话题包括顾客的职业、职务、公司或所从事的行业，顾客的兴趣爱好，社会热点新闻、时事，天气、交通、旅游休闲、子女教育等。

【小知识 2-5】

寒　暄

销售顾问在与客户沟通的过程中，寒暄是很重要的一部分，良好的寒暄可以引起对方的兴趣，促使对方继续沟通；而糟糕的寒暄往往会让客户对销售顾问产生不好的感觉——反感、鄙视，甚至是厌恶，不利于沟通的深入进行。

寒暄是销售的一种手段，是交流感情、创造交谈气氛的一种方式，同时是很重要的礼节，所涉及的内容一般与正题无关，其主要作用是造势——在涉及实质性问题前创造一个有利于交谈的气氛。特别是对于初次见面的客户，寒暄的内容和方法是否得当，直接关系到销售的成败。

销售顾问在与顾客初次见面时，为了消除彼此之间的陌生感、缓解紧张的气氛，可以通过寒暄，先聊一些与正事无关但大家都熟知的、关心的、轻松的话题，例如天气、社会新闻、财经新闻、生活休闲娱乐等方面的信息。这样便于迅速拉近彼此之间的距离，营造一种亲切友好的气氛，为之后的深入交流和沟通奠定基础。

一、寒暄的目的

1）有效消除客户紧张、戒备的心理及陌生感，获得顾客的信任。

2）了解客户的真实状况：

① 居住区域。

② 工作区域。

③ 职业。

④ 居住条件。

⑤ 家庭成员状况。

⑥ 需求状况、预算。

⑦ 资金来源。

⑧ 购买动机。

⑨ 信息来源。

⑩ 兴趣。

二、寒暄的种类

1. 初步寒暄

初步寒暄可针对以下信息进行浅显的提问：天气、兴趣、爱好、居住区域、工作区域、购买动机、需求、信息来源等。

2. 深入寒暄

深入寒暄针对以下信息进行提问：职业、家庭成员状况、预算、资金来源、兴趣、客户疑虑等较深入的问题。

三、寒暄应注意的问题

1）态度应热情、自然、大方，面部表情保持温和，微笑，语气亲切。

2）通过巧妙的发问了解真实状况，一定要选择合适的时机自然切入，或者在发问前做好铺垫，使得切入很自然。

3）多聊客户感兴趣的话题。

4）适当谈论自己，与客户在兴趣、意识、主张等方面产生共鸣，让客户觉得你们是同一类人。

5）在适当的时候、适当的地点或适当的话题中赞美客户。

6）切忌一个问题接一个问题地直接问，中间没有任何衔接语言。

7）针对不同类型的客户，寻找不同的话题或切入点：

① 中年以上的客户，多聊他们的子女或孙辈情况。

② 打扮时尚的年轻人，多聊时尚的话题，如衣服、鞋子、香水、美容等，赞美他们非常会搭配等。

③ 30岁左右的男士，可以聊一些男人们喜欢的话题，如足球、篮球、旅游经历、网络游戏等。

④ 中年成功男士，可以聊他们的事业、创业史。

8）适当坚持自己的立场，保持在一个度上，否则客户会觉得销售顾问不够稳重、诚恳。

寒暄中难免要赞美对方一番，这样会使对方感到愉悦，对即将进行的交谈更感兴趣；但是要注意，赞美一定要得体，一定要了解对方的需求，不能过分恭维，否则会适得其反。例如，初次见面赞美女士："您的眼光真好"，这句话起到的作用微乎其微，不能给对方留下任何印象，进而激起她对你的好感。我们可以这样说："女士，您选的这辆车的颜色真的很适合您的气质，而且，这款车也是我们卖得最好的一款车，您的眼光真好。如果您的朋友要买车，一定愿意听取您的意见。"这样恭维，效果会更加明显。

【案例2-5】

寒 暄 技 巧

- 寒暄一

销售顾问："××先生/女士，看您今天的穿着很正式又有气质，冒昧地问一下，您是从事什么行业的？"

顾客："教师。"

销售顾问："有不少老师都是我们××品牌的忠实客户，不知道您中意哪一款车型呢？"

- 寒暄二

销售顾问："××先生/女士，今天天气挺热的，您一路过来辛苦了！您这边请……这里最凉快，您请坐。我们准备了一些饮品，有××、××、××，请问您要什么？"

3. 接待顾客要遵循的规则

在展厅接待过程中，客户会出现各种各样的情况，处理的具体方法也会有所不同，但以下4点对于每一名销售顾问来说都是必须遵循的。

1）重视来店的每一位客户。对每位客户都要做到一视同仁，不能有好恶之分，不要以貌取人。

2）运用心理学知识巧妙地解开客户心中的"结"。这指的是运用心理学上的技巧去影响客户最初的观点。

客户在下决心购买之前一定会货比三家。客户最初观点的形成最容易受到"先入为主"效应的影响。当客户拿竞争对手的车型、销售政策等来比较的时候，你千万不要与他对着干，不要诋毁别人的产品，特别是在没有弄清楚事实真相的前提下，更不要擅自做主仓促应战，随意承诺自己做不到的事情。

因为绝大多数购车的客户都非常在意安全问题，所以销售顾问可以从安全的角度去影响顾客，往往效果会不错。一般来说，关键是要体现出自身品牌车型的优势。

3）同事间相互配合，协同作战。专营店的销售顾问不能以单兵作战的形式进行销售，而要以团队的形式，讲究团队合作精神，尽早、尽快地将客户带进"舒适区"，以缩短距离、取得信任。

4）礼貌送客。在客户离开展厅时，应送客户到门外；如果可能，要一直把客户送到车上，并欢迎他下次光临；目送客户的车辆开出30米或车辆转弯后才可回店。客户离去后，要及时整理、分析并将有关资料记录到来店（电）客户管理表、意向客户级别状况表、销售活动日报表、意向客户管理卡或其他公司规定的表格中，以方便后续追踪。这些工作也是接待工作的一部分，称为意向客户的管理工作。

4. 把握接近客户的时机

所谓接近客户，就是汽车销售人员一边仔细观察、一边和客户接近的行为。找准与客户进行"初步接触"的适当时机，对汽车销售人员来说是最重要的，也是最困难的。但是，只要初步接触的时机恰当，销售工作就已成功了一半。

如果接触的时机掌握不当，就会出现以下两种尴尬的局面。

1）接触太早：如果在客户观看商品时，汽车销售人员就迫不及待地问："您需要什么帮助吗？"那么，客户一定会感到受到干扰、有压力，因产生戒备心而离店。

2）接触太迟：接触太迟会让客户感到受冷落、不被重视，他们往往会找借口离开，从而丧失促其购买的最佳时机。

那么，汽车销售人员该如何寻找最佳接触时机呢？其实，从客户走进展厅的那一刻开始，他就在不断地传递各种信号，这其中就包括一些寻求帮助的信号。

（1）当客户长时间凝视汽车时　客户若注视了某一辆汽车很长时间，就表示其对该商品产生了兴趣，此时就是接近的时机。当然，不可冒昧接近客户，需要使用一些技巧：

1）在与客户打招呼时，最好是站在客户的正面或侧面，轻轻地说："需要我帮忙吗？"绝不能从客户的背后突然发声使客户吓一跳，从而降低其购买欲望。

2）与客户打招呼时，不仅可以说"欢迎光临""我能帮您什么"，还可说"先生，您真有眼光，这款车型很时尚""这种内饰在目前的车市中还很少见""您看起来非常适合驾驶这款车"这类话来进行初步接触，有助于成功接触。

（2）当客户触摸汽车时　客户用手触摸汽车，就表示其对此商品有了好感，并在考虑自己是不是需要这项商品。但此时的初步接触，不要在客户触摸商品的那一瞬间就开始（以免吓到客户），而应稍微等一等，以温和的声音询问。有时可以加上几条简单的商品说明来刺激客户的购买欲望。

（3）当客户抬起头时 客户一直在注意汽车，这时候突然抬起头来有两个原因：

1）想叫汽车销售人员，仔细了解一下这款商品。如果是这种原因，销售人员稍加游说，这笔交易就可能成功。

2）决定不买了，想要回去。此时，汽车销售人员应马上迎上去亲切地问："您喜欢这款车型吗？我们还有其他款型。""这款车的空间稍微小了一些，旁边还有比较适合您的车型，要不要看一下？"客户也许会回心转意，并把他认为不满意的方面说出来。由此可见，把握好初步接触的时机，不仅能够挽留住想要离开的客户，而且还能够倾听客户不购买的原因，为自己以后的销售服务积累宝贵的经验。

（4）当客户突然停下脚步时 当客户突然在展台旁停下脚步注视某辆汽车的时候，如果没有汽车销售人员过来招呼他，他就会继续向前走。销售人员一定不可错过这个机会，应立即去招呼客户。

（5）当客户放下手提袋时 这也是留意商品并产生好感的行为之一。汽车销售人员应自信地对客户说："欢迎光临"。这种情况下，要在客户放下手提袋一段时间后再接近比较好。

（6）当客户的眼睛在搜寻时 一些具有明确购车目的的客户在进入销售展厅之后，首先会东张西望，寻求帮助，汽车销售人员不应迟疑，要以最快的速度上前接待并亲切地询问："先生，您好，我能帮您什么？"从而替客户节省寻找的时间和精力，客户一定会很高兴。

（7）客户和销售人员目光相遇时 客户需要建议时，大多会寻找汽车销售人员。当其目光和汽车销售人员相遇时，汽车销售人员应向客户微笑点头，并走向客户说"欢迎光临""您好""早安"之类的话。虽然不一定立即销售成功，但至少能够表现出汽车销售人员应有的礼貌，给客户留下较好的印象。

（8）当客户与同伴交流时 客户与同伴交谈这种情形正是客户对商品产生好感的明确行为。此时，汽车销售人员的说明和建议特别容易产生效果。

5. 针对不同客户的展厅接待技巧

接近客户，不是一味地向客户低头行礼，也不是迫不及待地向客户展示商品，这样做反而会让客户产生逃避的想法。接近客户的重点是让客户对以销售为职业的销售人员产生好感。

【案例2-6】
体察客户的心理防线，用恰当的方法消除客户的戒心

销售人员："您好，这是本品牌最近推出的一款车型，外观和配置都不错，您看怎么样？"

客户："哦，我已经看了5个品牌了，感觉都不错，我再看看吧。"

销售人员："我们这款车是专为都市白领设计的，造型时尚、动力十足，而且还很省油，销量一直很好。刚才的那位先生就购买了一辆，您考虑一下吧。"

客户："人家买了是人家的事情，我暂时不考虑了。"

销售人员："先生，您看这样，我们可以多给您送点赠品……"

客户："还是以后再说吧，再见。"

　　案例中的汽车销售人员在接近客户时，忽视了客户对陌生人的戒备心理，在客户还没有接受自己的情况下，一味地销售产品，会让客户感到唐突和不愉快。因此，汽车销售人员应很好地把握"在销售产品之前，先销售自己"的原则，利用一些技巧，成功地打开客户的心理防线，让客户先对自己产生好感。

　　在客户仍然抱有戒心的时候，汽车销售人员要想促成交易，必须学会声东击西，分散客户的注意力，从而解除客户的戒心。同时，还要做到根据客户的不同特点，分散客户的注意力。

　　（1）唯唯诺诺的客户　唯唯诺诺的客户是对于任何事都同意的人，不论汽车销售人员说什么都点头说"是"。即使销售人员做了可疑的汽车介绍，此类客户仍会表示同意。

　　对于此类说"是"的客户，应该干脆地问："为什么今天不买？"客户会因被看穿了心理活动的突然的质问而惊异，从而失去辩解的余地。此时，大多数人会说出真心话，这样就可以因地制宜地"进攻"。

　　（2）故意装内行的客户　此类客户自认为对汽车的了解比销售人员多，于是会说"我很了解这类产品"或"我常参与贵公司的工作"等一些令汽车销售人员发慌或不愉快的话。这类客户故意装内行，有意操纵对汽车的介绍。

　　此类客户不希望汽车销售人员占据优势或强制他，不想在人们面前不显眼。他知道自己很难对付优秀的销售人员，因此事先建立"我知道"的强硬防御来保护自己。汽车销售人员应避免被他们认为是"没有汽车知识的人"。

　　如果客户开始详说汽车的情况，销售人员则不必打断，让客户随心所欲地说。客户可能有时会因不懂而不知所措。此时，销售人员应说："看来您对这款汽车的优点已经很了解了，打算什么时候购买呢？"客户既然为了向周围的人表示自己对该车的了解而自己开始介绍汽车，就会对如何回答买车问题而慌张，致使他们可能会否认自己一开始说的话，这正是销售人员开始销售的时机。

　　（3）金牛型客户　此类客户渴望表现自己很有钱，且有许多成就，于是会说自己与一些名人有来往，并夸口说："只要我愿意，买10辆都不成问题。"

　　对于这类客户，应附和他并适当地称赞他，打听其成功经验，尊敬他并表示有意成为朋友。在签订购车协议时，询问他需要几天调拨采购汽车要用的资金。这样，既让他有筹措资金的余地，又顾全了他的面子。接待这一类型的顾客时，即便知道他手头没钱，也决不可以在态度上表露出来。

　　（4）完全胆怯的客户　此类客户会在展厅中左顾右盼，像是在寻找什么，无法安静地停在一个地方。他们好像经常在摆弄台上的宣传册或其他东西，但不敢与汽车销售人员对视，对于家人和朋友也用尖锐的声音说话。

　　若汽车销售人员在场，此类客户就会认为自己被迫陷入了痛苦的、需要立即或必须回答与私人有关的问题的提问中，因而提心吊胆。

　　对于此类客户，应亲切、慎重地对待，细心观察他的言行举止，并称赞他的优点。和此类客户交谈时，只要稍微提到与他们工作有关的问题即可，不要深入探听其私人生活，这样才可以使他们轻松地听你的介绍。应该多与他们接触，寻找自己与他们在生活上的共同点，以解除他们的紧张感。

　　（5）冷静思索型客户　此类客户稳坐在椅子上思索或远望窗外，一句话也不说。他会以怀疑的眼光凝视一处，露出不耐烦的表情。汽车销售人员会因沉默而觉得精神紧张。

此种冷静思索型客户是真正思考的人，他注意倾听汽车销售人员的话，并想看清汽车销售人员是否在认真接待他。他在分析并评价汽车销售人员。此类客户一般文化程度较高，对于汽车或市场行情有所了解。他们细心，动作稳妥，说话不会出差错，会立即回答问题，属于理智型购买者。

对此类客户进行销售时，应该很有礼貌，诚实且不要急于求成，但不要疏忽大意，应细心注意客户所说的话，因为可以从他们言语的微细处看出他们在想什么。换言之，对于此类客户应采取柔软且保守的销售方式，但关于汽车的情况及公司的政策，应该详细地说明。在交谈中不妨轻松谈及自己的家庭或工作问题，这会使客户想进一步了解你，放松防备心理，进而把需求告诉你。对于此类客户，汽车销售人员绝不可有自卑感。

（6）冷淡型客户　冷淡型客户通常会摆出自己买不买都无所谓的姿态，看起来完全不关心车辆相关信息或自己喜欢与否。

此类客户不喜欢销售人员对他施加压力或热情推销，更喜欢自己实际考察汽车产品，讨厌汽车销售人员在旁介绍。此类客户虽然好像什么都不在乎，但事实上对于很细微的信息都会关心，注意力强，会搜集各种信息，沉着冷静地考虑每一件事。

对于此类客户，普通的汽车介绍不能奏效，必须设法让他们情不自禁地想买汽车才能达成销售目的。因此，汽车销售人员必须煽动起这类客户的好奇心，使其对汽车产生兴趣，这样他才会乐于倾听汽车的介绍。

（7）"今天不买""只是看看而已"的客户　此类客户一看到汽车销售人员就会说"今天不买""我只是看看"等。在进入店门之前，他们早就预测到销售人员会提问什么并准备好了怎样回答，他们会轻松地与汽车销售人员谈话，因为他们认为自己已经完成了心理上的准备。

他们可能是所有客户中最容易销售的对象。他们虽然采取否定的态度，但很清楚此种否定的态度一旦崩溃，自己就会不知所措。他们对汽车销售人员的抵抗力很弱，至多可以做到在介绍汽车的前半段干脆对汽车销售人员说"不"，随后则会被汽车销售人员所引导。他们对条件好的交易不会抵抗，因此，只要在价格上给予优待就可以成交。他们最初采取否定态度，就犹如在表示"如果你提出好的条件，就会勾起我的购买欲"。

（8）好奇心强的客户　此类客户没有关于购买的任何障碍，他们只想了解关于汽车的信息，只要时间允许，他们愿意听关于汽车的介绍，他们态度谦恭而有礼貌，在听取产品说明时会积极发问，而且提问得很恰当。

此类客户只要喜欢所看到的汽车，被激起了购买欲，便会发生购买行为。他们是因一时冲动而购买的典型，只要有了动机，对汽车销售人员及商店气氛有了好感，就会毫不犹豫地购买。

对于此类客户，应做好汽车介绍，使客户产生兴趣后，促成其购买。可以说："现在正是优惠时期，因此能以特别便宜的价格买到想要的车型。"对于此类客户，必须让他觉得这是个"难得的机会"。

（9）素质高的客户　此类客户谦恭有礼，有时会贴心地说："销售员的确是辛苦啊！"

他们会认真倾听汽车销售人员的话，但是不会理睬强行推销的汽车销售人员。他们不喜欢被特别对待。

碰到此类客户一定要认真接待。汽车销售人员应以绅士的态度显示自己在专业方面的能力，始终有条理地进行汽车介绍，同时应该把握分寸，不可以施加压力或强迫对方。

（10）暴躁且疑心重的客户 这种客户会气冲冲地进入销售展厅，他们的行为似乎在指责一切问题都是由别人引起的，因此很难与他们相处。他们完全不相信你的介绍，对于汽车的疑心也很重。不仅汽车销售人员，任何人都不容易应付他们。

应该以亲切的态度接待他们，不可以与他们争论，避免提及会让对方产生压力的话题，否则会使他们更加急躁。销售人员介绍汽车时，应轻声、有礼貌、慢慢地说明，应留心他们的表情，适时地问他们是否需要帮助，让他们觉得你可以成为他们的朋友，等到他们冷静之后，慢慢地以传统方式介绍汽车。

除了以上这些细化的消除客户心理防线的方式，在与客户交流的过程中，汽车销售人员还应该注意分析客户产生戒备、防范心理的原因，尽量避免在销售过程中形成不愉快的气氛，以保持积极、热烈的销售氛围。在客户对服务和汽车产品进行指责或表示疑惑时，汽车销售人员应设法让客户愉快地转移注意力。转移客户注意力最有效的方法往往不是长驱直入，而是以退为进，把谈论的话题转移到客户关注的内容上，然后抓住销售的有利时机。

很多交易无法达成的原因并不在于汽车本身，而在于汽车销售人员未能及时消除客户的戒心，甚至使客户有一种"他们是在想方设法地从我口袋里掏钱"的想法。面对客户的这种心态，汽车销售人员应了解并理解客户的防范心理，在愉快的沟通气氛中转移他们的注意力。

✖ 【任务实施】

📖 任务要求

根据汽车展厅接待的流程及关键点的要求，对以下案例进行分析并思考相关问题。

📖 任务载体

【案例 2-7】

一次成功的接待

销售顾问李明接待客户的时候，手上常常会准备一张小卡片，这样李明就可以随时将客户的信息记下来，客户走了之后，李明再将内容整理记录到客户资料卡上。有一次，一位客户一个人来看车，当时他匆忙了解了一下君威轿车的信息，拿了一份目录，留了一个电话就走了。从看车到离去不到 3 分钟，虽然这位客户在店的时间很短，但从他的言行举止来看，李明觉得他是一位很好的潜在客户，于是把他的特征、开的车型、车牌号码都记了下来。3 个月之后，有一天这位客户突然来看车，李明老远看见他就觉得很面熟，于是打开客户登记表的记录，想起了他就是 3 个月前来看车的那位客户。于是李明立刻上前接待，叫了一声"黄先生"。这位客户很惊奇地笑了一下，问李明怎么知道他姓黄，李明就把他 3 个月之前来看车的经过讲给他听，黄先生微微笑了一下。接着，李明运用销售中的赞美法夸奖了黄先生一番，黄先生更加开心了。在李明的引导下，黄先生试驾了一下君威轿车，非常满意，临走之前跟李明说了一句："买车我一定找你"。一个星期之后，店里刚好有购车送大礼活动，李明马上打电话给黄先生。几天之后，黄先生带了一个朋友来试车，虽然这次仍没有订车，但是李明觉得这位客户已经有90%的成功率了。一个星期后，李明打电话给黄先生，告诉他促销活动快到期了，提醒他别错过时间。黄先生听了也有些着急了，跟李明说再考虑两天就给他答复。没想到第二天下午黄先生就打电话来要签购车合同。

【案例2-8】
一次失败的接待

一个秋高气爽的午后，某经销商的展厅内，来访的顾客络绎不绝，有的在看车，有的在围着销售人员商谈着什么，还有的在前台仔细阅读着一份份有关车款、车型或某些新技术的产品介绍书。

汽车销售人员小王紧盯着门口，等待可能出现的新顾客。小王来到这个展厅工作已经两个多月了，但一直业绩平平，毫无起色，作为一名营销专业的应届毕业生，销售业绩一直处在初级水平，让小王颇为着急。

这时，一位先生和一位女士走了进来，衣着休闲，却异常考究，能看得出来这两位颇有些"来头"。小王紧紧盯着这一男一女，暗暗判断着：从衣着和气质上看，这两位绝不是一般的客户，从神情上看，显然是一对夫妻。想到这里小王来了精神，看来这两位潜在客户很有购车希望啊！正暗自高兴的他，突然眼前一亮，看见这两位停在了一款新车前面，这款新车是刚刚推向市场的，集现代、流行、高档于一身，颇受顾客青睐。机会难得，他赶紧走了过去。

"两位好，今天天气不错，看看车啊！"小王热情地打着招呼。

男士点点头应声："看看这款新到的车。"

小王："感觉如何？这是新上市的最流行的流线型轿车，德国进口的。"

男士没有回应，仍在专注地看着车，小王饶有兴致地介绍起来："该车采用的是全时四驱的技术，变速器是手自一体的，还有……"

男士突然摆摆手，打断了正介绍到兴头上的小王，很客气地说："谢谢你热情的介绍，我们只是来看看。"

"先生，你们现在开的什么车呀？"小王见顾客有抵触情绪，赶忙转换话题。

"是代步用的捷达。"女士开口了，但眼睛仍然没有离开车。

"啊，那款车有些过时了。看两位现在的身份，再开那辆车与现在的身份不相配呀！"小王恭维道。但没想到小王话音刚落，那位男士突然变了脸色，女士和男士不约而同地对视了一眼。女士说："咱们走吧，改日再来。"说着两个人向门口走去。小王怔怔地待在那里，不知如何是好，他十分困惑，不知道自己说错了什么。

任务思考

思考一：请根据以上两个案例，分析在展厅接待过程中，李明接待成功而小王接待失败的原因。

思考二：如果你是销售顾问，你会如何进行接待？试根据接待要点填写表2-14。

表 2-14

序 号	接待要点	时机及沟通话术	关键动作
1	顾客进店		
2	接近顾客		
3	引导顾客		
4	送别顾客		

任务三 汽车产品展示

【知识目标】

- 了解需求分析的作用、要求与内容。
- 掌握需求分析的步骤。
- 掌握汽车六方位介绍法。
- 掌握展示汽车性能的方法。
- 了解试乘试驾的重要性。
- 掌握试乘试驾的要点及流程。

【技能目标】

- 能够通过需求分析列表对顾客进行购车需求分析。
- 能根据提问的方式进行顾客背景信息的获取，并分析和提炼，得到顾客的关键信息。
- 能对汽车整车进行六方位介绍。
- 能根据顾客的需求展示汽车的各种性能。
- 能为顾客办理试乘试驾手续。
- 能在试乘试驾环节中展示车辆的性能。

【项目剖析】

　　汽车产品的展示是能否成交的关键环节，也是销售任何产品都必须经过的环节。汽车展示分为静态展示和动态展示：一般来说，静态展示就是展厅内的展示，但展厅内通常因为废气不易排出而不能起动发动机，一般只允许顾客通过触摸、观看、乘坐对展车进行体验；动态展示就是指试乘试驾，顾客通过试乘和试驾来体验车辆的动力性、操控性、舒适性等。

　　在进行车辆展示之前必须先进行顾客需求分析，如果没有了解顾客的需求就开始介绍产品，就像在屋子里蒙上眼睛打移动靶，击中的概率极低。只有完全了解了顾客的需求，才能提高成交的概率。详细的需求分析是满足顾客需求的基础，也是保证向顾客进行有针对性的介绍的前提。

【知识准备】

一、需求分析

在当今汽车销售市场竞争非常激烈的情况下，汽车销售是以客户为中心的顾问式销售，不再像以往的"黄瓜敲锣——一锤子买卖"的做法，而是要给顾客提供一款适合其需要的车型。销售人员应通过需求分析，帮助顾客有目的地了解其特定需求，以强化顾客的需求，提高顾客改变现状的迫切程度，使顾客因想改变现状而实施购买，这就是需求分析的目的。如果不进行顾客需求分析，就会使顾客的需求慢慢弱化，甚至导致顾客规模缩小。

（一）需求分析的作用、要求与内容

1. 需求分析的作用

1）帮助销售顾问挖掘出影响购买决定的非价格因素。详细说明这些非价格因素的重要性会降低价格因素在购买决策中所起的作用。

2）实现增值销售。通过了解顾客需求并获得顾客参与后，提高顾客的认知水平，创造内心要求转变的动机，使顾客想要改变现状的愿望增强。如果顾客想购买的心情比销售顾问出售产品的心情迫切，就不会过多地关注产品的价格，销售顾问就可以通过高价格获得更多的利润。价格仅仅是顾客很多考虑因素中的一个，而不是决定购买与否的主要因素。

2. 需求分析的要求

1）销售顾问应该仔细倾听顾客的需求，让顾客随意发表自己的意见。

2）通过与顾客进行充分沟通，确认顾客的需求和期望。

3）不要试图说服顾客去买某辆车。

4）销售顾问应该了解顾客的需求和愿望，并用自己的话重复一遍顾客所说的内容，以使顾客相信销售顾问已经理解了他（她）所说的话。

5）提供合适的解决方案。

3. 需求分析的内容

汽车销售顾问只有充分了解顾客的背景情况，才能将顾客的潜在需求变成显现的需求，赢得顾客的青睐，最终达成交易。汽车销售顾问一般会对顾客背景进行分析。

当顾客走进汽车展厅或销售顾问上门拜访时，不论他们是否真正建立起了自己对汽车产品的需求，每一位销售顾问要做好的一项工作就是与这位顾客建立有效的沟通，因为顾客未来的购买决策目标与方向一定与他们的背景情况有关。

此时，销售顾问要对那些将会影响他们的购车行为的因素进行全面的调查。通常，销售顾问可以从以下几个方面了解顾客的真实情况。

1）购车主体。是单位购车还是个人购车，资金来源情况如何。

2）从事行业。可以用以往该行业客户购车的情况建立联系。

3）顾客的决策地位。据此确定洽谈的重点。如果顾客是决策人（一般是单位和部门的负责人或一个家庭的代表），会较关注品牌、品质与价格；如果是决策影响人（采购负责人、经办人），那么除了关注品牌、品质、价格外，还会关注决策人对该车型的喜好与评判；如果是决策受益人（一般为驾车人），则关注该车型驾乘的舒适性、操控性、内饰的豪华程度以及外观是否新颖时尚，对于价格反而关注度不高。

4）收入状况。不论单位还是个人，收入高的顾客在确定品牌时比较容易接受知名品牌，收入相对较低的顾客会接受一些经济性较高的品牌与车型。

5）年龄/性别。可以通过判断来确定顾客对品牌与车型的选择倾向。

6）所在地区。来自不同地区的顾客对品牌和车型的喜好倾向性不同。

7）个人喜好。喜欢轿车、SUV 还是 MPV，因顾客的个性不同而有很大的差异。

8）以往接触或使用过的品牌、车型。顾客之前接触过的品牌和车型会影响到其对同类车型是接纳还是排斥。

9）接触之前对产品、经销商的了解情况。对产品、经销商的了解情况会影响顾客是接受还是排斥现在正接触的销售商。

10）其他需要调查的情况。销售顾问可以根据不同顾客的情况和自己的汽车产品特性来确定需要继续了解的情况。

以上这些情况的调查都是成功销售的基础，一句话概括，就是要做到知己知彼。为此，销售顾问可以围绕上面 10 个方面的内容设计一些问题询问顾客，只是要注意询问的方式要巧妙、节奏要适中，不能让顾客有被"拷问"的感觉。如果对顾客的背景情况有了一个充分的了解，就可以针对他们在汽车产品方面的专业程度制订相应的销售对策。

销售顾问应通过提问的方式对顾客信息进行收集，有些汽车品牌会借助需求分析表进行顾客购车需求分析，以获取顾客的背景信息，并加以分析和提炼，获得顾客的关键信息，以便于分析顾客的需求。顾客的关键信息主要有以下几个方面：

1）购车时考虑的主要因素（动力性、安全性、舒适度、造型、经济性等）。

2）对品牌的了解程度。

3）购车用途（家用、商用、公务）。

4）购车的次数（首次、重购、置换）。

5）购车决策者。

6）使用者。

7）意向车型。

8）意向颜色（浅色、深色）。

9）付款方式（一次性付款、按揭）。

10）关注的竞争品牌（日韩系、美系、欧系）。

11）何时购车（1 周之内、1 个月之内、3 个月之内、3 个月以上）。

【案例 2-9】

了解顾客的需求

销售顾问：您好，看您那么面熟，应该不是第一次到我们店吧？

顾客：我是第一次来，刚拿到驾照，考虑买一辆车。

销售顾问：之前来看过我们品牌的车吗？

顾客：还没有。

销售顾问：那现在有没有中意的品牌和车型呢？

> 顾客：先看看，还没确定。
> 销售顾问：您主要是关注车辆的哪些方面呢？
> 顾客：价格在10万元左右，油耗低一些的。

在上述的对话中，销售人员的关注点是与顾客的未来购买决策相关的一些背景情况，通过提问的方式，销售顾问了解到顾客是第一次购车，缺乏汽车方面的知识，需要确立一个汽车品牌和车型的选择目标。因此，销售顾问应该根据顾客对品牌和车型基本不了解的特点来制订销售策略，进一步了解和分析顾客关注的问题，再经过有效的需求引导，让顾客意识到本品牌的车辆能够符合其需求。上海大众顾客购车需求分析清单见表2-15。

表2-15　上海大众顾客购车需求分析清单

内容	建议话术	可选项
有关现用车	1）您目前开的是什么车？使用了多长时间 2）您想换一辆比您目前的车辆大一些的还是小一些的 3）您为什么想更换车辆 4）您最喜欢目前车辆的哪一点 5）您最不喜欢目前车辆的哪一点	□外观　□内饰　□空间　□动力　□操控　□安全 □经济　□舒适　□其他 □外观　□内饰　□空间　□动力　□操控　□安全 □经济　□舒适　□其他
有关新购车	1）您有特别中意的车吗？了解过哪些车型 2）您将购买的新车是商用还是个人使用？您将如何使用新车 3）用车频率如何？什么时候需要 4）您认为新车最应当具备什么性能	□商用　□公务　□个人 用车频率：□每日使用　□每周使用 □定期使用　□其他 购车时间：_____
关于购车过程	1）对于您的购买决定来说，有什么其他重要因素吗 2）您是想留下目前的车，还是想以旧换新 3）您目前的车是全额现金购买的、租借的，还是贷款购买的 4）您考虑的是哪个价格档次的车 5）您考虑以哪种方式付款	□新购　□换购　□增购 □10万元以下　□10万~15万元　□15万~20万元 □20万~25万元　□25万~30万元　□30万元以上
有关客户背景	1）家庭情况 2）业余爱好 3）联系方式 4）与上海大众的接触经验 5）其他	

4. 需求分析的步骤

销售顾问只有对顾客进行需求分析，才能有针对性地为顾客推荐一款符合消费者需求的车型。一般的需求分析主要有以下三个步骤：

（1）获取顾客信息　销售顾问要通过提问的方式来获取有助于进行顾客需求分析的信息，而这些信息就是需求分析内容，这里不再重复。

【案例 2-10】

获取顾客信息

销售顾问："××先生/女士，刚才看见您开的是一辆SUV，现在用车情况怎么样？"（确认顾客所开车辆是自己的）——获取用车情况信息。

"××先生/女士，冒昧问一下，您目前用的是什么车？"（顾客未开车到店）——获取用车情况信息。

"××先生/女士，请问您的购车预算大概是多少？这样我可以针对性地为您介绍车型，避免浪费您宝贵的时间。"——获取购车预算信息。

"××先生/女士，看一辆车好不好，一般从外观、舒适度、安全性、操控性等5个方面来考虑，您比较关注哪一方面呢？"——获取购车关注点信息。

"××先生/女士，刚才看见您开车进店，动作非常娴熟，应该不是第一次购车了吧？"——获取购车次数信息。

"××先生/女士，跟您的交谈，发现您对汽车真的非常了解，不知道您之前看过哪些车型？"——获取竞品信息。

（2）总结分析顾客信息　在获取了顾客的有效信息后，销售顾问应站在顾客的立场上，总结分析出3条顾客购买动机，并获得顾客的确认。在与顾客沟通的过程中，态度要亲切、友好，回答顾客的问题时要准确、自信、充满感染力，并主动给顾客提供产品资料，供顾客参考。而且应在恰当的时机请顾客进入车内感受，或请顾客到洽谈区休息。通过营造轻松愉快的谈话氛围，来实现销售顾问需求分析环节顺利进行。

销售顾问："××先生/女士，通过之前和您交谈，我了解到您经常要跑长途或是比较差的路面。跑长途的车主一般要考虑车辆的安全，以及长时间乘坐的舒适性，而经常跑较差的路面，那就得考虑车辆的通过性能了，所以您应该对车辆的安全性、通过性和舒适性比较注重。"（根据获取的信息进行总结分析）

（3）提出建议车型　最后一个步骤就是推荐符合顾客需求的车辆，并解释推荐的原因，让顾客认同销售人员所推荐的车型能满足其自身的要求，然后根据顾客的关注点进行汽车销售的下一个环节——产品介绍，或是根据顾客意愿安排试乘试驾。

1）结合需求分析推荐车型。

销售顾问："××先生/女士，建议您考虑一下××排量的××车型××版。在同类车型中，该车型获得了C-NCAP安全碰撞测试迄今为止的最高分；同时，该车的内部空间非常充裕，又是一款城市SUV，在保证舒适性的同时，也兼具了通过性。您这边请，我们去看看实车！"（结合顾客需求推荐车型，应详细到排量和配置）

2）结合个人利益推荐车型。

销售顾问："××先生/女士，刚才听您说比较关注燃油经济性，这款车在市区开时，一般百公里用8升油，非常省油，肯定符合您的需求。"

3）结合社会认同感推荐车型。

销售顾问："××先生/女士，这款车型是属于跨界车型，设计比较超前，引领时尚，路上很少有这样的车型，您开上这款车，会让人觉得您很有品位。"

（二）冰山理论——显性和隐性问题

分析顾客需求会涉及一个表面的问题和一个隐藏的问题，汽车销售流程理论中将表面的现象称为显性问题，又称为显性动机；隐藏的问题，称为隐性动机。冰山理论可以形象地解释这些显性和隐性问题的。

冰山既有露在水面以上的部分，又有潜藏在水面以下的部分。水面以上的部分是显性的，就是顾客自己知道的、能说出来的那一部分；水面以下的是隐藏的那一部分，这一部分比较复杂，可能有的顾客自己都不知道自己的真正需求到底是什么，如图 2-27 所示。

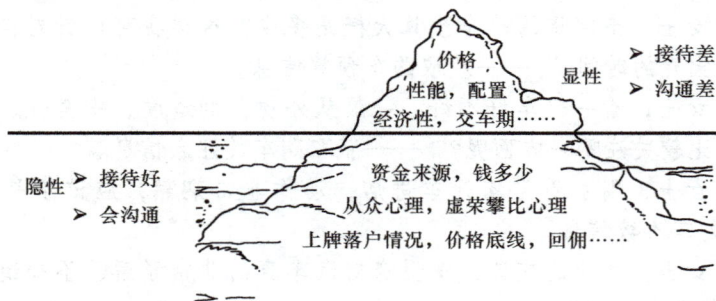

图 2-27　需求冰山理论示意图

冰山理论说明了需求背后的理性和感性需求。理性需求包括商业利润、价格、法律保障、交车时间等；感性需求包括自豪、名气、乐趣、健康、激情、忠实、传统等。

理性需求一般是顾客愿意说的；感性需求不一样，顾客只有对你建立了信任，才会说出来。例如，某顾客可能打算花 10 万元买车，可是不知道买什么型号的车好，这个时候销售顾问要解决顾客的问题，就要先去了解顾客，既要了解其显性问题，又要了解其隐形问题，甚至隐性的问题更关键，更能体现你的顾问形象。如图 2-28 所示，顾客购买奥迪汽车的显性动机可能是该品牌汽车豪华、舒适、质量可靠以及其有地位的朋友都开奥迪汽车这些原因，但实际上其隐含的购买动机可能是购买该车可以显示地位和身份、赢得关注，并可享受周到的服务，而这些隐性的需求有时才是顾客是否会购买该车的关键影响因素。

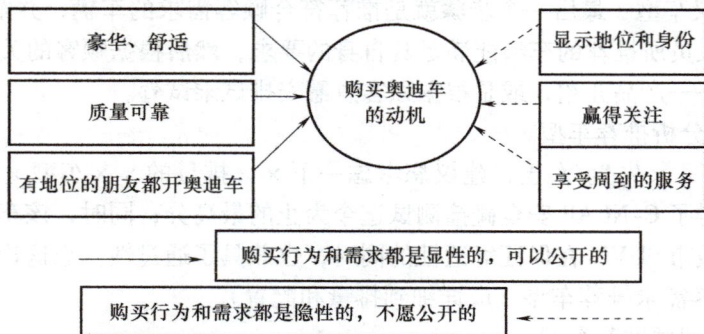

图 2-28　奥迪汽车显性与隐性需求分析示意图

【案例 2-11】

个人爱好与实际需求

一天，一位顾客到某专营店买车，他在展厅里仔细地看了一款多功能的 SUV，该公司的销售顾问热情地接待了他，并且对这位客户感兴趣的问题也做了详细的解释，之后，这位顾客很爽快地说马上就买。他接着还说，之所以想买这款 SUV，是因为他特别喜欢郊游，喜欢出去钓鱼，他一直想去，但是因为工作忙，没时间，一直无法成行。现在他自己开了一家公司，已经经营一段时间了，虽说还处于发展阶段，但现在积攒了一点儿钱，想改变一下生活状态。

当时，顾客和销售顾问的谈话比较融洽，要是按照以前的做法，销售顾问不会多说，直接签合同、交定金，这个销售活动就结束了。但是这名销售顾问没有简单地结束谈话，而是继续与这位顾客聊天，通过了解顾客的行业，他发现了一个问题。

这位顾客是做工程的，他的业务来源是他的一位客户。他的客户一到本地来，他就去接，而跟他一起去接客户的还有他的一个竞争对手。

这位顾客之前没有车，而他的竞争对手有一辆北京吉普切诺基，竞争对手是开着车去接的，而他只能找个干净一点的出租汽车去接。他的想法是不管接到接不到，一定要表示自己的诚意。结果每次去接的时候，他的客户都会坐他这辆出租车，而不去坐那辆切诺基。这位顾客并不知道其中的原因，但这名销售顾问感觉到这里面肯定有问题。销售顾问开始帮助这位顾客分析他的客户总是坐他的出租汽车，而不坐竞争对手的切诺基的原因。

销售顾问问："是因为您的客户对你们两个人厚此薄彼吗？"

顾客说："不是的。有的时候，我的客户给竞争对手的工程比给我的还多。有的时候给他的是'肉'，给我的是'骨头'。"

这名销售顾问分析以后发现，顾客的那位客户尽管一视同仁，但实际上仍有一种虚荣心，不喜欢坐吉普车而要坐轿车，出租车毕竟是轿车。于是，这位销售顾问就把这种想法分析给这位顾客听。

销售顾问说："我认为，您现在买这辆 SUV 不合适，您的客户来了以后，一辆切诺基，一辆 SUV，上哪辆车脸上都挂不住。"

这位顾客想想有道理。然后这名销售顾问又给他分析说："我认为根据您的情况，您现在还不能够买 SUV。您买 SUV 是在消费，因为您买这辆车只满足了您的个人爱好，对您的工作没有什么帮助。我建议您现在还是进行投资比较好，SUV 的价格在 18 万到 20 万元之间，在这种情况下，我建议您还是花同样多的钱去买一辆轿车，您用新买的轿车去接您的朋友和您的客户，那不是更好吗？"这位顾客越听越有道理，他说："好吧，我听你的。"

这位来买车的顾客之所以听从销售人员的建议，是因为从顾客的角度来讲，销售顾问不是眼睛只看着顾客口袋里的钱，而是在为顾客着想。他说："这么多年来遇到的销售人员都只是一心让我将钱往外掏，我还没遇到过一个我买车他不卖给我，而给我介绍另外一款车的情况，还跟我说买这款车是投资，买那款车是消费，把利害关系分析给我听的人。这个买卖的决定权在我，我觉得你分析得有道理。确实是这种情况，我公司现在的水平还达不到消费的那种水平。"

于是这位顾客听从这名销售顾问的建议，买了一款同等价位的轿车，很开心地把车开走了。

在开走之前，这位顾客对销售顾问说："非常感谢你，我差点就买了一辆我不需要的车，差点白花了这 20 万元却不会对我的事业有任何帮助。"

这名销售顾问很会说话："先生，您不用客气。您要是谢我的话，就多介绍几个朋友来我这里买车吧，这就是对我最大的感谢。"

这位顾客说："你放心，我一定会帮你介绍的。"

果然，没过多长时间，这位顾客就亲自开车带了一个朋友来找那位销售顾问。彼此介绍认识之后，销售顾问不是问买什么车，而是问是从事哪个行业的，买车做什么用，这几个问题一问，新顾客就觉得这名销售顾问很会为自己着想，于是痛快地买下一辆车。

这位销售顾问还是用同样的方法跟这位新顾客说："您买了这辆车以后，如果觉得好就帮我多宣传，多美言两句。"

那位新顾客说："好，王兄就是在你这儿买的车，我就是他介绍来的。现在我也很满意，我也会帮你介绍的。"

半年以后，第一位顾客又来找这名销售顾问，他说："我找你是来圆我的那个心愿的。"

这名销售顾问一听就乐了，顾客是来买那辆SUV的。

以顾客为中心的顾问式销售使这名销售顾问在半年之内在同一个顾客身上直接或间接地成交了3辆车。

如果汽车公司都只做一次性的买卖，顾客可能当时购买了，回去以后发现不合适，就不会再次向你购买，也不会推荐他人向你购买汽车。因此，学习汽车销售的流程和规范，拉近与顾客的距离，取得顾客的信任，与顾客融洽相处、成为朋友，提高顾客的满意度，促进顾客重购和推荐他人购买十分重要。

销售顾问要了解顾问式销售方式，把握住顾客的满意度，跟顾客成为朋友，拉近与顾客的距离，取得客户的信任，然后顾客在买车的时候就会主动来找你，而且还会带动他周围的人来找你。这才是销售顾问所追求、所期望出现的局面。

（三）需求分析的技巧

在分析顾客购车需求细节时，首先必须明确其购买的动机、立场、偏好以及对品牌认识的深度，尤其是汽车的用途与购买决定的关键点。有时，顾客的期望比需要更为重要！

1. 影响顾客购车需求的因素

要了解顾客的需求与真正的期望，就等于要在短短的数分钟内了解一个人的内心，所以经验丰富的销售顾问容易成交，而一般新手就做不到。影响顾客购车需求的因素主要有：

（1）经济原因　经济状况影响和决定了一个人的需求，但是，一个有10万元的人未必希望拥有10万元的车。经济原因只是一个基本条件，甚至只是一个不算十分重要的因素。

（2）社会原因　一个人的社会地位及社会上的一些主流思想也影响着一个人的期望和需求。某些顾客的攀比心理较强，这些人的选择往往会因可以对比的事物而发生变化。

（3）心理原因　心理偏好往往很难用规律总结。例如某名销售顾问曾经联系过一个潜在客户，结果他怎样努力都不能达成目标。后来他们成了朋友，谈起这事，那个人说，上大学时他的室友对他开玩笑说："你算老几？开凯迪拉克啊？"因此，这个人就认定凯迪拉克就是最好的车，他就是要买凯迪拉克。

（4）其他原因

2. 需求分析提问的技巧

需求分析的一个关键技巧就是向顾客提问，通过提问来挖掘顾客的需求细节。那怎样提问才能获得更多的信息呢？这里有一定的提问技巧，下面先看一个例子。

例如，加油站的职员如果问客户："你需要多少升汽油？"客户就会很随便地回答一个数字，这个数字常常是很小的，而如果说："我为您把油加满吧"，客户常常会回答"好"。汽油的销售量会因此增加很多。

这是一种问话使销售量增加的例子。如果销售顾问想获得更多的关于客户的信息，就应该采用适当的提问方法，下面介绍几种常用的提问方法。

（1）开放式提问法　开放式提问法主要用来收集信息。发问者提出一个问题后，回答者围绕这个问题要告诉发问者许多信息，不能简单地以"是"或者"不是"来回答。能体现开放式问题的疑问词有"什么""哪里""告诉""怎样""为什么""谈谈"。

销售顾问要想从客户那里获得较多信息，就需要采取开放式提问法，使客户对你的问题有所思考，然后告诉你相关的信息。例如，销售顾问可以这样提问客户："你是从事什么行业的""你目前使用的是什么车""你什么时候要用车"，以开放式提问法询问客户并且耐心地等待，在客户说话之前不要插嘴，或者鼓励客户，使客户大胆地回答，收效会很好。

客户对于开放式提问法是乐于接受的，并会认真思考如何回答，然后说出一些有价值的信息。客户甚至还会对销售工作提出一些建议，这将有利于销售人员更好地进行销售工作。

开放式询问的问题（5W2H）：

1）谁（Who）——谁购买新车？

2）何时（When）——何时需要新车？

3）什么（What）——购车的主要用途是什么？对哪些细节感兴趣？

4）为什么（Why）——为什么要选购？

5）哪里（Where）——从哪里获得产品信息？

6）怎么样（How）——认为我们的车怎么样？

7）预算多少（How much）——想买什么价位的车？

（2）封闭式提问法　封闭式提问是回答者在回答发问者的问题时，用"是"或者"不是"就能够使发问者了解其想法的问法。封闭式提问经常用到"能不能""对不对""是不是""会不会"等疑问词。

销售顾问采用封闭式提问法提问可以控制谈话的主动权。如果销售顾问提出的问题都使客户以"是"或者"否"来回答，就可以控制谈话的主题，将主题转移到和销售产品有关的范围里面，而不至于把话题扯远。同时，通过这种方式，销售顾问可使客户做出简短且直截了当的回答，从而节约时间，提高销售效率。

一般来说，销售顾问在进行销售工作时，不宜采用封闭式提问法。采用封闭式提问法的销售顾问虽然掌握了谈话的主动权，但是并不能了解客户是否对谈话的主题感兴趣。

开放式提问法与封闭式提问法得到的回答截然不同。封闭式提问法的回答很简单，而开放式提问法的回答所包含的信息量多，因此回答常常出乎提问者的意料。

另外，需求分析开始时，可以使用各种"观人法""投石问路法""投其所好法""直接环境法"等技巧，以引起对方谈话的兴趣并讲出真正的想法；谈话开始后，要避免提问特定性问题，并要注意在适当的时候转换话题。

3. 需求分析提问的类型

跟客户交流时，需要提问客户一些问题，而这些问题可以分为以下7类：

（1）判断客户的资格 根据自己的销售目标，向客户提出一些特定的问题，通过对方的回答来判定其是否是目标客户。例如：买车主要是您开吧？

（2）客户对产品或服务的需求 根据客户表现的需求意向，用封闭式的提问来进一步明确客户的需求，并尽可能多地获得所需的其他信息。例如：安全性、舒适性、操控性、动力性、经济性，哪一方面是您主要关注的呢？

（3）决策 用委婉的口气提问，确定客户方的决策人是谁。例如：您还需要征求家人的意见吗？

（4）预算 为了能成功地销售自己的产品，要了解客户的预算。如果客户的预算较低而销售顾问销售的是高档产品，成功的概率相应地就会低，反之亦然。例如：能否告诉我您的预算，好让我有针对性地为您介绍。

（5）竞争对手 提问竞争对手信息的最佳时机是当客户提到竞争对手的时候，不要自己主动提问有关竞争对手的信息。在客户提起竞争对手时，注意了解竞争对手的信息，分析其优势和劣势。

（6）时间期限 了解客户对需求的时间限制有利于进一步制订销售策略。假如对方以"不确定"来回答，就需要销售顾问进一步引导，让客户尽快做出购买决定。

（7）向客户提供自己的信息

4. 需求分析提问的顺序

需求分析提问的顺序一般是先提问关于顾客基本特征的问题，然后是关于顾客使用特征的问题，之后是关于产品特征的相关问题，最后是顾客购买特征的相关问题，如图2-29所示。

（1）顾客基本特征 明确顾客是谁以及其身处的环境，如顾客的家庭情况、职业、兴趣爱好和朋友等。

（2）顾客使用特征 明确顾客买车的原因、用途、期望等。

（3）产品特征 明确顾客需要什么样的车型、排量、内饰、配置、颜色等。

（4）顾客购买特征 明确顾客的购车渠道、付款方式、购买时间。

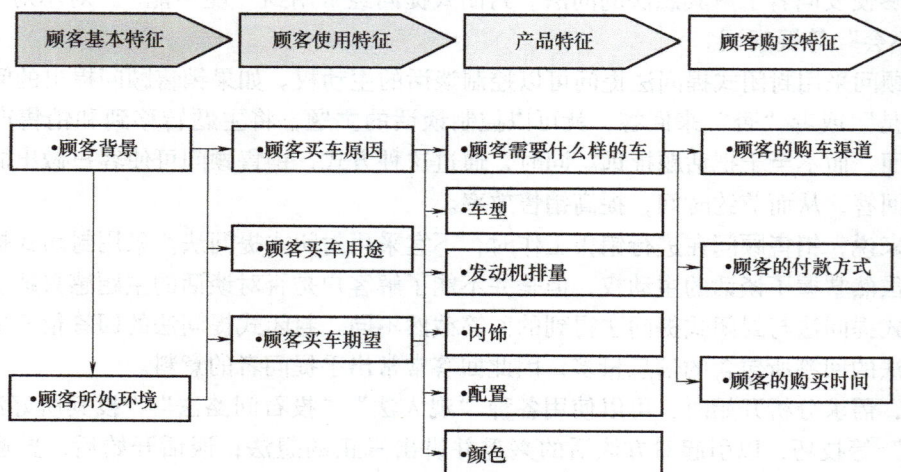

图 2-29 需求分析提问的顺序

【案例 2-12】

需 求 分 析

销售顾问："××先生，您是第一次来我们店吗?"（是否初次来店/封闭式提问）

顾客："是的。"

销售顾问："那么您这次选车主要是自己开还是家人开呢"（购车或用车主体/开放式问题）

顾客："刚拿到驾照，想自己选购一辆车。"

销售顾问："那您想了解哪款车型呢？有比较中意的车型了吗?"（选购车型及竞品情况/开放式提问）

顾客："之前我也看了几款车型，像卡罗拉、标致 307、福克斯等，感觉都还不错。后来听朋友说你们的思域也不错，所以今天就来看看。"

销售顾问："是的，购车是一笔不小的开支，多了解了解是很有必要的。那您购车主要是做什么用途呢？是上下班代步还是节假日出去自驾游呢?"（购车用途/封闭式问题）

顾客："主要是上下班代步。"

销售顾问："那不知道您对车辆的哪些方面比较看重?"（重点考虑因素/开放式提问）

顾客："主要是油耗，听说思域还挺省油的。"

销售顾问："是啊，现在油价那么高，很多顾客都是看重思域的低油耗……"（针对顾客关注点，着重介绍相关产品性能）

通过以上对话可以分析出：

- 该顾客首次来店，且主要使用者是本人。
- 主要用途是上下班代步。
- 关注竞品为卡罗拉、标致 307、福克斯等。
- 对车辆的油耗特别关注。

5. 需求分析提问技巧

（1）SPIN 提问技巧 SPIN 是一种提问技巧，提问的目的是发掘客户的隐含需求并使之转化为明确需求。SPIN 技巧和传统的销售技巧有很多不同之处：传统的技巧偏重于如何去说，如何按自己的流程去做；SPIN 技巧则更注重通过提问来引导客户，使客户完成购买流程。

1）SPIN 提问模式。SPIN 销售法其实就是情景性（Situation）问题、探究性（Problem）问题、暗示性（Implication）问题、解决性（Need-Payoff）问题 4 个英语词组的首位字母合成词。因此，SPIN 销售法就是指在销售过程中职业地运用实情探询、问题诊断、启发引导和需求认同四大类提问技巧来发掘、明确和引导客户需求与期望，从而不断地推进销售过程，为销售成功奠定基础的方法。在汽车销售过程中，SPIN 销售法是常被使用的一种方法。

SPIN 提问模式包括四种类型：背景问题、难点问题、暗示问题和需求-效益问题，每一种提问类型都可用来开发客户需求。

① 询问现状问题 ——背景问题。

找出现状问题的目的是了解客户可能存在的不满和问题，销售人员只有通过提问的方式去了解、发现，才可以获知客户现在有哪些不满和困难。比如，可以询问一位厂长"现在有多少台设备，买了多长时间，使用的情况怎么样"之类的问题，用这样一些问题去引导他发现工厂现在可能存在的问题。

找出现状问题的时候，需要注意以下几点：

a. 找出现状问题是推动客户购买流程的一个基础，也是了解客户需求的基础。

b. 由于找出现状问题相对容易，销售人员很容易犯一个错误，就是现状问题问得太多，使客户产生一种反感和抵触情绪。所以在提问之前一定要有准备，只问那些必要的、最可能出现的现状问题。

【案例 2-13】

了解顾客的背景

销售顾问：您好，您看起来这么眼熟，应该不是第一次到我们店看车吧？

顾客：呵呵，我是第一次来你们店！

销售顾问：以前使用过我们品牌的车吗？

顾客：没有。

销售顾问：那现在有没有自己中意的品牌和车型呢？

顾客：对车不太了解，现在没有定下来。

销售顾问：如果要买车，主要是考虑哪些因素呢？

顾客：价格要适中，品牌有一定的知名度，性能好就可以了。

上述对话中，销售顾问的关注重点是与顾客的未来购买决策相关的一些背景情况。通过咨询，销售顾问了解到顾客是第一次购车，缺乏汽车方面的专业知识，需要建立一个品牌和车型选择目标。因此，销售顾问应根据顾客对车型的不了解，制订相关的营销策略：进一步了解和分析顾客关注的问题，经过有效的需求引导，使顾客购买由销售顾问推介的汽车产品。

② 发现困难问题——难点问题。

发现困难问题就是询问顾客现在的困难和不满的情况。例如，您在用车辆的使用情况怎么样？在用车辆的维护成本怎么样？现在的车辆情况是否会影响您的业务开展？

针对困难的提问必须建立在现状问题的基础上，只有做到这一点，才能保证所问的针对困难的问题是客户现实中存在的问题。如果见到什么都问有没有困难，就很可能导致顾客的反感。

问困难问题只是推动顾客购买流程中的一个过程。在传统销售中，所提的困难问题越多，顾客的不满就会越强烈，就越有可能购买新的产品；而以顾客为中心的现代销售并非如此，它所提的困难仅仅是顾客的隐藏需求，不会直接导致购买行为，所以询问困难问题只是推动顾客购买流程中的一个过程。

【案例 2-14】

了解顾客当前面临的问题

销售顾问：刚才看见您开××牌××款车来我们店的，这一次是想来更新换代，换辆新车，是吧？

> 顾客：是啊，今天主要是想来看看车，现在业务需要，想增购一辆新车。
> 销售顾问：您现在开的车是不错的车型，有几年的车龄了吧，现在车况怎么样？
> 顾客：这辆车其他方面都不错，就是现在经常出现小毛病，耽误了不少事情。

通过提问销售顾问了解到顾客现在使用的汽车性能不太稳定，在下一步的销售中，应妥善处理好这个问题，着重体现本品牌可靠性强的优势。

③ 引出牵连问题——暗示性问题。

在 SPIN 技巧中，最困难的问题即暗示问题或牵连问题。提出牵连问题的目的有两个：

a. 让客户想象一下现有问题会带来的后果。只有意识到现有问题会带来严重后果时，顾客才会觉得问题已经非常严重了，才希望去解决问题。引出牵连问题就是为了使顾客意识到现有问题不仅仅是表面的问题，它所导致的后果将是非常严重的。

b. 引发更多的问题。例如很多人早晨不喜欢吃早餐，觉得无所谓。其实不吃早餐可能导致一系列的问题——对身体的影响，对工作的影响，对家庭的影响，对未来的影响……

当顾客了解到现有问题不仅仅是一个单一的问题，它会引发很多更深层次的问题，并且会带来严重后果时，他就会觉得问题非常严重、非常紧急，必须采取行动解决它，那么顾客的隐藏需求就会转化成明显需求。也只有当顾客愿意付诸行动去解决问题时，才会有兴趣询问你的产品，去看你的产品展示。

让顾客从现有问题中引申出别的更多的问题是非常困难的一件事，必须认真地准备。当牵连问题问得足够多的时候，顾客可能就会出现准备购买的行为，或者表现出明显的购买意向，这就表明顾客的需求已经从隐藏需求转成了明显需求，引出牵连问题已经成功。如果没有看到顾客类似的一些表现，那就证明他仍然处于隐藏需求的阶段，说明所问的牵连问题还不够多、不够深刻。

【案例 2-15】
暗示性问题的使用

销售顾问："××先生，上次听您说过，这辆君越车买回去是公私兼用，是吧？"

顾客："是的，现在做生意也讲究身份，开个档次低一点的车出去，人家会看不起你，所以买辆君越，开出去谈生意不丢面子。平时家里人也可以开。"

销售顾问："是啊，现在买君越车的客户很大一部分都是像您这样公私兼用的，一家买几辆不同功能的车的情况目前还是比较少见的。那这车平时您的爱人也会开开是吧？"（背景问题）

顾客："基本上是我开为主，她技术不太过关，君越车这么大，估计停车都困难。"（难点问题）

销售顾问："嗯，那倒是个问题，万一您爱人开出去的话，在倒车的时候磕一下、碰一下，还真是有点心疼。我上次就有一位客户，自己开车技术很高，可他爱人平时不太开车，都是坐他的车出去。恰好有一天，我这位客户出差了，他爱人开着车出去购物，在商场停车的时候撞到了后面的墙，撞得还很厉害，把整个后保险杠都撞掉了，客户心疼得不得了。"（暗示性问题）

顾客："我以后不让我老婆开这车了。"

销售顾问："那倒不用，这种情况也不会在您身上发生，因为我们君越车配备了倒车摄像头带辅助线功能，其主要功能是当您挂入倒档的时候，前显示屏会显示车辆后方的情况，并配有辅助线功能，这样驾驶人就可以轻松地知道倒车的位置和角度，快速地入库。所以，这款车特别适合对停车位置估计不太准确的客户。"（需求-效益问题）

顾客："哦，那这功能挺不错！"

这就是需求暗示问题，通过销售顾问提出的关于车辆安全性问题，并列举行车过程中的实例，暗示由于安全性引起的严重问题，提升顾客解决问题的迫切程度。

④ 明确价值问题——需求-效益问题。

SPIN提问式销售技巧的最后一个问题就是价值问题（需求-效益问题）。它的目的是让顾客把注意力从问题转移到解决方案上，并且让顾客感觉到这种解决方案将给他带来的好处。比如"这些问题解决以后会给你带来什么好处"这么一个简单的问题，就可以让顾客联想到很多益处，就会把顾客的情绪由对现有问题的悲观转化成积极的、对新产品的渴望和憧憬，这个就是价值问题。

此外，价值问题还有一个传统销售所没有的非常深刻的含义，任何一名销售顾问都不可能强行说服顾客去购买某一种产品，因为顾客只能被自己说服。传统销售经常遇到的一个问题就是想方设法去说服顾客，但是实际效果并不理想。明确价值问题（需求-效益问题）就给顾客提供了一个自己说服自己的机会——当顾客从自己的嘴里说出解决方案（即新产品）将给他带来的好处时，他就已经说服了自己，那么顾客购买产品也就水到渠成了。

明确价值问题有以下两个作用：

a. 帮助解决异议。明确价值问题会使客户从消极地投诉问题转化成积极地憧憬产品，那么这时一定要尽可能地让顾客描述使用新产品以后的美好的工作环境或者轻松愉快的工作氛围。

价值问题问得越多，顾客说服自己的概率就越大，对新产品的异议就越小。显然，价值问题的一个重要好处就是它可以让顾客自己去解决自己的异议。在运用SPIN技巧问完问题之后，顾客的异议一般都会变得很少，因为顾客自己已经处理了大部分异议。

b. 促进内部营销。价值问题还有一个非常重要的作用，就是促进内部营销。当顾客一遍遍地去憧憬、描述新产品给他带来的好处时，就会产生深刻的印象，然后会把这种印象告诉他的同事、亲友，从而起到一个替销售顾问进行内部营销的作用。

【案例2-16】

展车内的需求-效益问题

顾客：这个座椅怎么硬邦邦的，不舒服啊？（自发异议）

销售顾问：李先生真不愧是老司机，一下子就问到关键点了，开车最讲究座椅舒服，不然时间长了腰酸背疼的哪受得了啊，是吧？（需求-效益问题）李太太您看您老公多会关心人啊，这点细节都帮您考虑到了，您可真幸福。您现在坐在这里觉得不舒服是吧？（难点问题）

顾客：对啊。

销售顾问：这就对了。（承认事实）

顾客：怎么对了？

销售顾问：您是老司机您肯定知道，这个座椅坐得时间短并不能看出差距来，只有时间长了，比如说开上几个小时，腰不酸，背不疼，才能体现出舒服不舒服，您说是吧？（需求-效益问题）

顾客：是啊。

销售顾问：那您说这个好车的座椅它怎么就那么舒服呢？怎么坐多长时间都不累呢？

顾客：是啊，为什么呢？

销售顾问：主要是看座椅是否符合人体工程学设计的原则。

顾客：什么意思？

销售顾问：您现在这么坐着，就像去家具城挑沙发一样，您现在的坐姿跟您平时开车的时候姿势一样吗？（背景问题）

顾客：不一样啊。

销售顾问：对啊。您平时开车的时候一定是手放在转向盘上，右脚踩着油门，左脚放在离合器边上，上身微微挺直，抬头看着路况是吧？（背景问题）

顾客：对啊，不都是这样吗。

销售顾问：开车时候的姿势，和平时坐着的时候重心分布不一样。（难点问题）所以，我们的座椅是根据您开车时的重心分布情况设计的，您在展厅里这么随便坐一下，肯定是感觉不舒服的。

顾客：嗯，你说得有道理。

2）SPIN销售的注意事项。

① 背景式问题：
- 数量不可太多。
- 目的明确。
- 不问与销售无关的问题。
- 永远掌握主动权。

② 难点性问题：
- 对产品的了解程度决定了你对顾客问题深入分析的情况。
- 对于顾客面临的问题、困难和不满之处，你是否能依据重要性和紧急性划分优先顺序。

③ 暗示性问题：
- 如何把隐性需求变为明确需求？
- 如何把买方问题不断引申成连环式问题？
- 如何把不急迫的问题变成忧虑的问题？
- 谈与产品特性、价值有关的内容，不谈不能解决的问题。

④ 成交性问题：
- 是否有需求呢？
- 对这个问题是否认可呢？

- 这个问题真的是企业需求吗？

（2）OLET 提问技巧

OLET 提问技巧运用适当的语气和方式提出正确的问题，让顾客感受舒适惬意的交谈方式，在需求分析和产品展示的环节让顾客觉得销售顾问对产品和顾客需求有深刻的理解。

OLET 提问模式通过 4 个环节：开场（Open）、连接（Link）、认同（Empathy）和转移（Transfer），进行客户需求的开发。

- 开场（Open）：通过开放式的问题了解顾客，让顾客表达自己的想法。提问顾客过去的经验。
- 连接（Link）：用之前的回答引出下一个问题，表示对顾客的回答感兴趣。
- 认同（Empathy）：认同，表示理解顾客的需求。
- 转移（Transfer）：根据其他可能影响顾客需求的因素引出新问题，导出产品的优势。

【案例 2-17】

OLET 提问技巧实例

销售顾问：

［开场（O）］"您同时还考虑了哪些车型？"

［连接（L）］"××（车型）是一款很不错的车型，您喜欢它哪些方面？"

［认同（E）］"我理解您的想法，如果是我，也喜欢做工精良和外观大气的车。"

［转移（T）］"做生意的话一定要开一辆很大气的车。而且您要经常出差，免不了跑长途，您对汽车的静音性应该也很注重吧？这个车型的发动机舱大量使用 25mm 厚的玻璃纤维材料吸声；底板隔声毯采用了高精度的制造工艺，铺设 25mm 隔声材料；车门采用 3 层密封条，能够更好地隔绝车外噪声；车窗上以丝绒密封条替代橡胶，密封性更好，并减小玻璃升降的噪声，从而提高整车档次。"

---

6. 积极聆听技巧

了解顾客的需求是一种崭新的观念，是以顾客为中心的基础，以这种观点和理念进行销售，会取得更长远的、更好的效果。在与顾客接触的时候，一方面是问，另一方面就是听。销售顾问只有认真聆听客户的想法，顾客才会觉得受到了销售顾问的尊重。

销售的目的是让顾客尽快地购买，所以每一个环节都要处理好，其中之一就是要会聆听。

（1）倾听的两种类型

1）主动倾听。接待顾客时，主动倾听顾客需求。顾客要买车，需要买什么样的车，有什么样的顾虑，有什么样的要求，都想告诉销售顾问，让销售顾问给他参谋。当顾客发现销售顾问并未仔细听时，就会心生不满，后果可想而知。

2）被动倾听。被动倾听实际上是一种假象，倾听效果往往不是很好。

（2）倾听的注意事项 销售顾问在了解顾客的需求以及认真倾听的过程中还要注意一些方法。

1）注意与顾客的距离。人与人之间的距离也是很微妙的，那么保持怎样的距离才会使顾客感到舒适呢？当一个人的视线能够看到一个完完整整的人，上面能看到头部，下面能看到脚时，这个人是有安全感的。如果与顾客谈话时，双方还没有取得信任就走得很近，对方会产生一种自然的抗拒、抵触心理。所以，销售顾问应注意与顾客之间的距离，只有当顾客不讨厌你的时候，他才会乐于与你沟通。

2) 注意与客户交流的技巧。

① 要认同对方的观点。销售顾问要认同对方的观点，不管对方的观点是否正确，只要与买车没有什么原则上的冲突，就没有必要去否定，可以说："对，您说得有道理。"同时要点头、微笑。这样顾客才会感觉你和蔼可亲，特别是要把"那是啊"3个字挂在嘴边，因为它能让对方在心理上感觉非常轻松，感觉到销售顾问很认同自己的观点。

【案例2-18】

赞美的重要性

一天，一位顾客来店后一直在查看一辆车，看完以后，这位顾客说："哎，这款车的轮毂好像比其他车的要大一些。"

这个时候你就要抓住这个机会赞美他，可以说："您观察得真仔细。"顾客听到这样的赞美会很高兴。

这个时候顾客还会说："我听说一般高档轿车，甚至是运动型的跑车才会配备大轮毂。"

这个时候销售顾问可以美言几句了："你真的很内行。因为现在轿车的发展方向都是大轮毂。大家从车展上可以看出，一些新推出来的车型都是大轮毂，所以这是一种潮流、一种趋势。"

通过这两次赞美，顾客彻底消除了疑虑，就很容易拉近彼此间的距离，与顾客越谈越融洽，从而能够顺利地进入销售的下一环节。

② 善于应用心理学。作为销售顾问，掌握心理学是非常重要的。从心理学的角度上讲，两个人要想成为朋友，一个人会把自己心里的秘密告诉另一个人，达到这种熟悉程度需要多少时间呢？权威机构在世界范围内进行调查的结果是：最少需要一个月。

如此看来，销售顾问与顾客之间的关系要想在顾客到店里来的短短几十分钟里就确立并巩固，显然是很不容易的。在这种情况下，销售人员要赢得顾客信任，不仅是技巧的问题，还应适当掌握心理学的知识。

【案例2-19】

运用心理学解决顾客异议达成交易

一个公司的老总来到某专营店，他想给主管销售的副总配一辆车。他看了一款车后觉得很不错，价格方面也没问题。这时销售顾问说："既然您都满意了，那我们就可以办手续了。"

这位顾客说："等一下，我还得回去征求一下其他人的意见。"

这名销售顾问就想："这个时候不能放他回去，一旦放他回去，什么事情都会发生，万一"半路杀出个程咬金"，就会把这个客户劫走。怎么办？"

这名销售顾问就开始问他："是不是我哪个地方没有说好，是我哪个地方介绍得不够详细，还是我的服务不好？"这个地方他正是运用了心理学。

顾客一听这位销售顾问讲这样的话，就说："跟你没关系，你介绍得很好，主要是因为这个车不是我开，是给我的一个销售副总配的，我不知道他喜不喜欢这辆车。"

销售顾问深入了解了情况，发现那位销售副总是新拿的驾照，驾车技术不是太好，但是从事销售工作业务很多，电话也很多。所以他就跟这位老总说："我觉得给您推荐这款车很合适，这款车是自动档的，不用换档，有情况时踩刹车就可以了，车不容易熄火。"

这位顾客一听："真的吗？"销售顾问开出一辆自动档车，请他坐上去亲身体验一下。

销售顾问说："您看，前面有红灯了，您踩刹车，看这辆车会不会熄火？"

顾客一踩制动踏板，车停了下来，没有熄火；制动踏板一松，车又继续往前走了。顾客说："这辆车不错，我就要这款车了。"

销售顾问要帮助客户解决疑难问题，顾客的问题解决了，交易也就达成了。

（3）倾听的要点　倾听指的是积极倾听，是主动的，它比说还要重要。积极倾听的要点可概括成以下几个方面：

1）目光凝视一点，不时与对方进行眼神交流。

2）面部表情尽量随对方的谈话内容转变。

3）手头不可兼做其他事情，身体其他部位最好相对静止。

4）专注，保持思考状。

5）稍侧耳，正面与对方夹角呈 5°~10°。

6）身体前倾，与水平面夹角约为 3°~5°。

7）适当探查，以示听懂或欲深入了解。

（4）倾听障碍　以下是影响聆听效果的 9 大障碍，销售顾问在工作中一定要尽量克服：

1）身体不适。太热、过冷、疲倦或者头痛都会影响一个人聆听的能力和他对说话者的注意程度。

2）扰乱。电话铃声、打字机声、电扇转动的声音等一切来自外界环境的声音都可能是打断沟通过程的声音。

3）分心。惦记着其他的会议、文件或报告都会影响倾听效果。

4）事先已有问题的答案。对别人提出的问题自己已经形成了答案或者总是试图快点止住他们所要提的问题，这些都会影响你专注地去听。

5）厌倦。对某人有厌倦感，因此在其有机会说话之前已经决定不去听他说了些什么。

6）总想着自己。心中总是先想着自己，则必然破坏沟通。

7）个人对照。总是认为别人在谈论自己，即使在并非如此的时候也这么认为。

8）对他人的情感倾向。对某人的好恶会分散倾听的注意力。

9）有选择性地听。仅仅听取一个人所说的话中与谈及的问题有关的个人意见或与自己相异的观点，这样会影响对内容的听取，而且影响理解其话中所隐含的意义。可以用这样的方法，如说"你的意思是……"来重述别人的话，自我检测一下。

厂家推出每一款车都必定自有用意，作为汽车销售顾问需要关注和了解的是顾客有没有对车的需求，通过各种方法探求顾客的内心，引导、帮助顾客满足需求。

二、增值业务

增值业务在一些汽车品牌的销售流程当中被称为水平业务。

1. 开展增值业务的目的

1）增加商家利润点。

2）给客户提供更好、更多的产品和服务，提高售后满意度。

3）维系客户，减少客户流失。

2. 增值业务的种类

汽车销售增值服务一般有金融按揭、汽车保险、汽车精品、二手车置换、延保、新车上牌、会员储值（预付款消费）等。

3. 推介增值业务的行为规范

在销售顾问推介增值业务时，必须要有一定的技巧和规范，树立自身的专业形象，赢得顾客的信任，让顾客充分了解这些业务给其带来的利益，才能激发其兴趣，具体要求见表2-16。

表 2-16　增值业务主要项目及行为规范

增值项目	主要内容	行 为 规 范
二手车置换	引导置换	恰当地引导顾客进行置换，引荐评估师，树立专业形象，使用专业的"二手车评估表"等专业评估工具表格，赢得顾客的信任 评估操作中体现公正、透明、规范
	体现本店置换优势	介绍同款二手车的市场价格，概括本车车况，报出合理价格，获得好感 分析二手车市场报价与展厅报价的区别，并讲解展厅二手车买卖渠道
金融按揭	需求引导	主动挖掘并及时引导 主动介绍购车金融方案
	利益诱导	展示购车金融方案给顾客带来的利益
保险	保险介绍	介绍险种功能，推荐实用险种 强调如果出险，本店提供定损维修一条龙服务
	疑问解答	向顾客说明价格存在差异的原因，以及在本店投保的优势
精品	需求引导	主动挖掘顾客需求，推荐相关精品
	疑问解答	向顾客说明价格存在差异的原因，在本店购买的优势 向顾客说明精品名称、来源、保修标准、安装标准 为顾客明确区分、标识纯正用品和非纯正用品
延保	引导延保服务	让顾客的注意力从整车价格转移到增值服务上，提升产品价值
	介绍延保服务	站在顾客的角度考虑问题，为顾客节省后期开销，激发顾客兴趣

三、产品说明

（一）产品知识

经过调查，发现汽车维修人员销售汽车的能力远远比不过专业的汽车销售人员，因为在购买汽车的潜在客户面前，维修人员的主要职能是维修汽车，而销售人员的主要职能是根据客户的切实需求推荐符合其需求的恰当的汽车，而并不需要对汽车的具体技术细节知之甚多。

1. 顾客购车时的 3 类问题

我国汽车消费者在完整的汽车采购过程中，经常会问到的问题可以归纳为三个方面：商务问题、技术问题及利益问题。

（1）商务问题　客户采购过程中的与金额、货币、付款周期及其交接车时间有关的问题为商务问题，如付款方式相关问题、价格问题等。

（2）技术问题　有关汽车技术方面的常识、技术原理、设计思想、材料使用的问题。

（3）利益问题　顾客关心的对自己使用汽车产生的作用方面的问题，如四通道 ABS 对行车安全有什么帮助、座椅设计对驾乘人员有什么作用等。

顾客在购车的过程中问到的许多问题，其表面上看多数是商务问题或者是技术问题，但其实质是利益问题。在某种程度上，顾客关心 ABS 的通道似乎是一个技术问题，但其实顾客关心的是这个四通道对行车时的安全有什么帮助。

顾客实际上更加看重汽车销售人员对客户利益的理解程度。例如，顾客在采购过程中提出的问题表面来看大多是技术问题，但其实利益问题的数量占总提问数量的 73%，绝对的技术问题占 9%，商务问题占 18%。

因此，汽车销售人员应提高自己对汽车技术知识的了解和掌握，因为看似是技术问题实际上还是利益问题。

下面以奥迪 A6 2.4 技术领先型车款为例来介绍一下作为一名汽车销售人员应该了解的技术知识点，见表 2-17。

表 2-17　奥迪 A6 2.4 技术领先型技术知识点

车　　型	奥迪 A6 2.4 技术领先型	变速器形式	手动/自动一体式
整车技术参数			
最大输出功率	121 千瓦/6000 转	最大输出转矩	230 牛·米/3200 转
风阻系数	0.321	最高车速（千米/小时）	214
0~100 千米/时的加速时间	11.1 秒	90 千米/时的等速油耗、每百公里	6.8 升
行李舱容积	487 升	整车质量	1560 千克
燃油箱容积	70 升	长×宽×高	4886 毫米×1810 毫米×1475 毫米
发动机款型	2.4 升/V6 缸/5 气门电控多点燃油喷射/双顶置凸轮轴/可变相位/可变长度进气歧管		
轮胎	205/55 R16	轮毂	7J×16 7 幅

（续）

安全系数	ABS；ASR；EVB；EDS；驾驶人侧及前排乘员侧安全气囊；侧安全气囊；带爆炸式张紧装置的三点式安全带；前、后座椅头枕；高位第三制动灯；行驶稳定悬架系统；防止乘客舱变形的车身积压区；加强侧防撞梁车门
防盗系统	遥控中央门锁及行李舱锁；发动机起动防盗锁止系统；防盗报警系统
功能性装置	驾驶信息系统；前、后及高度可调式转向柱；加热式玻璃清洗喷嘴；刮水器间隔控制器；电动加热外后视镜；车门显示灯；前、后脚灯；阅读灯；化妆镜照明灯；扬声器"音乐厅"音响；手机准备系统；前、后座椅中间扶手；急救用品箱；前、后杯架；舒适型自动空调；隔热玻璃；外部温度显示器；灰尘、花粉过滤器
豪华舒适型	真皮座椅；前、后座椅加热装置；真皮转向盘；木纹装饰条；电动后风窗玻璃防晒帘
技术领先型	带记忆电动外后视镜；带记忆前电动座椅；APS倒车报警装置；定速巡航装置；动力转向随速助力调节系统
附加选装	双氙灯；灯光范围自动调节装置；前照灯清洗装置；前电动座椅；座椅腰部支撑；六碟CD换碟机

2. 汽车产品内容

一般来说，销售人员从以下5个方面对汽车产品进行了解，才会完整且没有疏漏。

1）造型与美观度。

2）动力与操控性。

3）舒适实用性。

4）安全能力。

5）超值性。

汽车销售人员在销售过程中，不应将该汽车的所有特点都罗列在顾客面前，而应该有针对性地将产品的各种特征概括为以上5个方面来论述。要成为一名优秀的汽车销售人员，首先应该以熟悉和掌握汽车产品的这5个方面为出发点来学习产品，并从顾客感兴趣的关注点出发，有针对性地进行车型的介绍。

一辆汽车涉及材料使用、外形设计、各种动力技术以及空调、音响等电子产品，是一个非常复杂的产品。在掌握复杂产品销售的时候，必须牢记，顾客并不关心你的技术到底是如何领先的，他们关心的是这些技术对他们来说有什么用处。

（二）汽车产品静态展示

汽车销售的展示是销售汽车的关键环节。通过调研，顾客在展示过程中做出购买决策的占最终购买的74%，但是，没有购车的顾客不成交的主要决定也是在汽车展示的过程中发生的。在汽车展示过程中，顾客通常会从以下三个方面来收集供其决策使用的信息：销售人员的专业水平，销售人员的可信任度，产品符合内心真实需求的匹配程度。其中有两个方面是销售人员自身的因素，因此，销售人员是汽车产品是否能够成交的关键。

销售人员在产品展示过程中，应充分展示自我的服务意识和态度以及丰富、专业的产品知识和业务知识，热情、积极地收集顾客需求并满足需求，并充分体现产品的利益和价值，特别是从外观不容易看到的价值点。

目前在汽车产品展示过程中，最常采用的汽车介绍方法为六方位绕车介绍法，并结合FAB、FABE 和 FABI 等产品描述的方法。

1. 六方位绕车介绍法

六方位绕车介绍是指汽车销售人员在向客户介绍汽车的过程中，分别从汽车的车前方、车侧面、车尾、车后排、驾驶室、发动机舱 6 个方位展示汽车，如图 2-30 所示。

六方位绕车介绍的目的主要是将产品的优势与用户的需求相结合，在产品层上建立起用户的信心。

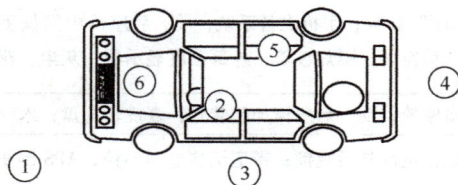

图 2-30　六方位绕车介绍方位图

①—车前方　②—驾驶室　③—车侧面　④—车尾　⑤—车后排　⑥—发动机舱

（1）六方位介绍要点（表 2-18）

表 2-18　六方位绕车介绍要点

方 位	介 绍 要 点
车前方	品牌特征，外形设计，车身附件（前照灯、保险杠、散热格栅、前风窗玻璃等）
驾驶室	座椅和转向盘（如座椅——多项调节、环保面料、包裹性、硬度），转向盘（多项调节、触摸感） 仪表（显示清晰度、布局合理性） 内、外后视镜及门护板（后视镜调节、中控锁、音响等） 配置（安全、舒适性及使用功能等） 储物空间、杯架、遮阳板以及其他所有人性化设计
车侧面	汽车进入特性、侧面安全性、车长、车漆、底盘、轮胎、轮毂
车尾	车尾造型特点，车身附件（后风窗玻璃、后保险杠、尾灯造型、汽车扰流板等），行李舱（开启的便利性、容积、备胎位置设计）
车后排	后排座椅（舒适性、折叠、中央扶手、安全带）、空间、视野
发动机舱	发动机布局，发动机性能（动力性、经济性、降噪），发动机技术

1）车前方。汽车展示往往从汽车的左前方开始，汽车销售人员首先应引导顾客站在车前方 45°位置，上身微转向顾客，距离 30 厘米，左手引导顾客参观车辆。汽车的左前方是顾客最感兴趣的地方，这里的内容也最为丰富：顾客可以仔细观察汽车的标志、前照灯、前风窗玻璃以及车头的整体设计。汽车销售人员在这个时候要做的就是让顾客喜欢上这辆车。

2）驾驶室。顾客观察完汽车的外形，那么接下来，汽车销售人员就要告诉顾客驾驶的乐趣和基本的操作方法。此时，汽车销售人员可以打开车门，邀请顾客坐进驾驶室，一边展示汽车的各种功能，一边引导顾客操作。介绍的内容包括座椅的调节、转向盘的调控、前窗视野、腿部空间、安全气囊、制动系统及空调音响等。

3）车侧面。接下来，汽车销售人员可以引领顾客走到汽车的侧面，继续发掘顾客的深层次需求。一般而言，很少有顾客在第一眼看到汽车时就怦然心动，即便顾客对这款车心仪已久，也仍然会进一步考察其是否真的如想象的那么出色、那么适合自己。汽车销售人员可以带顾客听一听钢板的声音，看一看舒适的汽车内饰，感觉一下出入特性和侧面玻璃提高的开阔视野，体验一下宽敞明亮的内乘空间。汽车销售人员应该努力将汽车的各种特性与顾客需求进行对接，并适当地赞美顾客。

4）车尾。汽车销售人员引领顾客站立在距离轿车约 60 厘米的地方，从行李舱开始，依次介绍高位制动灯、后风窗加热装置、后组合尾灯、尾气排放、燃油系统。随着自驾游的日趋增多，很多顾客对行李舱的要求也越来越高，因此汽车销售人员一定要掀开备胎和工具箱外盖进行简略介绍。由于顾客刚刚走过汽车左侧的时候过于关注体验，或许忽略了一些问题。这时汽车销售人员要征求顾客的意见，在给他们进行全面介绍后仔细地答复。

尽管汽车的正后方是一个过渡的位置，但是，汽车的许多附加功能都可以在这里介绍，如后排座椅的易拆性、后门开启的方便性、存放物体的容积大小、汽车的尾翼、后风窗玻璃的刮水器、备用车胎的位置设计、尾灯的独特造型等。

5）车后排。汽车销售人员应该适时争取顾客参与谈话的机会，邀请他们打开车门、触摸车窗、观察轮胎，并邀请他们坐到乘客的位置上。在此过程中，汽车销售人员要做到"眼中有活"，细致观察顾客的反应，认真回答顾客的问题，力图燃起顾客购车的热情。

6）发动机舱。介绍发动机时，势必涉及一些专业的数据，汽车销售人员可以根据顾客类型分别对待，对于一些中老年顾客或者一些对汽车并不是很了解的顾客，只需简单向他们说明发动机的原产地、油耗等基本资料；当遇到一些汽车发烧友或者年轻顾客时，则需要在征询他们同意之后，引领其站在车头前缘偏右侧，打开发动机盖，依次向他们详细介绍发动机舱盖的吸能性和降噪性、发动机布置形式、防护底板、发动机技术特点、发动机信号控制系统，以及发动机的基本参数，包括发动机缸数、气缸的排列形式、气门、排量、最高输出功率、最大转矩等。

绕车走一圈，看似简单，其实大有学问，很考验汽车销售人员的销售技术，但只要大体遵循以上 6 点，必能给顾客留下深刻的印象。当然，任何技术性的沟通都比不上设身处地地满足顾客的需求，因此，汽车销售人员始终不能忘记将汽车的特点与顾客的需求相结合这一销售基线。

如此规范的汽车产品展示流程是由奔驰品牌首先启用的，但在启用之初并不完善，后来被雷克萨斯品牌采用并发扬光大。经过调研，每位汽车消费者平均要在汽车展厅花费 90 分钟，其中有 40 分钟用来参观展示汽车。所以，这样一个包含 6 个标准步骤的展示应该使用 40 分钟。每一个位置大约花费 7 分钟，有的位置时间要短一些，有的要长一些，比如在②、③和⑥的位置所用的时间要长一些。

当然，不同的品牌在进行六方位绕车介绍时，虽然都是绕车一周，在车辆左前方、车侧方、驾驶席、车后排、车辆尾部和发动机舱6个位置进行车辆的全面、系统的讲解，而且六方位绕车介绍法是世界通用的汽车销售方法，经历了市场的检验，但这种方法并不是一种僵化的产品展示流程，不同的汽车品牌进行产品介绍的顺序不尽相同，如东风悦达起亚六方位绕车介绍法的介绍顺序为：车左前方45°位置→发动机室→驾驶席→车左侧→车后排→车尾部；福特六方位绕车介绍法的介绍顺序为：车左前方45°位置→车右侧→车尾部→车后座→驾驶席→发动机室；比亚迪六方位绕车介绍法的介绍顺序为：车左前方45°位置→发动机室→车右侧→车尾部→车后座→驾驶席。

此外，有些汽车品牌在六方位绕车介绍的基础上开发了"6+1"绕车介绍法，在原有的车辆左前方、车辆侧方、车辆驾驶室、车辆后排、车辆尾部、发动机舱6个方位的基础上，增加了一个方位——车辆正前方，将本来应在车辆左前方介绍的前照灯、保险杠、散热格栅、风窗玻璃等正面更加容易观察到的车身附件在此位置进行介绍。

（2）六方位绕车介绍行为规范　销售顾问为了更好地体现专业性和服务性，在进行车型介绍时，每个方位的介绍都应按照礼仪规范进行，提高车辆静态展示的效果。产品介绍过程的行为规范标准如表2-19、图2-31所示，错误行为如图2-32所示。

表2-19　静态体验——汽车产品介绍行为规范

操作环节	动作规范要求
主动邀请车型介绍	主动邀请顾客进行静态体验 向顾客介绍大概的流程和方位 在不妨碍顾客看车视线的前提下，让顾客站在最佳的位置和角度看车 从顾客重视的功能、方位开始进行介绍
车前方	引领顾客站在车头的左前方1.2~1.5米处 站在顾客左侧，保持0.5~0.7米的距离 侧向面对顾客，面带微笑 用适当的姿势引导和介绍功能
驾驶室	引导顾客体验驾驶席 为顾客调节座椅至舒适的位置 征得顾客同意后，坐到前排乘员位上，按照一定的方位顺序，从左至右或从上至下地为顾客介绍车内功能
车尾	侧向面对顾客，面带微笑 主动引导顾客，为其介绍尾部功能和配置 打开尾箱，介绍其空间和实用性 介绍随车工具和备胎
后排座椅	主动引导顾客体验后排座椅 采用适当的姿势引导和介绍后排座椅的功能和特性 为顾客展示后排的腿部空间和头部空间

（续）

操 作 环 节	动作规范要求
车侧面	侧向面对顾客，面带微笑 主动引导顾客并介绍车侧面 采用适当的姿势引导和介绍车侧面的功能 向顾客展示车侧面的线条和功能特性
发动机舱	侧向面对顾客，面带微笑 主动给顾客介绍发动机舱 采用适当的姿势引导和介绍发动机性能 向顾客介绍发动机性能和节能表现

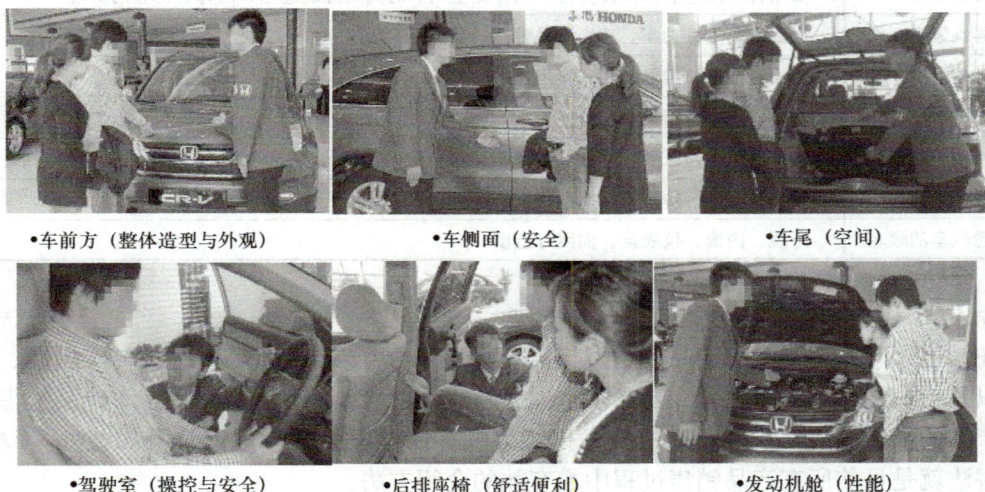

•车前方（整体造型与外观）   •车侧面（安全）   •车尾（空间）

•驾驶室（操控与安全）   •后排座椅（舒适便利）   •发动机舱（性能）

图 2-31　6 个方位的介绍内容及行为规范

站着向坐在车内的顾客解说   手部穿越顾客解说（女性顾客）   靠着展车进行介绍

图 2-32　6 个方位的介绍行为错误示例

（3）六方位绕车介绍的基本技巧

1）严格遵守商务接待礼仪。

2）在进行绕车介绍时，不要将产品资料交到顾客手上。

3）永远把最佳的观赏位置留给客户，销售顾问应站立在不影响顾客观赏展车的位置上。

4）任何时候都不得倚靠在展车上向客户作介绍。

5）向顾客操作演示展车上的各种设备时，保持小心、优雅和动作熟练。

6）尽量鼓励顾客自己尝试动手操作展车的各种设备。

7）如果顾客手持饮料或食品进入展车，应礼貌地请其将手中物品放在车外或由销售顾问在车外代为保管。

8）顾客在开关车门或接触展车时，注意顾客的服装、饰品或指甲是否有尖锐突出物，避免将车漆划伤。

9）销售顾问在说明产品时，语言要简洁易懂，不要与顾客争辩。

10）不同顾客的关注点不同，见表2-20，在进行产品说明时要具有针对性。

表2-20　顾客关注内容

顾客类型	关注内容
女性顾客	安全性、颜色、操作便捷性、大存储空间、时尚的外观造型、内饰、优惠的价格
男性顾客	刚毅的造型、功率、速度、越野性、操控性
工薪阶层	价格、油耗、维修费用、实用性
白领阶层	造型、色彩、新概念、价格
成功人士	豪华、舒适性、加速性能、越野性能
熟悉汽车的顾客	发动机功率、转矩、气门数量、其他新技术
不熟悉汽车的顾客	外观、内饰、仪表盘、前照灯造型

2. FAB利益销售法

在销售顾问了解了汽车产品的造型与美观程度、动力与操控性、舒适性与实用性、安全能力以及超值性5个方面之后，还必须掌握另外一种销售技能，也就是在汽车产品销售过程中对产品的描述方法——将复杂的技术描述为顾客能够理解的对他们自身的益处。FAB利益销售法就是目前所有产品销售过程中最有效的介绍方法。

（1）FAB利益销售法介绍　FAB利益销售法是指在商品推介中，将商品本身的特点、商品所具有的优势、商品能够给顾客带来的利益有机地结合起来，按照一定的逻辑顺序加以阐述，形成完整且完善的销售劝说。

FAB利益销售法将一个产品分别从产品特点、具有的优势以及给顾客带来的利益3个层次加以分析、记录，并整理成产品销售的诉求点，向顾客进行说服，促进成交。但需要注意顾客本身所关心的利益点，然后投其所好，使我们诉求的利益与顾客所需要的利益相吻合，这才能发挥效果。

1）F（Feature）：是指特征或特性。一个产品的特征就是关于该产品的数据和确定的信息，包括汽车的配置、参数等。如奥迪A6 2.4技术领先型的轿车配备了4个安全气囊、防盗报警系统、电子防抱死安全制动系统，这些都是产品的特征。

每一个产品都有其功能，否则就没有了存在的意义，这一点是毋庸置疑的。对一个产品的常规功能，许多销售顾问也都有一定的认识。但需要特别注意的是：要深刻发掘自身产品的潜质，努力去找到竞争对手和其他销售顾问忽略的、没想到的特性。当你给了顾客一个"情理之中，意料之外"的感觉时，下一步工作的展开就会比较容易。

2）A（Advantages）：是指优点或优势，即产品所具有的特征的功用或作用，帮助顾客解决了用车过程中所遇到的哪些问题。1）中所列的商品特性究竟发挥了什么功能？是要向顾客证明"购买的理由":同类产品相比较,列出比较优势;或者列出这个产品独特的地方,可以直接或间接地加以阐述。

3)B(Benefit):是指利益或好处,也就是产品特征以及优点是如何满足顾客表达出来的需求的。如优越的产品质量所带来的使用上的安全可靠、经久耐用,可以给顾客带来省时、省力、省钱的好处。

利益销售已成为销售的主流理念,一切以顾客利益为中心,通过强调顾客得到的利益和好处激发其购买欲望。

可见,商品的特点特征是客观存在的,商品的优势是在与其他商品的比较中发掘出来的,而商品的利益则需要把商品的特点和顾客的消费需求、购买心理结合起来,需要与特定的顾客联系起来。同一商品对不同的顾客可能意味着不同的利益,而不同的商品对同一顾客也可能意味着相同的利益。

销售顾问要熟悉在各个不同位置应该阐述的对应的汽车特征能带给顾客的利益,即展示出汽车独到的设计和领先的技术,也通过展示来印证这些特性满足顾客利益的方法和途径。

【案例 2-20】

ABS 的 FAB 利益销售法

话术:"您一定有多年的驾驶经验了,或者你注意到一些有经验的驾驶人,在遇到紧急情况时,不是完全将制动踏板踩到底,而是会间断地松开制动踏板,因为他们不想失去对车辆行驶方向的控制,想在制动的同时还可以控制转向盘,这个动作则表明那辆车是没有 ABS 的。由此可见,ABS 是在紧急制动的时候帮助驾驶人获得对汽车方向控制的一个装置,这样就可以大大地增强您的行车安全性。"

销售顾问从 ABS 这个特征以及该特征的优点,从顾客的需求角度来陈述 ABS 带来的利益,令顾客将这个优点与自己感受的实际情况密切结合起来,这种产品描述方法可以大大加深顾客对产品的印象。

【案例 2-21】

猫和鱼的故事

谈到 FAB,销售领域内还有一个著名的故事——猫和鱼的故事。

一只猫非常饿了,想大吃一顿。这时销售员推过来一摞钱,但是这只猫没有任何反应——这一摞钱只是一个属性(Feature),如图 2-33a 所示。

猫躺在地上非常饿了,销售员过来说:"猫先生,我这儿有一摞钱,可以买很多鱼。"买鱼就是这些钱的作用(Advantage),但是猫仍然没有反应,如图 2-33b 所示。

猫非常饿了,想大吃一顿。销售员过来说:"猫先生请看,我这儿有一摞钱,能买很多鱼,这样你就可以大吃一顿了。"话刚说完,这只猫就飞快地扑向了这摞钱——这个时候就是一个完整的 FAB 的顺序,如图 2-33c 所示。

猫吃饱喝足了,需求也就变了——它不想再吃东西了,而是想见它的朋友了。那么销售员说:"猫先生,我这儿有一摞钱。"猫肯定没有反应。销售员又说:"这些钱能买很多鱼,你可以大吃一顿。"但是猫仍然没有反应。原因很简单,它的需求变了,如图 2-33d 所示。

图 2-33 猫和鱼的故事

图 2-33 很好地阐释了 FAB 法则：销售员在推荐产品的时候，只有按 FAB 的顺序介绍产品，才能有效地打动顾客。

对产品特点的描述是回答这样一个问题："它是什么？"一般在销售展示中，只单独展示产品特点，那么它并不具有多少说服力，因为顾客感兴趣的是产品带来的具体的利益，而不是产品的特点。即便你的产品有这样的外观或质量，那又能怎么样呢？它的性能如何并且它能带来什么利益呢？所以销售顾问必须讨论与顾客的需要相关联的产品优势。

（2）使用 FAB 利益销售法的原则

1）实事求是。实事求是是非常重要的。在介绍产品时，切记要以事实为依据。夸大其词，攻击其他品牌以突出自己的产品都是不可取的。因为顾客一旦察觉到你说谎、故弄玄虚，出于对自己利益的保护，就会对交易活动产生戒心，反而会让你难以推动这笔生意。每一名顾客的需求都是不同的，任何一款产品都不可能满足所有人的需求。如果企图以谎言、夸张的手法去推荐产品，反而会使那些真正想购买的顾客退却。

2）清晰简洁。在进行车辆介绍时可能会涉及许多专用术语，但是顾客的水平是参差不齐的，并不是每一个顾客都能理解这些术语。所以要注意在介绍车辆时尽量用简单易懂的词语或是形象的语言代替。在解说时，要逻辑清晰、语句通顺，让顾客一听就能明白。如果感到自身表达能力不强，就要事先多进行练习。

3）主次分明。介绍车辆产品除了实事求是、清晰简洁外，还要注意主次分明。不要把关于产品的所有信息都灌输给顾客，这样顾客根本无法了解到产品的好处和优点，也就不会对产品有兴趣了。在介绍车辆产品时，应该有重点、有主次：重要的信息，例如汽车产品的优点、好处，可以详细地阐述；而一些产品的缺点、不利的信息可以有技巧地进行简单陈述。

（3）FAB 利益销售法的具体应用

1）音响系统。

F：这款车配备了新型的××环绕立体声音响系统。

A：它提供了自然的 360°音响效果，增加了多通道环绕声技术，这对于为驾驶人及所有乘客优化音响效果都是重要的，能够呈现剧院般的聆听效果。

B：在您行车的路上给您带来顶级汽车独有的听觉享受，也可以大大减少您驾驶时的疲劳感。

2）座椅的通风和加热装置。

F：这款车配备有座椅加热和通风装置。

A：座椅加热和通风装置，可以在座椅的小孔间循环热风或冷风，在各种温度下，它都能够提供更高的舒适度。冷却功能与皮质座椅结合，可以避免出汗。加热功能能够让您迅速感到舒适，因为在 12 秒内即可加热到选定的温度。

B：大大提高了您行车的舒适性。

3）空气悬架系统。

F：这款车配备有调节减振系统的敏捷操控悬架系统。

A：可以自动调节悬架设定，在各种路面都能应付自如，无论是在高速公路驾驶，还是在崎岖的山路，都能让您体会到超凡的加速性、敏捷的操控性和卓越的舒适性的完美搭配。

B：可以大大提高您行车的舒适性能。

4）7 档变速器。

F：这款车配备了 7 档变速器。

A：好比爬同样高度的楼梯，7 个台阶的楼梯就比 6 个台阶的楼梯要平滑很多，应用这款变速器的结果就是换档更加平顺，减少了顿挫感，感觉不到换档间隙。

B：用车的经济性能大大提升。

5）轮胎压力监测系统。

F：这款车配备有轮胎压力监控系统。

A：一旦有轮胎漏气或者轮胎被扎，仪表盘上会显示轮胎压力警告。

B：这样不但能保证驾驶的安全，也能减少意外事故的发生，轮胎压力监控系统起到了提前预警、防患于未然的作用，提高了行车的安全性能。

6）HOLD 防溜车功能。

F：这款车配备了 HOLD 防溜车功能。

A：就是当您的车需要在坡道停下或堵车时或等红灯的时候，您可以快速连踩两下制动踏板，此时仪表板上会有"HOLD"字母出现。然后，您可以放心地松开制动踏板，不必使用驻车制动器，车辆就会稳稳地停在那里。

B：该功能不仅能节省换档时间，还能提高驾驶的安全性。

7）夜视辅助系统。

F：这款车配备了夜视辅助系统。

A：该系统通过仪表盘成像，可以看到前方 150 米距离以内的障碍物。

B：该系统不仅使用方便，而且还大大增强了夜晚行车的安全性。

8）日间行车灯。

F：这款车配备了日间行车灯。

A：该日间行车灯采用高亮 LED 灯组设计，可以轻松识别车辆。

B：将美观与安全第一完美结合，在高亮度保障安全的同时，其独特的造型设计还展示了该车型的气质，也可以体现车主尊贵的身份和地位。

9）预防性安全系统。

F：这款车配备了预防性安全系统。

A：在您进行急转弯或紧急制动的时候，安全带会自动收紧，驾驶人侧的座椅会调到最佳的位置，侧窗如果开着会自动升起，但会留 5 毫米的间隙。

B：这样能保证车上人员的安全，将事故的风险降到最低，从而大大提高行车的安全性。

3. FABE 销售法

简单地说，FABE 销售法就是在找出顾客最感兴趣的各种特征后，分析这些特征所产生的优点，找出这些优点能够带给顾客的利益，最后提出证据。通过这 4 个关键环节来回应消费诉求，证实该产品确实能给顾客带来这些利益，极为巧妙地处理好顾客关心的问题，从而顺利实现产品的销售。

FABE 销售法是在 FAB 销售法的基础上发展起来的，FAB 销售法已经在前面进行了详细的解释与说明，这里不再重复阐述，只着重说明 FABE 销售法中的 E。

E（Evidence）：代表证据，包括技术报告、顾客来信、报刊文章、照片、示范等，通过现场演示、相关证明文件和品牌效应来印证之前的一系列介绍。所有作为"证据"的材料都应该具有足够的客观性、权威性、可靠性和可见证性。

针对不同顾客的购买动机，向顾客推介最符合其要求的商品利益是最关键的，为此，最精确有效的办法是利用特性（F）、优势（A）、利益（B）和证据（E），其标准句式是："因为（特性）……从而有（优势）……对您而言（利益）……您看（证据）……"

（1）特性（Feature）——"因为……"

1）特性，是描述商品的款式、技术参数、配置。

2）特性，是有形的，这意味着它可以被看到、尝到、摸到和闻到。

3）特性，回答了"它是什么"。

（2）优势（Advantage）——"从而有……"

1）优势，是解释特点如何能被利用。

2）优势，是无形的，这意味着它不能被看到、尝到、摸到和闻到。

3）优势，回答了"它能做到什么……"

（3）利益（Benefit）——"对您而言……"

1）利益，是将功能翻译成一个或几个购买动机，即告诉顾客将如何满足他们的需求。

2）利益，是无形的：自豪感、自尊感、显示欲等。

3）利益，回答了"它能为顾客带来什么好处"。

（4）证据（Evidence）——"你看……"

1）证据，是向顾客证实你所讲的好处。

2）证据，是有形的，可见、可信。

3）证据，回答了"怎么证明你讲的好处"。

在介绍产品的特色和优点时，最好不要超过3个，否则过多的特色和优点很难给客户留下清晰的印象，而且向顾客介绍特色和优点一定要符合两大原则：

一是基于客户需求满足的原则，即介绍的特色和优点一定要是能够满足顾客需求的，否则再好的特色和优点也不会引起顾客的兴趣。

二是基于竞争对手比较优势的原则，即特色和优点是一种比较优势，也就是说，你的特色和优点一定是竞争对手所没有的，或你比竞争对手做得更好的，否则就不是特色和优点，顾客也不会产生兴趣和购买欲望。

【案例2-22】

汽车安全性的介绍

"先生，您这边请。"（引导顾客到车侧面）

（特点）"迈腾这款车全车关键部位均采用激光焊接，激光焊接总长度达到43米。"

（优势）"这种焊接技术可以快速达到分子层面的紧密结合，不仅几乎没有缝隙，而且焊缝非常均匀，您看车顶位置都不需要密封胶条，这也进一步提高了车身的强度。"

（利益）"当汽车在行驶过程中突然受到外力撞击的时候，由于激光焊接车身的强度高，变形很小，能有效地保证车内的空间，也进一步提高了您和乘坐人员的安全。"

（证据）"您看，这是关于迈腾激光焊接的相关数据和资料。"

将这几句话连起来说，顾客听起来会有顺理成章的感受。

4. FBSI销售法（构图讲解法）

(1) FBSI销售法简介

F是指配置或特点，B是指客户利益，前面都已经详细说明，这里不再重复阐述。

S（Sensibility）：感受。销售顾问引导客户亲自感受。

I（Impact）：冲击。销售人员构建一个关于顾客拥有汽车后的美好的、具有冲击性的情境，来激发顾客的购买欲望。

FBSI销售法的标准句式：拥有（配置或特点）……对您来说（客户利益）……感觉（感受）……试想（冲击）……

当顾客前来购车时，其实在心中也有一幅图画，就是有车生活的场景。顾客在决定购车的时候，往往潜意识里会勾画出自己拥有汽车之后的场景，然后根据这一场景和图画来做出判断。顾客会在潜意识中描绘理想中车辆的颜色、外形、内部装饰、空间等内容，因此，销售人员要想将车辆销售出去，就必须了解顾客心中的这幅图画，并且通过自己的介绍来描绘一幅美丽的图画，以此来达到刺激顾客购买欲望的目的。

例如：××车型拥有折叠硬顶技术，能够在25秒内开启和闭合折叠硬顶。对您来说，××车不但能让您随时随地享受敞篷跑车那种自由畅快的感觉，更能在必要时变为优雅的轿跑，让您尽情享受美妙的休闲时光。这种感觉只有××车型才能够带给您！试想一下，您开着××车在海边兜风，车里坐着您的家人和朋友，大家一起沐浴在温暖的阳光下，呼吸着清新的海风，看着海天一色的景色，是多么令人羡慕的生活啊！

（2）采用 FBSI 销售法的好处

1）给顾客留下深刻的印象。

2）增强顾客的参与感，引起顾客的共鸣。

3）让顾客感同身受。

4）吸引顾客的注意力，激发顾客的购买欲望。

（3）FBSI 销售法应用的时机

1）叙述功能的时候。销售顾问在介绍 SSC 发烧音响系统时说："皇冠车配备的这款发烧音响，不论高音还是低音都能够完美呈现，让您有亲临音乐会现场的感觉。当你驾车途中遇到堵车心烦的时候，打开音响，让轻柔的音乐在耳边流淌，让您的身心沐浴在动人的旋律之中，心中的烦恼便会烟消云散……"

2）车辆使用过程中。销售顾问在介绍车载导航系统时，可以这样介绍："皇冠车配备了 GPS，您只需确定目的地，导航系统就能通过语音进行引导，有了它，您再也不用在行车的过程中左顾右盼地寻找路标了，也不用因去陌生的地方而翻看地图了，导航系统就像一个无所不知的贴心助理，你只需轻点屏幕，设定好目的地，导航系统就可以带您到任何您想去的地方……"

3）突出车辆特性的时候。销售顾问在突出车辆的安全性的时候，可以这么表述："人的生命只有一次，汽车固然是一个交通工具，但对于您的家人来说，您开车在外，最重要的是安全。如果车辆的安全性差，家人会非常担心的。沃尔沃汽车是世界上最安全的汽车之一，可以给您最安全的保障，同时令您的家人安心，即使您出门在外，家人也不会担心……"

（4）FBSI 销售法应用的重点　销售顾问根据所销售的产品提炼出一个销售主题，然后为这个主题构造一个应用情景，最后将主题和情景结合起来，连缀成一个故事或生活场景。通过这种方法，为顾客构造出一幅幸福、美满的图画，激发出顾客对这幅美丽图画的无限向往，从而使其接受你的产品介绍，并且购买你的产品。

5. 竞品分析

竞品，顾名思义就是竞争产品及竞争对手的产品。

在车辆展示过程中，顾客常常会抛出竞争车型与展示车型进行比较，而且往往是拿竞争车型的优势与展示车型的劣势进行比较，如果销售顾问对竞争车型不了解，不能进行客观、合理的对比，并进一步突出展示车辆的优点，就会流失客源。

（1）竞争产品的确定

1）生产规模相近。规模经济把成本降至比较满意的水平，企业规模越相近，竞争基础力越相近，成本趋同造成的价格战越激烈，因此，规模相近的企业就有可能成为最主要的竞争者。

2）价格相近。由于市场零售价是直接面对消费者的价格，既反映汽车的价值，又直接反映顾客的接受程度，因此只有零售价接近的车型，才可能成为竞争车型。

3）销售界面相近。销售界面是汽车企业在销售过程中汽车流通的分界面，即企业将汽车转交出去的分手地点。销售界面相同，就相当于在同一市场中竞争。

4）定位档次相同。产品的定位档次应由车型的品质、使用价值或功能、车型包装、价格 4 个要素来确定，车型的档次相同，往往意味着他们的目标市场基本相同，在竞争方向上具有一致性，定位档次相同的车型才是名副其实的竞争车型。

5）目标顾客相同。车型使用价值的满足对象，就是车型的目标顾客。目标顾客相同，竞争的市场就一样。

（2）ACE 竞品比较方法

当顾客在进行汽车竞品对比时提出不利于我们品牌车型的观点时，可采用 ACE 竞品比较方法进行竞品对比，更能够体现自身的品牌优势，从而增加顾客的信任，树立其购买的信心，让顾客意识到我们可以创造与竞争对手相同的甚至更多的价值。

ACE 竞品比较方法通过认可（Acknowledge）、比较（Compare）和提升（Elevate）3 个步骤，认可竞品具有的优势，发现自身产品与竞品相比具有的其他优点，并对产品进行优势方面的比较，强调这些优势更能满足顾客的需求，从而突出自身产品的优势地位。

1）认可（Acknowledge）：承认顾客的判断是明智的，认可竞品的优势，牢记顾客的需求，发现自己的产品与竞品相比的其他优点。

2）比较（Compare）：从对顾客有意义且对自己的产品有利的方面进行比较，如科技亮点、厂商声誉、经销商的服务、销售人员的专业性、第三方推荐、其他顾客的评价等。

3）提升（Elevate）：强调与竞争对手相比，自己具有的优势，以及这些优势为何更能满足顾客的期望或需求，明确产品在竞品比较过程中的优势地位。

【案例 2-23】

ACE 竞品比较方法——雅阁 & 帕萨特

① 认可（Acknowledge）。您对雅阁的了解真是很细致啊！雅阁的膝部空间确实比帕萨特大了一点。（认可观点，寻找优势）

② 比较（Compare）。但是它只比帕萨特多了半个拳头那么大的空间，而座椅的宽大程度上却比帕萨特小了不少，乘坐舒适性上反而不如帕萨特，后排更多是要坐着舒服吧？另外，帕萨特的侧门板采用的是加固防撞设计，厚度是 10cm，而雅阁是 8cm；而且帕萨特侧面还装有防撞钢梁，在车辆受到侧面撞击时能起保护作用，相比较雅阁而言，帕萨特的安全方面更为突出。（针对需求，利益对比）

③ 提升（Elevate）。您选车不仅仅考虑空间这一个因素吧。帕萨特这款车有很多的亮点，您看您经常开车接送女儿上下学，节假日还要全家驾车外出游玩，车辆的安全性、驾驶的舒适性和较强的操控性也是您的考虑重点吧！（深入讲解，强化优势）

（3）竞争车型分析遵循原则

进行竞争车型分析时应遵循以下原则：

1）客观说明车辆的配置。

2）不夸大事实，不恶意贬低竞品。

3）适当提及竞品，重点强调本企业的产品更能满足客户的需求。

4）结合反问技术，了解顾客为什么喜欢竞品的车型。

5）善于利用转折法，先肯定对方，然后通过介绍突出自己产品的优势。

6）利用汽车网站数据、论坛用户评论和第三方测评等，全方位地向顾客展示本企业产品优势，强化顾客树立产品信心。

【案例 2-24】

东风本田 CRV 对比一汽丰田 RAV4

1. 外部配置对比

在车身尺寸方面，CRV 的整车尺寸为 4550 毫米×1820 毫米×1685 毫米，轴距为 2620 毫米；而 RAV4 的车身尺寸为 4630 毫米×1855 毫米×1720 毫米，轴距为 2660 毫米。相比较而言，RAV4 在长、宽、高以及轴距方面分别有 80 毫米、35 毫米、35 毫米以及 40 毫米的优势，而数据的优势会体现在内部乘用空间方面。

在灯光配置方面，两款车型均采用了带有凸透镜的卤素材质前照灯，但是没有 LED、日间行车灯的应用还是略显遗憾。两款车型的前照灯均可进行高度调节，为照明范围提供了保证。相比较而言，RAV4 在灯光配置方面多出了自动前照灯功能，为驾驶人减少了忘记开关前照灯所造成的安全隐患。

在外后视镜配置方面，CRV 和 RAV4 均采用了电动方式对后视镜镜面角度进行调节，而后视镜加热功能出现在这两款车型中也为雨雪天气状况下行车提供了充分的安全保证。相比较而言，CRV 在后视镜方面多出了电动折叠功能，为驻车状态提升了安全性。

在轮胎方面，CRV 采用了邓禄普 GRANDTREK 系列公路型 SUV 轮胎，其主要优势在于轮胎稳定性与静音性表现。相比较而言，RAV4 的轮胎采用了普利司通 DUELER 系列公路型 SUV 轮胎，其主要优势在于轮胎耐磨性和舒适型表现。两款车型的轮胎规格均为 225/65 R17。

2. 安全配置对比

在主动安全配置方面，CRV 与 RAV4 均采用了基础的 ABS + EBD 等主动制动安全保护系统，为日常行车过程中的制动安全提供了充分的安全保证。除此之外，CRV 在主动安全配置方面还有 ESP/ASR 等电子稳定控制系统的应用。在操控的稳定性方面，CRV 表现更胜一筹。两款车型均应用了测距式倒车雷达，不过 CRV 还配备有倒车影像功能，为倒车过程提供了更为直观的安全保证。

在被动安全配置方面，CRV 采用了驾驶人位、前排乘员位、前排侧位以及前、后排头部位置共计 8 个安全气囊，对于前、后排乘员的保护比较完善。相比较而言，RAV4 采用了驾驶人位、前排乘员位和前排侧位共计 4 个安全气囊，仅考虑到对于前、排乘员的被动安全保护，对于后排乘员的保护不够。

3. 多媒体配置对比

在多媒体配置方面，CRV 采用了带有 AUX/USB 等外接音源接口的单碟 CD 主机音响系统，而 RAV4 采用了带有 AUX/USB 等外接音源接口的多碟 CD 主机音响系统。除此之外，CRV 还配备有中控液晶屏，不过液晶屏中没有集成 GPS，仅有倒车影像和主机音响信息集成于其中。

4. 舒适性配置对比

CRV 和 RAV4 两款车型均采用了内嵌式电动天窗，在为车内提升采光的同时也为车内乘员提供了良好的乘车享受。除此之外，两款车型均采用了自动温度分区控制空调系统，为车内不同位置的乘员提供了舒适的乘车环境。相比较而言，RAV4 车型的空调系统带有花粉过滤功能，可以有效地过滤来自空气中的异味和花粉，提升乘员的乘车舒适性。

在转向盘配置方面，两款车型均采用了真皮对转向盘进行包裹，提升了驾驶人的手部舒适性。转向盘均可进行上下、前后4个方向手动调节，为不同身材乘用者提升了安全驾驶基础。多功能转向盘按键的应用为驾驶人在行车过程中操作主机音响系统和切换行车信息提供了便利性。定速巡航功能在两款车型中都作为标配出现。

在座椅配置方面，CRV和RAV4均采用了真皮座椅，为车内乘员提供了良好的乘车舒适性。在座椅调节能力方面，两款车型的前排座椅均可进行手动6方向调节，其中，CRV的前排座椅带有腰部支撑调节功能，为前排乘员提供了良好的乘用舒适性。RAV4的后排座椅可进行前后移动和座椅靠背角度调节，为后排乘员提供了乘用舒适性。两款车型在前排座椅中均采用了座椅加热功能，对于提升前排乘员的舒适性表现值得认可。

5. 动力性对比

在动力系统方面，CRV与RAV4均采用了2.4升四缸自然吸气发动机，其中，CRV的发动机在7000转/分钟的转速区间内可以输出140千瓦的最大功率，在4400转/分钟的转速区间可以发挥出222牛·米的峰值转矩。相比较而言，RAV4的发动机拥有125千瓦/6000转的最大功率以及224牛·米的峰值转矩，在输出功率方面与CRV有一定差距的。

在变速器方面，CRV采用了5档自动变速器，而RAV4依旧采用老款的4档自动变速器，虽然在换档平顺性方面两款变速器的差异不大，但搭载5档自动变速器的CRV在控制燃油经济性方面显然更为出众。在行走机构方面，两款车型均采用了前麦弗逊后双叉臂式四轮独立悬架系统，车身两侧车轮震动相互不交涉，提升了乘员的乘车舒适性。

总结：通过以上的介绍，相信大家对于两款车型的配置分布和数据差异有了一定的了解，下面结合售价对比一下这两款车型。CRV和RAV4的售价同为23.98万元，在配置方面，CRV多出了4个安全气囊、一键式启动、ESP/ASR、自动驻车、腰部支撑调节功能以及带有倒车影像的中控液晶屏、后视镜电动折叠、后排空调出风口，但比RAV4缺少了自动前照灯、花粉过滤以及后排座椅角度调节功能。相比较而言，CRV在配置方面的表现要比RAV4更具优势，整体性价比表现更为出众。而在动力总成方面，CRV的动力数据和变速器档位优势更胜一筹。

四、试乘试驾

试乘试驾可以让顾客了解车辆有关信息，通过切身地体会驾乘感受，顾客可以加深对销售顾问口头说明的认同，是加强顾客购买信心的重要手段之一，同时也是提升顾客满意度的保证。因此，销售顾问应重视试乘试驾流程。

试驾是指在汽车销售中，顾客在经销商指定人员的陪同下，沿着指定的路线驾驶指定的车辆（试乘试驾车），从而了解这款汽车的行驶性能和操控性能。

经销商指定人员通常指的是接待顾客的销售顾问或者专门的试乘试驾专员。指定的车辆是指试乘试驾专用车，而暂未出售的库存车辆是不能作为顾客的试乘试驾车的。

试乘是指由经销商指定人员来驾驶指定的汽车供顾客乘坐，以体验车辆的性能。

（一）试乘试驾的目的与作用

1. 试乘试驾的目的

1）确认顾客需求：在试乘试驾过程中了解顾客的重点需求。

2）强化顾客关系：在相对私密的环境中拉近与顾客的距离。

3）创造顾客拥有的感觉：加强并暗示顾客拥有汽车后的感觉。

4）创造销售购买契机：激发顾客的购买冲动。

2. 试乘试驾的作用

（1）试乘试驾是消费者了解一款汽车的重要途径 一辆汽车的外表再好，也是"给别人看的"，车主与汽车的感情实际上是产生于转向盘与踏板之间的。而且，汽车的行驶性能和操控性能是消费者购车时不容忽视的因素，由于汽车的行驶性能与操控性能难以用数据来衡量，试乘试驾就成了多数消费者了解汽车行驶性能和操控性能的唯一途径。

（2）试乘试驾是经销商销售产品和服务的最好时机 一方面，顾客在试乘试驾时很可能会需要使用音响、空调以及电动门窗、座椅调节等功能，销售顾问此时可以非常自然地向顾客介绍车上的各种装备，从而使顾客深入了解这款汽车。而在展厅内，面对着断油断电的展车，顾客通常不会对一些具体的功能感兴趣。而另一方面，经销商可以借此机会展示自己的专业素养。大多数的销售顾问在展厅中都比较热情，彼此间没有明显的差别。而在试乘试驾过程中，销售顾问的服务水平便立即显现出巨大的差别。因此，经销商很容易在试乘试驾环节当中与竞争对手拉开距离。

（二）试乘试驾的流程

在汽车销售过程中，试乘试驾环节具有标准的工作流程，通过这些规范的标准流程，销售顾问可以更有效地对汽车性能进行展示，虽然不同汽车品牌的试乘试驾环节的流程和内容有所差别，但是都能够具体归类总结为试乘试驾的准备、试乘试驾前、试乘试驾中和试乘试驾后这几个关键的环节，如图2-34所示。

1. 试乘试驾的准备

（1）试乘试驾用车的准备

1）经销店必须准备专门的试乘试驾用车。

2）试乘试驾用车由专人管理，保证车况处于最佳状态，并应特别注意行车信息的删除，避免引起顾客的疑问。

3）燃油箱内应有1/2箱燃油。

4）试乘试驾用车应定期美容，保持整洁，停放于规定的专用停车区域，具备户外展示功能。

5）试乘试驾用车证、照、保险齐全，严禁用商品车进行试乘试驾。

6）车外有专门标识，表明此车为试乘试驾用车，车上必备的物品齐全，如香水、不同风格的CD、DVD、MP3等。

7）座椅、头枕调到最低位置，转向盘、安全带调到最高位置。

8）夏天、冬天要提前开启空调。

9）试乘试驾用车内可进行生活化的布置，一方面可让顾客感觉到温馨，产生更多的联想，产生购买的冲动；另一方面为车辆成交后的精品销售打下基础。

（2）人员的准备

1）陪同顾客试乘试驾的人员（销售顾问或试乘试驾专员）必须具有合法的驾驶证，并熟悉试乘试驾路线，经过系统的培训，掌握试乘试驾的注意事项以及试乘试驾中汽车产品介绍的要点和时机，能够处理突发事件和突发事故。

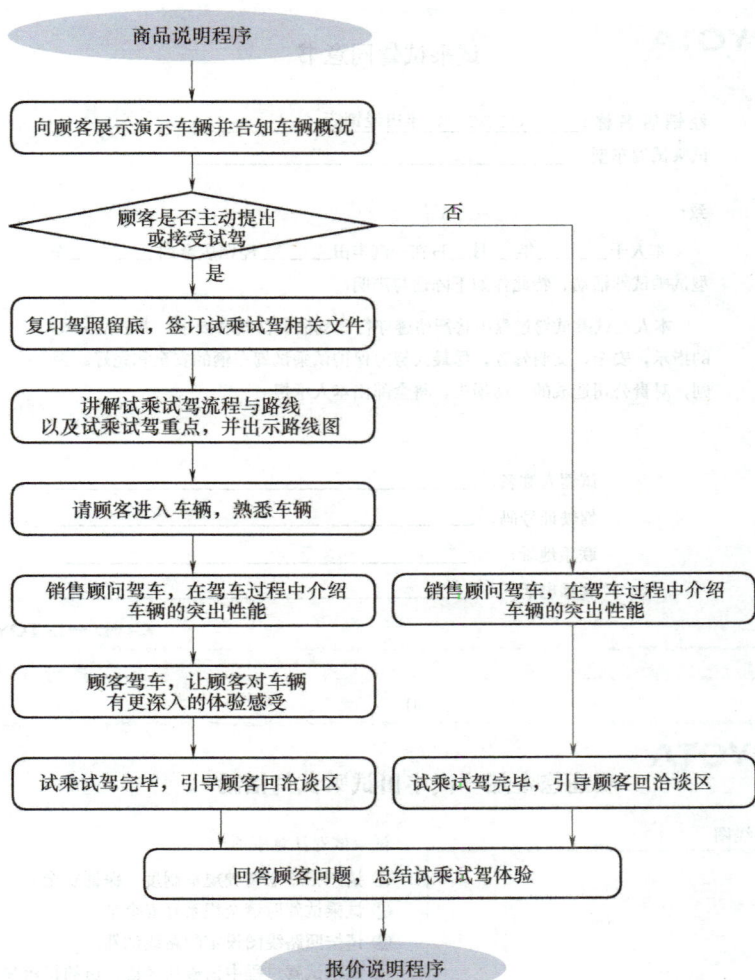

图 2-34　一汽丰田试乘试驾流程

2）若销售顾问驾驶技术不熟练，则请其他能合格驾驶的销售人员进行试乘试驾，自己则陪同，更能确保试乘试驾的效果。

（3）文件的准备

销售顾问在进行试乘试驾前，应准备好该流程所用到的各种文件，一般包括试乘试驾同意书、试乘试驾路线图、试乘试驾注意事项、试乘试驾意见表、车辆行驶证、保险证等文件，如图 2-35 所示。

（4）试乘试驾路线的准备

1）按车型特性规划试乘试驾路线，避开交通拥挤路段，以选择车流量少、平直的路面为宜，并结合车型特性来进行规划。例如越野车则应选择路况稍复杂的试车路线，以便顾客能充分体验到越野车独特的性能和魅力。各种车况与路况下的演示重点见表 2-21。

2）试乘试驾路线全程驾驶时间应在 10～20 分钟为宜，并且该段路线应该有明显的交通信号标志。

TOYOTA

试乘试驾同意书

经销店名称：_____○○○○一汽丰田经销店_____

试乘试驾车型：_____

致：

　　本人于_____年__月__日在一汽丰田_____经销店参加_____车型试乘试驾活动，特此作如下陈述与声明：

　　本人在试乘试驾过程中将严格遵守行车驾驶的法规和要求，并服从公司的指示，安全、文明驾驶，尽最大努力保护试乘试驾车辆的安全和完好。否则，对贵公司造成的一切损失，将全部由本人承担。

试驾人姓名：_____

驾驶证号码：_____

联系地址：_____

联系电话：_____

一汽 TOYOTA

a)

TOYOTA

欢迎您参加一汽丰田试乘试驾活动！！

试乘试驾路线图

试乘试驾注意事项：

① 请严格遵守驾驶规章制度，保证安全。

② 试乘试驾时请全程系好安全带。

③ 请按照路线图设定的路线试驾。

④ 试乘试驾过程中请遵从销售人员的指示和安排。

⑤ 严禁在试驾时进行危险驾驶动作。

顾客姓名	顾客关注点		时间	销售员	里程/千米	备注
	□起动 □加速 □制动 □转弯操控 □加速响应 □静谧 □舒适		：　～　：		起 —— 讫	对"同意书"无异议
			：　～　：		——	
			：　～　：		——	
			：　～　：		——	
			：　～　：		——	
			：　～　：		——	
			：　～　：		——	
			：　～　：		——	
			：　～　：		——	

一汽 TOYOTA

b)

图 2-35　一汽丰田

试乘试驾意见表

试乘试驾车型: _____　　　　　　　　_____年___月___日

1. 请您就以下项目对试乘试驾车型给出您的意见:

起动、起步	□好	□较好	□一般	□差	□很差
加速性能	□好	□较好	□一般	□差	□很差
转弯性能	□好	□较好	□一般	□差	□很差
制动性能	□好	□较好	□一般	□差	□很差
行驶操控性	□好	□较好	□一般	□差	□很差
驾驶视野	□好	□较好	□一般	□差	□很差
乘座舒适性	□好	□较好	□一般	□差	□很差
静谧性	□好	□较好	□一般	□差	□很差
音响效果	□好	□较好	□一般	□差	□很差
空调效果	□好	□较好	□一般	□差	□很差
操控便利性	□好	□较好	□一般	□差	□很差
内部空间	□好	□较好	□一般	□差	□很差
内饰工艺	□好	□较好	□一般	□差	□很差
上下车便利性	□好	□较好	□一般	□差	□很差
外型尺寸	□好	□较好	□一般	□差	□很差
外部造型	□好	□较好	□一般	□差	□很差

2. 您对陪同试驾人员的满意程度?

□很满意　　　　□满意　　　　□一般　　　　□不满意　　　　□很不满意

3. 您对经销店试乘试驾服务的满意程度?

□很满意　　　　□满意　　　　□一般　　　　□不满意　　　　□很不满意

4. 您的其他宝贵意见和建议:

- -

姓名: _____　　　地址: _____

电话: _____　　　E-mail信箱: _____

c)

试乘试驾文件

3）准备的试乘试驾路线至少有2条，以充分展示车辆的不同性能。

4）试乘试驾线路途中应有一个地点便于安全地更换驾驶人。

5）应将试乘试驾路线制作成路线图，并摆放在展厅或试乘试驾车上，便于销售人员在试乘试驾前向顾客进行路线的说明。一汽大众试乘试驾路线范例如图2-36所示。

表2-21　各种车况与路况下的演示重点

路　段	演示内容	提示要点
起点	调整座椅、安全带、后视镜	电动座椅舒适性，安全装备
直路	启动与急速	介绍音响、空调等需启动后才可以使用的功能；体验急速的静肃性
	起步	发动机加速性、噪声，动力强劲、变速器的换档平顺性
	低速匀速	体验室内隔声、音响效果，悬架系统的平稳性
	减速	体验制动的稳定性及控制性
	再加速	体验传动系统的灵敏度，变速器换档的平顺性及灵活性，发动机提速噪声
	高速匀速	加速性能，风噪低，方向盘控制力
	上坡时	发动机动力强劲，安静平稳；轮胎抓地力
弯道	转弯	前风窗玻璃环视角度、前座椅包裹性、方向准确性
直路	空旷路段	示范行驶中使用方向盘上多功能控制（如装备）
终点	问客户试乘试驾感受，回答问题	填写试乘试驾意见反馈表（如客户当天不下订单）

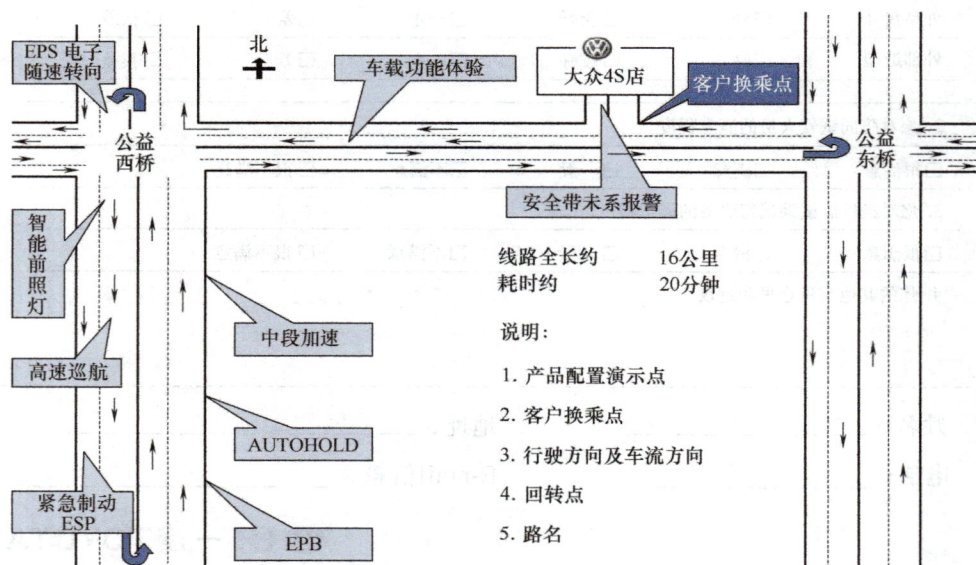

图2-36　一汽大众试乘试驾路线范例

2. 试乘试驾前

（1）试乘试驾邀约

1）试乘试驾邀约要点：

● 商品说明后主动邀请顾客进行试乘试驾。

● 当顾客首次拒绝试驾时，真诚地进行第二次邀约，并说明试乘试驾给顾客带来的好处。

● 当顾客试驾的目标车型不在店内或者在维护中时，应当提供其他的代替车型；或者预约下次试驾的时间，预约的时间应在 7 天以内。

● 安排小型试乘试驾活动，积极邀请顾客参加。

● 在展厅或停车场显眼处设置"欢迎试乘试驾"的指示牌。

● 若顾客同意试乘试驾，引荐试驾专员并告知试乘试驾计划。

2）首次邀约话术，见表 2-22。

表 2-22　邀约试乘试驾迈腾话术

序　号	话术要点	话术案例
1	语言要有说服力	××先生，刚才我已经简单地向您介绍了迈腾这款车的性能和配置特点，不过，买车只靠看和听就做决定是不够的。买车是一件大事情，因此在您做决定之前，我建议您先进行一下试乘试驾，亲身感受一下迈腾这款车开起来怎么样
2	要说明产品的特点	××先生，德系车和其他车不一样，一定要开过以后才能体会到它的优势，如果您想真正了解迈腾这款车，我建议您进行一下试乘试驾！如果您愿意，我马上就可以帮您安排
3	要适当地夸奖客户	××先生，在决定买一部车之前，一定要先试乘试驾，很多有经验的购车者都会这么做。您如果想试乘试驾，只要办理一个简单的手续就可以了
4	语言要有吸引力	××先生，您的运气真不错，我们最近正在搞活动，对所有参加试乘试驾的顾客有一个"三重大礼"的赠送，对您来说真是一举两得

（2）试乘试驾体验说明

1）试乘试驾说明要点：

● 向顾客说明试乘试驾流程，重点说明销售顾问先行驾驶的必要性。

● 向顾客说明试乘试驾路线，请顾客严格遵守，重点强调安全事项。

● 查验顾客的驾驶证是否符合驾驶条件，如是否携带了驾驶证、驾驶证是否是本人的、驾驶证是否在有效期内、驾龄是否满足要求等。

● 将符合驾驶条件的顾客驾驶证复印存档，向顾客解释试乘试驾协议书的重要条款，并请顾客签名。

● 如顾客不符合驾驶条件，销售顾问邀请顾客进行试乘体验，由试驾专员做试驾示范。

● 结合顾客需求和试乘试驾路线，向顾客强调试驾路线上每一路段重点测试的性能和配置。

● 由其他工作人员陪同试驾时，销售顾问应向顾客介绍，以便在试驾过程中进行沟通和交流。

2）试乘试驾前话术，见表2-23。

表2-23 试乘试驾前话术

工 作 内 容	话 术 建 议
复印驾驶证	1）（得到顾客同意之后）×先生/女士，您的驾驶证带了吗？我们需要复印您的驾驶证来进行登记 2）（拿到顾客的驾照）您稍等，我去复印您的驾驶证 3）（复印驾照回来）这是您的驾驶证，请收好
签订"试乘试驾协议"	（递上协议）这是我们的"试乘试驾协议"，您先看看，如果没有什么问题，请在这里签字
试乘试驾路线	×先生/女士，您要体验的项目是什么呢？是加速性能？还是……（递给顾客路线图）另外，这是我们一会儿试乘试驾的路线图，我们会从这里出发，经过××路，在××路转弯，在××地方更换驾驶人，由您试驾，全程××公里，路线包括直线路段、转弯路段、上下坡路段、减速带等
试乘试驾步骤	为了让您更好地体验××车，我们的试乘试驾大致分为以下几个步骤：先请您试乘，体验××车型的某些功能和配置，比如音响、iDrive以及车载蓝牙手机，因为这些是在车辆静态时体会不到的；然后我们会在路途中换乘，换作您试驾，按照我的操作方法进行体验。回到展厅后，麻烦您填写一份试乘试驾意见表，写下您的感受和意见，以便日后我们更好地为您服务，大致过程就是这样，您看可以吗？
试乘试驾时间	（得到肯定回答之后）我们的试乘试驾总共大约需要××分钟。为了您的安全，在此期间如果您要接打电话，请将车辆停靠在路边再接听好吗？
引导顾客上车	1）如果没有什么问题就随我一起到车上吧 2）这辆车就是我们一会将要试乘试驾的××车。来，请您先坐到前排乘员座位上，先由我来驾驶，一会换作您来试驾（为客户打开前排乘员侧的车门，用手保护顾客的头部以免碰到车门上框，请客户坐到前排乘员座位上） 3）（下蹲在顾客的右侧）座椅位置您觉得合适吗？如果不合适可以通过这里的电动调节按钮进行调节，××车的座椅调节是×方向的，还包括腰部支撑。为了您的安全，请将安全带系好（帮助顾客将安全带系好） 4）（如果由专门的试乘试驾专员进行试乘试驾）这是我们的试乘试驾专员×××，这是我们的顾客×××，会与您一起试乘试驾 5）（如果是销售人员带顾客进行试乘试驾）那好，我现在要坐到驾驶位上为您做进一步的讲解（得到顾客的许可后，坐到正驾驶座位上）
车内仪表、功能键介绍	1）（夏天、冬天应提前打开空调）车内的温度还可以吧？如果觉得不合适，我们可以通过这里的空调调节按钮进行调节。××车的豪华舒适空调，在中央扶手后端和B柱上都设计了空调出风口，后排的乘员同样能得到好的照顾 2）这是车速表、转速表、油表、冷却液温度表，这里是驾驶人信息系统的屏幕，您可以在行驶过程中随时查看瞬时油耗、平均油耗等 3）这是前照灯开关，这是喇叭的位置，这是定速巡航的控制杆，这是刮水器控制杆，这是iDrive，也就是××车的智能驾驶控制按钮，一会儿在我驾驶的时候您可以通过这个按钮来进行功能键操作
开始试乘	×先生/女士，请坐好，下面我们就要正式开始试乘试驾了

3. 试乘试驾中

（1）顾客试乘

1）引导顾客上车前，要就所驾驶车辆给顾客做简要介绍。

2）主动打开前排乘员侧车门，邀请顾客上车，并要注意规范礼仪。

3）协助顾客调整座椅、转向盘，确认顾客乘坐舒适。

4）若有多人参加试乘试驾，则请其他顾客坐在车辆后排座位，并主动帮助其调整椅背或后座扶手。

5）确认车上人员系好了安全带，提醒安全事项。

6）起动发动机，设定空调，并询问顾客喜欢什么风格的音乐，将音响打开。

7）出发前，就车内各项配置的使用给顾客做简要介绍。

8）销售顾问将车辆驶出专用停车区域，示范安全驾驶。

9）销售顾问驾驶时，依据车辆行驶状态进行车辆说明，展示车辆动态特性。

（2）驾驶换手

1）驾驶换手要点：

① 在预定的安全地点换手，将车熄火，开启危险警告灯，取下钥匙，拉驻车制动器手柄，下车与顾客换位。

② 换手时协助顾客调整座椅、后视镜等配备，使顾客感觉舒适。

③ 提醒顾客系好安全带，再次提醒安全驾驶事项。

④ 在顾客的视线范围内换到副驾驶座，递给顾客钥匙。

⑤ 准备不同种类的音乐光盘供顾客选择，试听音响系统。

⑥ 在顾客驾驶前，简要提醒顾客所要体验的重要内容，以强化顾客的感受。

2）驾驶换手注意事项：

① 在设有禁停标志、标线的路段，在机动车道与非机动车道、人行道之间设有隔离设施的路段以及人行横道、施工地段，不得停车。

② 交叉路口、铁路道路、急转弯、宽度不足 4 米的窄路、桥梁、陡坡、隧道以及距离上述地点 50 米以内的路段，不得停车。

③ 公共汽车站、急救站、加油站、消防栓或者消防队（站）门前以及距离上述地点 30 米以内的路段，不得停车。

④ 车辆停稳前不得开车门和上、下人员，开、关车门不得妨碍其他车辆和行人通行。

⑤ 路边停车应当紧靠道路右侧，换手后立即驶离。

⑥ 换手时注意保管车内财物。

（3）顾客试驾

1）适时提示顾客前方路况和其他事项（如前边右拐弯，请注意减速等）。

2）让顾客自己体验车辆性能，销售人员提醒体验重点。

3）仔细倾听顾客的谈话，观察顾客的驾驶方式，发现更多的顾客需求。

4）当顾客有危险和违章行为时，果断采取措施，并请顾客在安全地点停车，及时向顾客讲解安全驾驶的重要性，取得顾客理解，与顾客换位。

5）行驶出顾客驾驶路段或区域，销售顾问应及时提示顾客安全停车，结束顾客试驾，由销售顾问驾驶车辆返回。

4. 试乘试驾后

顾客进行试乘试驾后，销售人员应注意以下要点：

1）称赞顾客的驾驶技巧，提醒顾客携带好自己的物品，以免遗忘在车内。

2）确认顾客已有足够的时间来体验车辆性能，不排除再度试乘试驾的可能性。

3）引导顾客回展厅（洽谈区），提供免费茶水饮料。

4）针对试乘试驾展示的亮点，询问顾客感受，填写"试乘试驾意见表"。

5）对于顾客在试驾过程中的个性化问题进行重点解释，以推动进入报价、成交阶段。

6）适时询问顾客的签约意向。

7）待顾客离去后，填写顾客信息，注明顾客的驾驶习惯和关注点。

✕【任务实施】

🔍 任务要求

根据汽车产品静态展示和动态展示的流程及关键点的要求，对以下案例进行分析，并思考相关问题。

📖 任务载体

【案例2-25】

汽车产品介绍

某天，一对夫妇来到了某品牌汽车的4S店，在与销售人员寒暄后，双方进入了销售的环节。

销售人员：（将这对夫妇带到车库，用手指着停在车库内的各款轿车给客户介绍）这是59800元的标准型，这是69800元的舒适型和实用型。

客户：59800元和69800元的这两款车有什么不同？

销售人员：59800元这款车没有转向助力、ABS、电动后视镜等。

客户：装一个转向助力要花多少钱？

销售人员：××××元。

客户：如果我定下来了，如何付款？

销售人员：可以分期付款，也可以银行按揭。

客户：按揭一个月要付多少？

销售人员：如果按揭的话，先付40%，余下的分3年付清，每个月只要付××××元。如果你们的经济情况允许一次性付款，买69800元的合算。如果采用分期付款的贷款方式，就没有必要买69800元的，而应该买59800元的。

【案例2-26】

试乘试驾事故

2011年9月份，黄先生在参加上海某汽车销售服务有限公司的试乘试驾活动中，驾驶试乘试驾用车沿试驾路线行驶在某路段十字路口向左转弯时，撞到了同方向驾驶电动自行车的原告，造成电动自行车车损人伤。期间汽车销售公司的试乘试驾专员在前排乘员座位上于试驾途中进行相应的操控提示。

任务思考

思考一：试分析案例 2-25 中的销售人员的产品介绍成功吗？

思考二：如果您是销售人员，针对案例 2-25，你会如何进行产品介绍？

思考三：通过案例 2-26 的试乘试驾事故警示，在引导顾客进行试乘试驾时，应该注意什么问题？试总结试乘试驾的流程以及关键点。

任务四　促进成交

【知识目标】

- 掌握报价的程序和方法。
- 掌握议价的技巧。
- 掌握购车合同信息的填写。
- 掌握新车交付流程。
- 了解新车一条龙服务的流程及注意事项。

【技能目标】

- 能够针对不同的情况采取不同的议价方法。
- 能够进行合理报价。
- 能够为顾客设计购车方案。
- 能与顾客签订购车合同。
- 能为顾客办理新车交付手续。
- 能有效应对顾客在成交环节的顾客异议。

【项目剖析】

把握汽车销售成交的条件和时机是销售成功的"法宝"，故销售人员应识别客户成交信号，针对不同的销售情况灵活运用成交技巧，引导客户成交。同时，针对不同的客户需求，设计符合顾客要求的购车方案，与顾客签订购车合同，最后完美交车。

【知识准备】

汽车销售经过了顾客接待、需求分析、商品说明、试乘试驾等环节，就进入了成交阶段。所谓成交，是指顾客接受汽车销售顾问的建议及销售演示，并且立即购买商品的行动过程。

在汽车销售过程中，成交是一个独特的阶段。它是整个销售工作的最终目的，其他销售阶段只是为达到销售目的所采用的手段。换言之，其他销售阶段的活动都是在为最终成交做准备。只有步入成交阶段，顾客才会决定是否购买销售顾问所推荐的汽车。因此，成交是销售过程中最重要、最关键的阶段，没有成交，汽车销售顾问所做的一切努力都将成为徒劳。由此，一名优秀的汽车销售顾问应该具有明确的销售目标，千方百计地促成交易。

汽车销售成交是汽车销售活动的高潮和关键阶段。销售活动进入成交阶段，表明销售活动已接近胜利，但同时也是最艰难、最关键的时刻，就像足球比赛的临门一脚，决定着结局成败。在这个阶段，本来非常有购买意愿的顾客可能因为种种突发因素的影响而放弃购买；又或者并没有购买意愿的顾客被某些方面的因素打动，反而产生了购买意愿。汽车销售顾问在此环节中应当谨慎捕捉沟通过程中顾客表现出的各种行为和情感细节，选取恰当的销售成交策略，从而最终完成销售活动。

一、价格谈判

（一）报价成交的流程

当顾客进入成交阶段，销售顾问对销售价格进行说明的行为被称为报价。

报价是最后促进顾客做出购买决定的关键环节，如何做好报价说明，是销售人员必须掌握的基本技能。销售顾问在向顾客报价的过程中不能仅仅说明车辆的零售价，还要着重说明车辆带给顾客的利益和产品的价值。

广州本田议价成交流程如图2-37所示，具体内容如下：

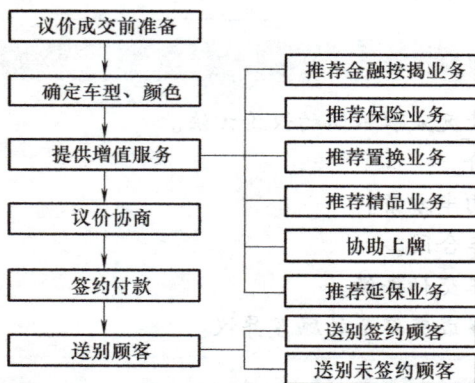

图2-37 广州本田议价成交流程

（1）议价成交前准备

① 查看最新库存、已订购车辆以及在途车的状况，信息应包括：车型、配置、颜色、数量和库存时间（或预估到货时间）

② 准备好相关文件：合同、价格文件，如"汽车销售合同"、车辆和增值产品报价单、"特约店内部报价单""报价商谈明细表"。增值服务的介绍文件，如：上牌、精品、配件、保险、贷款以及置换服务的介绍。

③ 使用"顾客洽谈卡"和"试乘试驾意见调查表"，总结销售环节中了解到的顾客购车相关需求。

④ 了解销售和售后部门最新的促销计划，与销售主管或经理沟通、确认后，作为准备和顾客议价的条件。

⑤ 如有必要，请展厅经理或销售经理参加议价环节，让顾客感到被重视。

（2）确定车型、颜色

① 重点推荐符合顾客需求的车型、排量和配置，并解释推荐的原因和能带给顾客的好处。

② 运用选装配件、车型型录、宣传册、平板电脑等辅助工具来帮助顾客进行选择。

③ 根据顾客的需求，与顾客一同确认车型、颜色和配置组合。

④ 当需要离开顾客身边去做必要的查询时，要告知顾客自己的去向。

⑤ 若库存里没有顾客想要的车型、颜色和配置，根据顾客需求，积极引导顾客选择现车。

⑥ 当顾客不选择现车时，告知顾客新车订购流程和所需等待的时间。

（3）提供增值服务

① 推荐金融按揭业务：引导顾客进行金融按揭购车服务，介绍相关服务流程。如果顾客表示有按揭购车意向，介绍、对比各种按揭方案，说明特约店金融分期服务的好处，并进行价格异议处理。

② 推荐保险业务：引导顾客购买保险服务，介绍相关服务流程。如果顾客需要此项业务，展示并讲解保险文件和报价单，为顾客介绍办理保险的流程和费用，并告知顾客使用特约店提供协助办理保险的好处。

③ 推荐置换业务：引导顾客进行二手车估价和置换服务，介绍相关服务流程和估价。如果顾客需要该业务，向顾客介绍使用特约店置换服务的好处，并进行价格异议处理。

④ 推荐精品业务：根据顾客需求，使用精品手册、实物样板等资料向顾客推荐纯正用品。向顾客重点介绍特约店精品来源、保修标准和安装标准的优势；着重推荐本品牌纯正用品的好处，并进行价格异议处理。

⑤ 协助上牌：主动告知顾客特约店提供协助办理牌照，购置税等服务，询问顾客是否需要此项服务。如果顾客表示需要此项服务，出示流程文件和报价单，为顾客介绍协助办理牌照、缴纳购置税等的流程和费用，并告诉顾客使用特约店提供协助办理服务的好处。

⑥ 推荐延保业务：引导顾客进行汽车延保业务，介绍相关服务流程。如果顾客需要该业务，向顾客介绍特约店延保服务可节省后期开销的好处，并进行价格异议处理。

【案例 2-27】

推 介 话 术

1. 推介置换业务——厂家置换补贴

"××先生/女士，我们的二手车评估师非常专业，可以为您提供免费的评估和便捷的置换服务，不仅可以节约买新车的支出，而且新旧车无缝更替，对您的工作、生活影响极小，安全可靠、省心省力。而且，本周正逢厂家举办的置换补贴活动，更是折上折，建议您重点考虑一下！"

2. 推介贷款——厂家贴息贷款

"××先生/女士，您肯定注意到了，现在银行利息越来越低，分期购物越来越普遍，很多可以付全款的顾客都选择了贷款，这样可以把余钱用于为新车增项，让新车更好开、更舒适。本周正逢厂家为月底冲量而特设的贷款贴息活动，相当于节省 30% 的利息办分期，机会难得。"

3. 推介保险——涉水险

"××先生/女士，和您相处这么久了，我觉得有必要给您一个建议，建议您把"涉水险"勾选上。千万别小看它，其实像您经常行驶的地区，每年的降雨量比较多，有可能路面积水会比较深，就容易引起汽车涉水行驶或被水淹没而造成发动机的损害。而且该险种费用特别低，但是对发动机的保护确实很周到。"

4. 推介精品——前风窗玻璃防爆膜

"××先生/女士，您看您的新车都已经选择贴上车身防爆膜了，不妨再增加个前风窗玻璃防爆膜。它的作用经常被人忽视，比如××品牌前风窗玻璃膜加入了银离子，折射阳光不吸热，效果更好，使用年限长达 10 年，而且我们提供了售后质保，保证您用得安心、放心。

5. 推介延保——延保服务

"××先生/女士，您肯定注意到很多电商早已提供延保服务了，其实就是考虑顾客的使用成本，让顾客省钱、省心。汽车同样是长期消耗品，后期的使用成本一定会上涨，通过延保，您可以提前锁定爱车的维修成本及原厂正品服务，以后您如果要换车，您的爱车也更保值！"

（4）议价协商

1）与顾客确认所选购车型、配置和增值服务后，为顾客制作涵盖所有购车相关费用的"报价商谈明细表"。

2）结合特约店执行的价格政策，耐心、清晰地向顾客逐项解释"报价商谈明细表"上的每一个费用项目。

3）在顾客产生价格异议时，采用适当的方式进行应对，同时着重强调本品牌产品及特约店服务的综合价值。

4）详细回答顾客提出的所有问题，交易内容公开、透明。

5）婉转地告诉顾客报价有效期，以避免让顾客感到压力。

6）当顾客试图议价时，销售顾问应该有技巧地和顾客谈判，避免直接答应或拒绝顾客的议价要求。

7）询问顾客对价格是否清楚、明了，是否还有疑问。若有疑问，销售顾问要耐心为顾客答疑。

（5）签约付款

1）根据顾客的言语和行为表现来判断顾客的成交意向，适时提出成交要求。

2）如果顾客没有准备当时成交，询问原因并表示理解，避免给顾客造成购买压力。

3）顾客决定成交时，再次请顾客确认"报价商谈明细表"上的内容。

4）说明签约流程和合同内容中特别需要关注的细节重点。

5）留给顾客阅读合同以及和销售顾问沟通的时间。

6）确认顾客理解、认同合同内容后，请顾客在销售合同文本和"报价商谈明细表"上签字，随后由销售经理确认。

7）对于接受置换服务的顾客，二手车销售顾问应和顾客进行相关责任明确及后续服务约定。

8）告知顾客特约店认可的购车付款方式，并和顾客确认付款方式和时间。

9）带领顾客至收银处支付购车定金。收银员开讫收据后，双手递交给顾客并致谢。

（6）送别顾客

1）送别签约顾客。

① 签约完成后，赞美顾客的购买决定，并对于顾客选择本品牌的产品和服务表示感谢。告诉顾客，签约不是结束，而是更好地为顾客服务的开始。

② 根据库存状况和顾客商讨交车事宜，并确认顾客喜欢的联系方式（电话、短信或邮件等）用以告知新车状态。

③ 预估交车日期，同时询问顾客倾向的交车时间，并简短告知顾客交车流程和所需时间。

④ 询问可能来参加交车仪式的人员以及是否对交车仪式有个性化的要求。

⑤ 和顾客亲切告别，目送顾客离开。若遇雪雨天气，打伞将顾客送至停车场或特约店外，并目送顾客离开。

⑥ 整理顾客信息，将顾客级别更新到 DMS 和"顾客洽谈卡"中，并将所有的文件归档，谨慎保管。同时，安排相关部门和责任人落实精品、贷款增值服务并持续跟进。

2）送别未签约顾客。

① 没有签约的顾客表示要离开时，销售顾客要真诚地感谢其光临。

② 主动询问顾客下次来展厅的时间，以及是否需要为他做预约。询问顾客喜欢的联系方式和时间，告诉顾客会联系他，以获知更多购车相关信息。

③ 感谢顾客的光临和考虑购买本品牌的产品。与顾客亲切告别，目送顾客离开。若遇雪雨天气，打伞将顾客送至停车场或特约店外，并目送顾客离开。

④ 在顾客离开 10 分钟后，发送短信感谢顾客的来访，并将自己的姓名和联系方式写在短信中。然后整理顾客信息，将顾客级别和需求更新到 DMS 和"顾客洽谈卡"中，并制订跟进计划。

【案例 2-28】
确定车型

销售顾问："××先生/女士，看得出您十分重视品牌、车型和配置方面的参数。首先是要在动力上能够满足您的要求；在舒适性方面，您要求有最大的后排空间，而且在音响和导航方面的品质追求也较高。"

销售顾问："××先生/女士，您可以看到，我们这款车型提供更大的腿部空间和头部空间，又采用半高式座椅设计，这样您在空间上和视线上有一种 SUV 般的享受。另外在外形上，这款车又具有形如跑车的设计，加上 3.5L V6 智能可变气缸发动机，不仅能保证您在高速行驶中对动力的要求，同时还能保证您在市区道路上行驶时最佳的燃油经济性，百公里耗油仅为 7.5 升，可以说是 6 缸的动力、4 缸的油耗。同时，全车采用顶级降噪处理，让车内的音响发挥到极致，保证坐在每一个位置，所听到的音质都是一样的。"

在报价的过程中，还可以根据需要使用相应的报价工具，使顾客更容易理解和接受。常用的工具包括：购车预算方案以及按揭计算表、车辆上牌费用清单等。购车预算方案见表 2-24。

表 2-24 购车预算方案

客户名称：＿＿＿＿＿＿＿＿ 电话：＿＿＿＿＿ 所住城市：＿＿＿＿＿＿

车型：＿＿＿＿＿＿＿＿＿ 车价：＿＿＿＿＿ 颜色：＿＿＿＿＿＿

一次性付款购车方案：

购置税：		保险/年：
上牌/路桥费：		其他费用：
合计：		

总合计：＿＿＿＿＿＿＿＿＿＿

分期付款购车方案：

首付款：＿＿＿＿＿＿＿＿＿＿ 贷款金额：＿＿＿＿＿＿＿＿＿＿

月供	1 年 12 个月 月供＿＿＿＿元	3 年 36 个月 月供＿＿＿＿元
	2 年 24 个月 月供＿＿＿＿元	＿年 ＿个月 月供＿＿＿＿元

其他费用：

购置税：		保险/年：
上牌/路桥费：		＿＿＿年全保合计：
其他费用：		
合计：		

总合计：首付款 + 其他费用 = ＿＿＿＿＿＿＿＿

注：按揭所需材料详见银行或金融分期计划书。

销售顾问：＿＿＿＿＿＿＿＿＿ 电话：＿＿＿＿＿＿＿＿＿

（二）报价的方法

价格虽然不是协商的全部，但是毫无疑问，有关价格的讨论依然是谈判的主要组成部分，其占据整个销售协商 70% 的时间，很多谈判没有成功成交都是因为双方在价格上存在分歧。卖方希望以较高的价格成交，而顾客则希望以较低的价格购买所需要的产品。销售顾问在价格谈判中要使双方满意，就需要谈判的技巧和策略，特别是第一次报价尤其重要。下面为大家介绍几种常用的报价法。

1. 尾数报价法（心理尾数报价）

尾数报价法是指利用具有某种特殊意义的尾数或"心理尾数"定价，尽量避免整数报价。

这种报价方法会给消费者一种经过精确计算的、最低价格的心理感觉；有时也可以给消费者一种是原价打了折扣，商品便宜的感觉。

2. "三明治"报价法

"三明治"报价法是指当顾客对价格产生异议的时候，销售顾问不直接予以否定，反而先认可顾客的说法，站在顾客的角度上进行分析。

这种报价方法一般采用"认同 + 原因 + 赞美和鼓励"的方式，也就是首先站在顾客的立场上认同顾客的说法，然后说明原因，最后赞美和鼓励顾客的说法或做法。

【案例 2-29】

"三明治"报价法

顾客："车不错，就是价格太贵了。"

销售顾问："您说得对，很多顾客一开始都会跟您有一样的想法。我自己一开始也是这么认为的，觉得我们这款车在同档次的车系中价格略高。不过真正驾驶过之后，您就会发现我们这款车绝对是物有所值，它的操纵性能是非常好的，而且比同档次的车更省油，这一点您开一段时间之后就会感觉到了。"

3. 比较报价法

销售顾问要用自己产品的优势与竞品相比较，突出自己的产品在设计、性能、声誉、服务等方面的优势，也就是用转移法化解顾客的价格异议，销售顾问要把顾客的视线转移到产品的"优势"上。销售顾问在运用比较法的时候，要站在公正、客观的立场上，一定不能恶意诋毁竞争对手。贬低对方来抬高自己的方式只会让顾客产生反感，结果也会令销售顾问失去更多的销售机会。

4. 化整为零报价法

如果销售顾问把产品的价格按产品的使用时间或计量单位分至最小，可以隐藏价格的昂贵性，但这只是把价格化整为零。这种方法的突出特点是细分之后并没有改变顾客的实际支出，但可使顾客觉得"所买不贵"。

（三）报价的技巧

销售顾问在给顾客报价时，需要掌握一定的技巧。

1. 分清客户类型，进行有针对性的报价

对那些漫无目标、不知道价格行情的顾客，可以报高价留出议价的空间；对不知道具体某一车型的价格情况，但知道该行业销售的各个环节定价规律的顾客应适当报价；对于知道具体价格并能从其他渠道购到同一款车的客户，可在不亏本的前提下尽量放低价格留住顾客。

2. 针对不同档次的品牌车型进行报价

一般来说，低端品牌采用非整数定价，价格越具体，越容易让顾客相信定价的精确性；而且可以在顾客讨价还价的过程中，将零头作为让价的筹码"让利"给顾客。高端的品牌一般采用整数定价法，这样更能够显示该品牌的高档次，也能够满足购车者体现身份、地位的心理。

3. 突出优势，物超所值

销售顾问在报价过程中，必须突出产品以及与产品销售相关的所有优势，一般首先突出产品本身的优势，如产品一流的加工制造工艺水平、技术水平等；其次，突出得力的后续支持，如配送及时，价格稳定等；最后，突出周全的配套服务。

价位高的，要突出本产品与其他产品对比中的优势；中等价位的，应突出与高价位产品对比所具有的优势；低价位的，应说明产品定价的依据，表明报价的合理性，突出产品的性价比和实用性。

4. 不要轻易报价

当顾客直接到展厅、打电话或通过网络直接询价时，要先了解顾客是否了解汽车产品，是否有购买的需求，才能报价。对于那些对汽车产品都不了解的顾客，应将其询价转移到产品的介绍中，只有让顾客充分了解了汽车产品，并且明确了产品能够满足其需求后，进行报价才有意义。

【案例 2-30】

顾客打电话询价的报价方法

顾客在电话中询问底价，汽车销售人员应如何报价（仅针对零售）？

顾客方面可能的话术：

"价钱谈好了，我就过来，否则我不是白跑一趟！"

"你家太贵了，别家的报价才……可以吗？可以我马上过来。"

"你不相信我啊？只要你答应这个价格，我肯定过来。"

"你做不了主的话，去问一下你们经理，可以的话，我这两天就过去。"

一般顾客通过电话询价，销售顾问应把握以下几个方面的内容：

（1）处理原则

1）电话中不让价，不讨价还价。

2）不答应也不拒绝顾客的要求。

3）对新顾客，销售顾问的目的是"见面"；对于老顾客，目的是"邀请到展厅成交"或"上门成交"。

（2）处理技巧

1）销售顾问的话术应对（新顾客）。

①"价格方面包您满意。您总得来看看样车啊，实际感受一下。就像买鞋子，您总得试一试合不合脚啊！"

②"您看好车了吗？价格不是问题。除了价格，还得考虑购车服务和今后的售后服务，所以我想邀请您先来参观一下我们的展厅、维修车间，看看是否满意。"

③"厂家要求我们统一报价，而且经常检查，查到我们让价的话是要重罚的。所以，您要是有诚意的话，就到我们展厅来一趟，看好车，见面都好谈。"

④"您忙的话，反正我也经常在外面跑，哪天顺便过去一下，给您送点资料介绍一下。"（试探顾客的诚意）

2）销售顾问的话术应对（老顾客）。

①"顾客是上帝，我哪能让您大老远跑过来！这样，我马上到您那儿去一趟，耽误您几分钟。您的地址还是老地方吗？"（变被动为主动，试探顾客的诚意）

②"我去问经理肯定没戏，像这种价格，准被他骂的。我倒是觉得，如果您亲自跟他面谈的话，以您这水平，没准能成呢！我在旁边敲一下边鼓，应该问题不大。"

【案例 2-31】

当面询价的报价方法

如果不是真正的价格商谈，仅仅是想知道底价，汽车销售员应如何报价？

1）分析：应先了解顾客的购车需求，然后推荐合适的车型给顾客。

2）应对话术：

①"关键是您先选好车，价格方面保证让您满意。"

②"选一部合适的车对您而言是最重要的。要不然，得后悔几年。"

　　③"我们每款车都有一定的优惠，关键是要根据您的用车要求，我帮您选好车，然后给您一个理想的价格。要不然，谈了半天价格，结果发现这款车并不适合您，那就耽误您宝贵的时间了。"

　　④"这款车我就是给您再便宜，要是不适合您，那也没用啊！所以，我还是给您把几款车都介绍一下，结合您的要求，看哪款比较合适您，再谈价格，您看可以吗？"

5. 先价值，后价格

　　销售顾问在向顾客介绍产品的时候，要避免过早提出或讨论价格，应该等顾客对产品的价值有了起码的认识后，再与其讨论价格。顾客对产品的购买欲望越强烈，他对价格问题的考虑就越少。让顾客认同产品价值的最有效的方法就是进行产品示范。

6. 模糊回答

　　当遇到顾客直接询问价格时，应采用模糊回答的方法来转移其注意力。销售顾问可以这样说："这取决于您选择哪种车型、配置，要看您有什么特殊要求。"或者告诉顾客，"该车型有十几种不同的配置，从十几万元到二十几万元的都有……"，即使销售顾问不得不马上答复顾客的询价，也应该建设性地补充："在考虑价格时，还要考虑车的质量和使用寿命"。在做出答复后，销售顾问应继续进行促销，让顾客从对价格的思考转向对产品价值的了解。

（四）议价的技巧

1. 报价不能报底线

　　无论销售人员报价多低，顾客还是会讨价还价的。所以，在报价时不能报得太低。

　　当顾客讨价还价时，销售人员不能马上让步，应该先探清顾客的期望值有多少，如果销售顾问一味地让步，顾客就会持续压低价格。

2. 不要轻易让步

　　顾客多次要求降价时，一定要注意每次降价的幅度，对于每一次的让步都要保持一个原则，就是每一次让步都要小于上次的让步，让对方产生一种价格的确已经到了无法再大幅度压缩的地步，让顾客感觉到你的价格已经基本到位，如果再一味进攻可能功亏一篑，从而最终达成一致。顾客有时只是希望销售顾问象征性地降价，并不是真的对价格很在乎，特别是对企业的领导人员来说，降价说明销售顾问给他面子。

　　价格永远是让步的焦点。让步的类型有很多种，不同的让步类型会产生不同的结果。假如你是一名汽车销售顾问，你有 6000 元的让价空间。结合大多数汽车销售是在第 4 次让价后成交的，所以一般情况把让价分为 4 步，表 2-25 是几种常见的让价方式。

表 2-25　让价方式　　　　　　　　　　　　　　　　（单位：元）

让价方式	第 1 轮让价	第 2 轮让价	第 3 轮让价	第 4 轮让价	让价幅度
低劣式（反拐式）	6000	0	0	0	6000
诱发式（高峰式）	1000	1300	1700	2000	6000
刺激式（阶梯式）	1500	1500	1500	1500	6000
希望式（低估式）	3800	1200	700	300	6000
冒险式（正拐式）	0	0	0	6000	6000

（1）低劣式让步 这指的是开始就把能做出的全部让步和盘托出的方式。这种方式会在谈判初期大大提高买方的期望值，但由于没有给卖方留出议价的空间，因此在以后的几轮讨价还价中完全没有让价余地了，缺乏灵活性，容易使谈判陷入僵局。顾客会认为你虚报价格，轻易地让出如此之大的幅度，一定还有很大的让利空间，因而在价格上继续步步紧逼，这时你已无路可退，即使交易达成，对方也会怀疑你的诚意，从而影响到下一次的合作。

（2）诱发式让步 这是让步力度逐步加大的让价方式。在实际价格谈判中，应尽量避免使用这种让价方式，因为这会使买方的期望值越来越高，并会认为卖方软弱可欺，从而助长买方的谈判气势。

（3）刺激式让步 这指的是以相等或近似相等的幅度逐步让价的方式。这种让价方式的特点是使买方每次的要求和努力都能得到满意的结果，但是也会因此刺激买方坚持不懈地努力，以取得卖方的继续让步；而一旦卖方停止让步，就会很难说服对方，并很有可能造成谈判的中止或破裂。

（4）希望式让步 这指的是让步幅度逐轮递减的让价方式。这种方式的特点在于，一方面表现出买方的立场越来越强硬，另一方面使买方感觉卖方仍留有余地，从而始终抱着继续讨价还价的希望。

（5）冒险式让步 这是一种坚定的让价方式。在价格谈判的前期和中期，无论买方作何努力，卖方始终坚持初始报价，寸步不让，显示出销售顾问信念比较坚定；但是开始阶段销售顾问的态度过于强硬，有可能致使谈判陷入僵局。

3. 声情并茂

议价时演"苦肉计"也是一个不错的方法。需要提醒的是，演戏是需要演技的，演技是需要训练的，最起码要做到眼神、表情、声调、动作协调一致。

【案例2-32】
议价协商——顾客使用网络、其他品牌店和特约店的价格来议价

销售顾问："××先生/女士，您的意思是说雅阁V6 3.5L这款车32万元呀？（厂家指导价34.28万元），请问您是从哪里得知这个价格的呢？"

顾客："从网上、其他特约店等渠道。"

销售顾问："这么说您车型、颜色、内饰都已经确定了？也就是今天只要价格您觉得满意，您就可以决定了，是吗？"

顾客："是的。"

销售顾问："在买车之前多上网搜集一下信息，多打电话，多去看几家特约店比较比较，这么做是很有必要的，由此看得出来您是个做事很周到的人。"

销售顾问："××先生/女士，在价位上，我来帮您争取。您看这款车34.28万元，我直接给您优惠×××元（根据销售政策）。如果您觉得这个价格还不满意的话，我有个办法帮您跟我们经理再申请一下：您看，购车肯定要买保险，如果车险在我们店里买，一方面售后跟进会比较方便，跟保险公司打交道的事情都交给我们处理；另一方面我能用这个条件去向我们经理争取更多的优惠，您看怎么样？（多次争取逐步优惠，但降价次数不能超过3次）"

二、缔结成交

（一）识别成交信号

在销售技巧中，识别成交信号，在最恰当的时机促成交易，是很考验销售人员销售功力的。过早提出成交，客户没有购买欲望，很容易给客户形成压力，导致顾客脱离销售活动；而过晚提出成交，可能会错过顾客购买欲望最旺盛的一刻，导致销售失败。

（二）成交的策略和技巧

1. 成交的策略

（1）建议成交前的准备　当顾客发出成交信号时，销售顾问就应该考虑是否可以建议顾客成交了。在建议顾客成交时，应该做好以下几项工作：

1）确定顾客所中意的车型。确定车型，才能发起成交建议的攻势。

2）停止介绍其他车型。避免顾客注意力分散，导致购买兴趣转移，游移不定。

3）确认顾客提出的以及未提出的异议已经得到解决。只有顾客对车辆基本满意，才能建议成交。

（2）引导顾客做决定　如果顾客没有主见或者摇摆不定，销售顾问就应该建议顾客购买，以达成交易。通常情况下，销售顾问可以以建议的口吻帮助顾客做决定，一般可以使用以下几个句型："我觉得……""如果我是您的话，我会……"和"我建议……"。

但是，销售顾问也要注意：不能替顾客承担决策的责任，不能说"包您满意""信我的，准没错"这样绝对化的语言。

（3）经常性地建议成交　在销售过程中，销售顾问要经常性地向顾客提出成交要求，而不是等顾客完全满意了、没有任何异议了才提出成交请求，否则就会错失良机。一般来说，出现下列情况时，销售顾问就可以提出成交要求了：

1）在讲完每一个销售重点后，可以采用3步成交法达成交易。第1步，向客户介绍产品的一个优点；第2步，确认顾客对这个优点的认同；第3步，获得顾客的认同后就建议顾客成交。

2）在重大异议解决之后。重大异议一般是顾客决定是否购买的主要障碍，如果异议得到了解决，那表明顾客的购买障碍可能已经被扫除了，销售顾问应适时地用恰当的语气建议顾客成交。

2. 成交的技巧

汽车销售时促进成交需要一定的技巧，一般采用请求成交法、假定成交法、选择成交法、优惠成交法、从众成交法、机会成交法等方法。下面介绍常用的几种方法：

（1）请求成交法　请求成交法又被称为直接成交法，是销售人员主动向顾客提出成交要求，直接要求顾客购买所销售商品的一种方法。

【案例2-33】

直接成交法

销售顾问："看得出您对这辆车的各项性能指标都比较了解了，也比较喜欢。您若购买，是喜欢金色还是银色呢？"

顾客："我喜欢银色。"

销售顾问："您真是有眼光，这款车的银色卖得很好，都快脱销了。要不我星期五就给您安排交车？好让您在周末可以带着家人一起出门游玩。您看，最近的天气多适合郊游啊！"

顾客："好啊，那我们就尽快签合同吧。"

1）使用请求成交法的时机。

① 销售人员与老客户之间，销售人员了解老客户的需要，而老客户也曾购买过销售人员销售的产品，因此老客户一般不会反感销售顾问的直接请求。

② 若顾客对产品有好感，也流露出购买的意向，发出购买信号，可又一时拿不定主意，或不愿主动提出成交的要求，销售人员就可以用请求成交法来促成顾客购买。

③ 有时候顾客对产品有兴趣，但思想上还没有意识到成交的问题，这时销售人员在回答了顾客的提问或详细地介绍了产品之后，就可以提出请求，让顾客意识到该考虑购买了。

2）使用请求成交法的优点：

① 快速促成交易。

② 充分利用了各种成交机会。

③ 可以节省销售的时间，提高工作效率。

④ 可以体现销售人员灵活、机动、主动进取的工作精神。

3）请求成交法的局限性：请求成交法如果应用得时机不当，就可能会给顾客造成压力，破坏成交的气氛，反而使顾客产生一种抵触成交的情绪，还有可能使销售人员失去成交的主动权。

（2）假定成交法　假定成交法也称为假设成交法，是指销售人员在假定顾客已经接受销售建议、同意购买的基础上，通过提出一些具体的成交问题，直接要求顾客购买所销售产品的一种方法。

【案例2-34】

假定成交法

当汽车销售顾问和顾客的主要看法趋于一致时，可以进行下面的谈话：

销售人员："宋先生，是否能把您的身份证给我，我帮您办理购车手续。"

顾客："好的，在这里。"

销售人员："手续办完了，这边请，我们去挑选一辆新车吧！"

运用假设成交，可让顾客进入一种情景，从而强化其购买的欲望。销售人员应注意，不要强迫顾客购买，否则会惹怒顾客，反而导致成交更快失败。此法适用于老客户、熟客户或个性随和、依赖性强的客户，不适用于自我意识强的客户，此外还要看好时机。

假定成交法的主要优点是可以节省时间，提高销售效率，同时还可以适当地减轻顾客的成交压力。

（3）选择成交法　选择成交法就是直接向顾客提出若干购买方案，并要求顾客选择一种购买方法。这种办法主要用来帮助那些没有决定力的顾客进行交易。这种方法是将选择权交给顾客，没有强加于人的感觉，利于成交。

从事销售的人员在销售过程中应该看准顾客的购买信号，先假定成交，后选择成交，并把选择的范围局限在成交的范围内。运用选择成交法的要点就是使顾客回避要还是不要的问题。

1）运用选择成交法的注意事项：销售顾问所提供的选择事项应让顾客从中做出一种肯

定的回答，而不要给顾客拒绝的机会。向顾客提出选择时，尽量避免向顾客提出太多的方案，最好只有两套方案，最多不要超过 3 套，否则将无法达到尽快成交的目的。

2）选择成交法的优点：可以减轻顾客的心理压力，制造良好的成交气氛；让顾客在一定的范围内进行选择，可以有效地促成交易。

三、成交与签约

在实际的销售过程中，销售顾问不仅要抓住有利的成交时机，看准成交信号，而且要针对不同的销售对象采用不同的成交策略，灵活运用各种成交技术，及时有效地达成交易，以实现销售目标，创造销售业绩。

当顾客决定购买之后，销售顾问应及时与顾客签订购车合同或订购单，并详细说明合同的条款，务求让顾客能详尽了解合同的具体内容，包括各项费用及相关责任条款等。图 2-38 所示为一汽丰田所使用的新车订购单。签订合同时，一般会有以下几个关键环节。

（一）制作合同

1. 请顾客确认报价内容

根据报价的内容确认合同中各项费用的数额，包括车辆价格、保险费、上牌费、精品加装费等内容，确认费用的项目、单价、合计数是否正确，避免出现差错。在合同中分列纯正用品和非纯正用品，并向顾客说明。

2. 确认新车交付日期

在签订合同之前，销售顾问应再一次检查库存状况，对于没有现车的车型，要确认车辆的到店时间并向顾客说明，取得顾客认可，然后才能在合同中注明交车时间，决不能为了促成交易而欺骗顾客。

3. 制作合同

销售顾问应在本企业的固定格式的合同中准确填写相关资料，在填写时一定要保证信息，特别是车型、车辆识别代码、颜色、规格、顾客资料等内容准确无误，并在填写后请顾客确认。

4. 交销售经理审核

在签订合同之前要先将合同交给销售经理进行审核，特别是要确认销售的价格、优惠的幅度、交货期等主要内容。要在得到销售经理的认可后，再与顾客签订购车合同。

（二）签约及订金手续

（1）专心处理　专心处理顾客签约事务，暂不接电话，以示对顾客的尊重。

（2）顾客签字　协助顾客确认所有细节，请顾客签字后把合同书副本交给顾客。

（3）顾客交款　简要告知顾客后续流程和时间安排，随后带领顾客前往财务部门，向收银员介绍顾客。对于订车的顾客，先交纳订金，收讫购车定金，待开具收据后，双手递给顾客，恭喜顾客并对顾客表示感谢；如果是交付余款，则一次性收讫余款，并与财务确认款项到账；如果是按揭，则办理按揭手续，与财务确认按揭款到账。全款结清，开具结算单或发票。

（4）信息录入　合同正式成立后，销售顾问将合同的内容录入到管理系统中。

（三）履约与余款处理

与顾客签约后，应按合同履约，如果不能按合同的内容履行合约，除了会降低顾客的满意度外，还会引起法律纠纷。因此，在从签约到交车的过程中，销售顾问应与顾客保持密切联系，进一步加深与顾客的感情维系。

TOYOTA

编号：

○○○○—汽车丰田销售服务有限公司
地址：○○○○○○○○○
销售热线：○○○-○○○○○○○○
服务热线：○○○-○○○○○
总经理：○○○

新车订购单

此订购单是用户向经销商提出购买意向的文件。请认真阅读有关受理的相关条款，在对内容充分认可的基础上，署名或盖章确认。

协议号：　　　　销售区分：

年　月　日

购车订购人	新购 增购 更换	名称（联系人）		签名/盖章		身份	
		地址		邮编		身份证号	
		出生年月	年　月　日	单位	TEL	FAX	
		性别	职业/行业			E-mail	
登记名义人	同预定人 非预定人	登记名称		签名/盖章		身份	
		地址		邮编		身份证号	
		出生年月	年　月　日	单位	TEL	FAX	
		性别	职业/行业			E-mail	

车名		型号		SFX		颜色		台数	

	金额（人民币）	百	十	万	千	百	十	元	角	分
应付款	车辆价格									
	A.厂家特别规格价格									
	B.精品选购价格									
	C.经销商提供选装价格									
	合计　①									
	D.购置附加费用　②									
	E.保险费　③									
	合计（①+②+③）　I									
应付订购金　II										
余款	合计（I－II）									
	现付									
	按揭									

现付方法：　1.现金　　2.汇票、支票　　3.转账

D购置附加费用明细	车辆购置附加税									
	车船税									
	养路费									
	上牌费用									
	其他1（　　）									
	其他2（　　）									
	购置附加费用合计									
E保险明细	车辆损失险									
	第三者责任险									
	附加险：全车盗抢险									
	附加险：车上责任险									
	附加险：无过失责任险									
	附加险：玻璃单独破碎险									
	附加险：自燃损失险									
	附加险：不计免赔特约险									
	附加险：其他（　　）									
	保险费合计									

保险公司：

选装、选购明细	商品名	商品编号	数量	金额
	A			
		合计		
	B			
		合计		
	C			
		合计		

按揭利用明细		
	签约金融机构：	抵押方式：
		车辆
	期限：	履约保险
	还款截止日：	其他（　　）
	利息代估：	

其他

预定交车日期

订购金	付款确认	金额	（小写）
			（大写）
		到账日：　年　月　日	

销售部长/销售经理	销售员	TEL
	代码	

注：具体条款各经销店在不违反国家法律法规的前提下自行订立。

第一联财务留存

一汽TOYOTA

图 2-38　一汽丰田新车订购单

1）销售顾问根据实际情况与顾客约定交车时间。

2）等车期间，保持与顾客的联系，让顾客及时了解车辆的准备情况。

3）销售顾问确认配送车辆后，提前通知顾客准备好余款。

4）销售顾问进行余款缴纳的跟踪确认，直至顾客完成交款。

（四）顾客等车期间的联系方法

签约后、交车前，销售顾问应保持与顾客的联系，也可安排专人在签约后与顾客联系。若等车期间恰逢节日，销售顾问应通过电话、短信、电子邮件等方式给顾客送上祝福，或邮寄一份小礼物表示心意，以加强与顾客的感情维系，提高顾客的满意度。

（五）当交车有延误时

1）第一时间通知顾客，表示歉意。

2）告知解决方案，取得顾客认同。

3）在等待交车期间，应与顾客保持联络，让顾客及时了解车辆的准备情况。

（六）当顾客决定不成交时

1）不对顾客施加压力，表示理解，正面协助顾客解决问题。

2）给顾客足够的时间考虑，不催促顾客做决定。

3）若顾客最终选择其他品牌，则明确其原因。

四、新车交付

交车过程是顾客最关注的环节，也是销售人员最容易出现问题的环节，在销售过程中，顾客投诉最多的也是交车环节。究其原因，是顾客的兴奋点和销售顾问的兴奋点不一样，销售顾问的兴奋点在成交环节，而顾客的兴奋点是新车交付环节。所以，一定要和顾客保持一致，真诚地为顾客服务，真诚地为他们创造喜悦并与他们共享喜悦。

新车交付的具体流程一般包括交车准备、迎接顾客、新车确认、款项支付、文件交付、操作演示、售后说明、交车仪式、送别顾客这9个环节（图2-39），每个环节都有具体的工作内容。

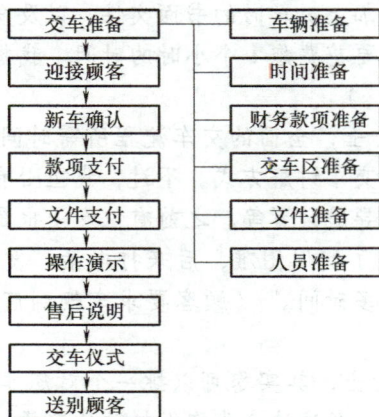

交车准备	车辆准备
迎接顾客	时间准备
新车确认	财务款项准备
款项支付	交车区准备
文件支付	文件准备
操作演示	人员准备
售后说明	
交车仪式	
送别顾客	

图2-39 新车交付工作流程图

（一）交付准备

1. 交车日期确认

1）确认顾客的付款条件、付款情况以及对顾客的承诺事项，完成新车PDI（新车售前检验）整备，并签名确认。

2）确认并检查车牌、登记文件和保修手册，以及其他相关文件等。

3）交车前3天内电话联系顾客，确认交车时间和参与人员，并简要告知顾客交车流程及交车时间。

4）交车前1天再次电话联系顾客，确认交车相关事宜（交车流程包含的环节、交车时间、顾客需带的文件、再次确认参与交车人数、确认尾款付款方式）。

5）若交车日期推迟，及时与顾客联系，说明原因及处理方法，取得顾客谅解并再次约定交车日期。

【案例2-35】

新车交付车辆准备和时间准备

销售顾问："××先生/女士，您好！我是××特约店的销售顾问×××，上周五我承诺过您，会在今天下午和您确认具体的交车时间，您还有印象吧？我想利用几分钟的时间向您提供您所预订车型的最新状态，您现在接听电话方便吗？"

销售顾问："××先生/女士，再次感谢您在我们这里订购××车型，您真是很有眼光，这款车是我们非常热销的车款，很多车主都一直催着尽快交车呢。我想您也希望尽快要提车……我很高兴地通知您，如果一切顺利，您的车预计2周后可以运到，期待向您交车的那一天！"（车到店前15天联系。）

销售顾问："××先生/女士，非常高兴地告诉您，您的爱车已经到店，正等待您再次莅临我们展厅提取您的爱车！为了您今后的行驶便利性与安全性，请确保交付新车整洁干净、无任何缺陷。××品牌汽车的产品在交付给顾客之前，都会对新车做全面的检查，而且还会安装好您之前所购买的选装配置，可能需要花费1天的时间做车辆准备。同时，为了让您对车型所有功能有一个全面的了解，对涉及安全及便利性的功能完全掌握，我会在当天为您做详细的介绍，再加上提车时的书面文件，以及向您介绍今后可能会为您服务的其他同事，可能整个过程需要花费您1个小时的时间。我想问一下，您什么时候方便过来呢？"（车到店前一周内联系。）

销售顾问："××先生/女士，全面的交车流程所需时间至少为1个小时，如果您时间不允许，也可以提供简要的交车讲解方式。不过，我担心有些操作在短时间内不能详尽地向您介绍，例如音响设置、导航设置等。之前有位女士也是因为这个情形，交车后因为对某些配置功能不熟悉，造成了使用困难，后来打电话、发电子邮件，甚至又回到店里来，往返了好几次，浪费了很多时间。"（顾客要求车辆到店当天提车，同时不希望花费这么多时间。）

销售顾问："××先生/女士，其实您可以挑一个对您非常有纪念意义的日子，而且可以邀请家人、朋友一起参加，我这边会为您做特殊的安排，还可以避免您今后因对车辆操作不熟悉而耽误自己的时间。"

销售顾问:"××先生/女士,那您是后天还是什么时间?上午还是下午?您是开车来?还有谁陪同吗?好的,我会事先帮您把停车位准备好,待会我会把公司的地址和预约的时间发到您手机上,您看可以吗?期待再次与您的会面。××先生/女士,谢谢您!"

销售顾问:"××先生/女士,您还需要支付18万元,您以什么方式支付?另外,您需要带上身份证、订购合同等文件。"

2. 交车区和车辆准备

交车前1天要进行交车区完好车辆的准备工作,具体要求以东风本田为例,见表2-26。

表2-26 东风本田交车区和代交车辆准备要求

交车区	特约销售服务店应设置专门的交车区,由专人负责整理清洁
	交车区墙上设置"当日交车看板",每天注明当日交车的顾客姓名和提取的车型
待交车辆	销售顾问确认待交车辆的型号、颜色、附属品及基本装备是否齐全,确保外观无损伤
	销售顾问确认待交车辆上的车身号码和发动机号码是否与车辆合格证上登记的一样
	销售顾问确认灯具、空调、方向灯及收音机是否操作正常
	销售顾问先行将待交车上的时间与收音机频道设定正确
	向精品部门确认新车安装精品的进度是否是按计划进行的,如果超出计划,或加快进度,或延长交车时间
	安排清洁新车,待交车辆若是长期库存车,空调出风口可能会堆积灰尘,销售顾问应先进行清理
	待交车辆确认完毕后,应在发动机舱盖上系上红色花球

3. 交车文件准备

1)将交车所需文件分成随车文件、上牌文件、客存文件和店存文件4种,按照交车清单,将客存文件、随车文件和上牌文件置于3个交车文件袋内并贴上标签;将店存文件归档到特约店指定位置。

随车文件:使用手册、维护手册、首次维护卡(首保用,一般含在维护手册当中)、发票复印件(部分汽车品牌首保时需提供)、增值服务合同、24小时道路救援信息、常用电话联络卡、车钥匙、销售顾问名片、服务顾问名片、商业保险卡(如有)、行驶证(如有)、俱乐部服务卡/会员卡(如有)、关爱卡(如有)等。

上牌文件:购车合同、国产车车辆出厂合格证(上牌后原件交车管部门)或进口车进口关单+商检单+环保信息单(上牌后原件交车管部门)、购车发票原件、保险原件及发票(如有)、购置税完税证及发票(如有)、车船税发票(如有)等。

客存文件:备用钥匙、车辆检查表、国产车车辆出厂合格证复印件或进口车进口关单+商检单+环保信息单复印件、车主俱乐部介绍卡、车辆装潢确认清单(如有)、增值业务清单(如有)、贷款抵押合同(如有)、月还款明细(如有)等。

2)准备好"交车过程及文件确认表",见表2-27。

4. 人员准备

确认出席的人员(必须出席的人员:销售经理、销售顾问、服务顾问、客服专员;推荐出席的人员:客服经理、总经理),并通知其参加交车仪式的时间。

表 2-27　交车过程及文件确认表

TOYOTA

交车过程及文件确认表

从顾客满意到顾客感动

交车日期　月　日

新车类型　□

订单号码　□

交车前准备

□ 交车前3天的电话预约
□ 交车前1天电话预约，告知交车时间（>45分钟）
□ 付款状况的确认
□ 车辆PDS和车辆清洁确认
□ 交车区和参与人员的确认

顾客接待

□ 迎接顾客
□ 交车内容概述

费用与文件说明

□ 购车费用说明（合同）
□ 开具发票和出门证
□ 上牌手续和票据说明（上牌手续与费用清单）
□ 关于保险的说明（保险单）
□ 车辆维护说明（驾驶人手册，维护手册）
□ 免费维护的说明（维护手册）
□ 保修事项说明（保修手册）
□ 售后服务说明

车辆验收与操作说明

□ 车辆验收（新车点交表）
□ 精品附件确认（新车订购单）
□ 操作说明（新车点交表）
□ 安全事项说明（安全注意事项）
□ 告知3日内电话确认车辆使用状况

以上内容准确无误，验收完毕

车辆文件交付

□ 发票
□ 合格证
□ 保险单
□ 购置税票
□ 养路费票
□ 车船税票
□ 车检证明
□ 驾驶人手册
□ 维护手册
□ 保修手册
□ 维护注意事项
□ 安全驾驶注意事项
□ 车辆技术参数表
□ 进口货物证明书
□ 商检单
□ 其他

销售人员　
销售部长　
车辆颜色　

交车时间
始：
迄：

VIN　
顾客签名　

一汽 TOYOTA

（二）交车客户接待

1）交车前30分钟致电顾客，确认顾客到店的确切时间和当时所在的位置。

2）在交车顾客到达时，销售顾问提前10分钟到门口迎接顾客。

3）如顾客开车到达时，销售顾问应主动至停车场迎接。销售顾问在迎接顾客时需面带微笑，并恭喜顾客提车。

4）将顾客引导至洽谈桌并提供茶水，说明交车流程及所需时间（一般至少为1个小时，但可以根据顾客的需求进行调整），并借助流程图介绍交车流程和上牌流程。

（三）新车确认

1）引领顾客至交车区，向顾客展示新车，引导顾客绕车查看新车外观。

2）进行简短的绕车介绍，突出介绍顾客关注的配置。

3）向顾客再次强调精品名称、来源、加装数量、保修标准和安装工艺。

4）利用"新车交接确认表"（表2-28），带领顾客做新车品质确认，确认配置与订购一致，并请顾客签字确认。

表2-28 新车交接确认表

TOYOTA

| 交车时间 | 月 日 |

新车交接确认表

从顾客满意到顾客感动

新车说明一览

- □ 外观设计
- □ 门窗开关及上锁的方法（车门儿童安全锁等）
- □ 驾驶位置的调整方法（座椅、转向盘）
- □ 安全带的使用方法
- □ 外后视镜和内后视镜的调整方法
- □ 钥匙和发动程序
- □ 组合开关的操作方法(前照灯、雾灯、转向灯、紧急指示灯、刮水器、定速巡航控制等)
- □ 前照灯清洗装置说明
- □ 仪表盘及各项指示灯说明
- □ 变速器的操作方法
- □ 各类开关的操作方法和位置指示（发动机舱盖、行李舱盖、燃油箱盖）
- □ DVD语音电子导航系统说明及演示（设回家路线）（若配备）
- □ 空调系统操作说明
- □ 音响系统操作说明
- □ 天窗的操作说明
- □ 后排座椅调整方式说明
- □ 丰田汽车的防盗系统
- □ 童椅固定装置说明
- □ 五油三水及胎压检查说明
- □ 随车工具和千斤顶位置指示和使用方法
- □ 备用轮胎

车辆确认（外部）

- □ 车辆外观清洁
- □ 检查车身无划痕、污渍
- □ 检查玻璃无划痕、污渍
- □ 检查轮胎、车轮无划痕、污渍

车辆确认（内部）

- □ 清洁车辆（特别是烟灰缸、随车工具等）
- □ 安置车厢内脚踏垫（未订购时可用脚垫纸代替）
- □ 检查内饰颜色，无划痕、污渍
- □ 确认电动装置能正常工作
- □ 确认随车附件和工具：备胎、卸胎工具、千斤顶、点烟器、烟灰缸等
- □ 确认订购装备
- □ 设定收音机频道和时钟
- □ 确认DVD电子语音导航系统的运行状况
- □ 确认汽油量（有1/4箱燃油）
- □ 车辆钥匙____把，遥控器____把
- □ 相关材料完备（驾驶人手册、保修手册、保险单、行驶证等）

其他项目

- □ VSC/TRC/HAC操作说明（若配备）
- □ 智能钥匙和一键启动操作说明（若配备）
- □ AFS(前照灯智能随转系统)说明(若配备)

| 销售人员 | |
| 顾客签名 | |

以上内容准确无误，验收完毕

一汽TOYOTA

【案例2-36】

新车配置、加装件确认

销售顾问："××先生/女士，非常感谢您购买××品牌的车辆，您的选择是正确的，这款车在很多方面都非常符合您的要求。您是一个非常注重细节的人，所选装的配置也很适合您。根据您的要求，在之前的车辆交付准备中，我们已将您选装的配置安装在了这辆新车上，而且对全车进行了详细的检测，确保您的新车能够正常工作。"

销售顾问："××先生/女士，现在我陪您一起对这些配置做一下确认。首先是我们已经对车辆的外观及内饰做了清洁处理，以下是一些基本配置，请您查看。接下来，我带您确认您所选装的一些配置。"

销售顾问："××先生/女士，在原有的基本配置的基础上加装了您选装的配置后，这辆车已经成为一辆为您量身定制的、独一无二的一款车了。"

销售顾问："××先生/女士，现在请您亲自核对配置及选装，在核对过程中如有任何疑问，我可以随时解答，直至您觉得没有问题并签字确认。"

（四）款项支付

1）如果顾客有待支付款项，利用"车款、保险、精品、上牌费用结算单"，说明各项购车费用并请顾客确认付款。

2）陪同顾客到收银处，依照之前确认的方式付款。当涉及金融隐私时，销售顾问应退后一步，以保护顾客隐私。

3）收银员将收款凭证双手交给顾客，并表示感谢。

（五）交车文件点交及说明

1）引导顾客至洽谈桌，并提供饮品。

2）利用"交车文件清单"逐一和顾客交接，将文件分类放入客存文件袋、随车文件袋和上牌文件袋内，并请顾客签字确认。清点随车光盘及钥匙等物件。

3）介绍各种文件使用及注意事项，将《车辆使用手册》的重点部分做折页。

【案例2-37】

向顾客详细介绍《车辆使用手册》——文件解释五步法（觉醒→概述→导读→尝试→反馈）

销售顾问："××先生/女士，这是您所购买车型的《车辆使用手册》，里面有您需要使用到的全部车辆信息，例如功能、配置、维护等的介绍。××先生/女士，这本手册比较厚，如果从头到尾看的话，一般需要3天时间，您看我现在利用10分钟的时间，帮您快速了解一下重要内容，可以吗？"（觉醒）

销售顾问："××先生/女士，在这本《车辆使用手册》中一共有×个章节，我想对您来讲最需要关注的有3个章节：一个是有关维修维护的内容，您看第×～×页；还有就是您特别喜欢的一项配置——音响系统的详尽功能介绍，是在第×～×页；另外还有一个关于整车的保修期限，是在第×～×页"。（概述）

销售顾问："××先生/女士，例如您关注的音响系统操作，我用折页帮您把最关心的配置介绍、常用的功能使用介绍，还有关于车辆今后维护保修的规定标记出来，便于您今

后需要时可以立即查询到。这款车的质保期是……保修的主要部件有……"（导读）

销售顾问："××先生/女士，我注意到您手机是有蓝牙功能的，这一款车上也配备了蓝牙免提系统，您看看这个是在第×章节的第×页……"（尝试）

销售顾问："××先生/女士，对于我刚才给您介绍的关于《车辆使用手册》的查阅方法，如果这次交车的时间比较匆忙，又因为我说明不到位而导致您不理解的，是否可以跟您预约二次说明的时间，让您对本手册能够有更清晰的理解"。（反馈）

（六）操作演示

1．车外讲解

1）引导顾客来到车旁，针对车辆外观和顾客需求再次强调FAB，赞美顾客的品位和选择。

2）使用"新车交接确认表"介绍外部设备使用事项。

3）根据顾客的关注点进行介绍，根据顾虑疑问进行解答。

2．车内讲解

1）请顾客坐在驾驶人座位，销售顾问在前排乘员位置为顾客全面解释车辆的内饰、配置和功能。

2）使用"新车交接确认表"，全面介绍车内使用事项。

3）如果顾客表示没有时间，着急离开，销售顾问可以相应缩短讲解时间，只讲最重要的功能，例如日常驾驶的基本操作功能和涉及安全的功能键。销售顾客要告知顾客：交车后如有时间，可以预约销售顾问做二次讲解。

4）多花时间讲解不太容易理解和掌握的配置，重点讲解顾客感兴趣的配置和功能，以及《车辆使用手册》折页的部分。

5）询问顾客是否还有其他问题，确保顾客所有的疑问都得到了解答。

3．操作确认并签字

1）确认没有任何疑问后，引导顾客到洽谈区落座。

2）请顾客在"新车交接确认表"上签字。

【案例2-38】

操作演示方法技巧＋话术（雅阁DA同屏）

"您看，雅阁的DA同屏只需几步操作就能立刻发挥作用，就这么简单！"（易用性）

"我看您用的就是××手机，我给您示范一下，如何通过DA同屏将车载多媒体系统与您的手机快速同步。"（针对性）

"您如果经常开车跑长途，会发现常规导航系统存在一定缺陷，由于无法及时更新最新路况，导致出行不便。但是DA系统可以把您手机的百度导航直接投射到屏幕上，您看多方便！"（场景带入）

"DA同屏的操作很容易上手，建议您试试先点击这里，再选择……"（亲自操作）

"针对DA同屏技术，您还有什么想了解的？"

车辆基本操作——五速自动变速器

销售顾问："××先生/女士，这款车的变速杆设计很特别，现在都采用五速自动变速器，平时在坡道上，短时间停车就可以把档位挂在P档，不但可以防止车辆倒溜，还可以让您有时间调节车内的其他功能。这种变速杆设计避免了在斜坡上停车或临时停车时必须使用驻车制动器的麻烦，而且可以很好地避免因溜车造成的不必要的车辆损耗。您可以亲自操作一下。"

（七）售后说明

1）向顾客介绍服务顾问，服务顾问自我介绍并递送名片。

2）介绍车辆的保修范围和维护、维修政策，对如何更好地驾驶和维护提出实用性的建议。

3）解释在特约店接受服务的好处，利用书面资料介绍特约店的服务网络、营业时间、售后预约服务流程及 24 小时救援服务体制、保修理赔服务。

4）介绍售后微信服务号或车友会论坛的优势，邀请顾客关注售后微信服务号或加入车友会论坛等。

【案例 2-39】

介绍服务顾问

销售顾问："××先生/女士，除了刚才提到的一些用车的小心得，我还想为您介绍一位我们这里资深的服务顾问，让他再向您提供一些具体的用车建议，您看可以吗?"

销售顾问："××先生/女士，这位是我们资深服务顾问××，已经在店里工作 7 年了，与我们整个服务团队一样，他在汽车维修维护方面经验很丰富。××，这位是我们店的新车主××先生/女士。"

销售顾问："××先生/女士，为了能够让这辆车一如既往地拥有最佳表现，我会为您介绍一下维护常识。此外，这是 24 小时道路救援联系信息卡以及常用联系电话卡……"

（八）交车仪式

1）交车仪式要考虑到顾客的特殊需求，力求个性化，不应生硬、呆板，流于形式。通用模式为：当着顾客的面加注一定量的汽油（不同汽车品牌的加油量有差别），赠送小礼品并合影留念。

2）确保销售经理、销售顾问、客服人员、服务顾问的出席。

3）交车时，展厅内播放恭喜致辞和音乐，所有在场工作人员鼓掌道贺。

【案例 2-40】

给车辆加一定量的汽油

销售顾问："××先生/女士，谢谢您今天抽出宝贵的时间来听我们讲解。由于安全规定要求我们不能在店内存放太多汽油，所以没办法在交车前先给您加满油。但是我们的车辆节油性能突出，×升油足够您行驶××公里。附近××地方有加油站，您经过的时候可以顺便把油加满。"

（九）送别顾客

1）再次感谢顾客的购买；告知最近加油站的位置，并提示优先加油；告知顾客会在 2 小时之内打电话给他，关心他的用车情况，确定最佳的回访时间和方式。

2）销售顾问将车开出交车区，确保顾客对新车驾驶有信心后，将车的驾驶权交给顾客；并将"车辆出门证"交予保安，予以放行。

3）和顾客亲切告别，最后目送顾客离开，直至顾客开车离开视线范围为止。

4）交车后2小时内致电或发送短信，感谢顾客，确认安全到达，询问车辆使用情况。

【小知识2-6】

一、购车一条龙服务相关知识

目前，汽车4S店为了提高客户的购车满意度，都会提供汽车上牌的一条龙服务，不需要客户亲自去办理车辆的上牌手续，只要客户选取车牌号码就可以了。作为服务人员要清楚上牌的流程，特别是客户需要准备的资料。汽车上牌一般需要有以下步骤。

1. 工商验证

持购车发票在各区工商局机动车市场管理所或汽车交易市场的代办点加盖工商验证章，国产机动车工商验证须提交下列文件：

1）机动车销售统一发票第一联、第四联。

2）车辆的产品合格证。

3）购车方的身份证明或组织机构代码证书。

4）如果是进口车辆，还须提供海关证明及商检证明。

2. 办理新购机动车缴纳车辆购置税手续

1）机动车销售统一发票第一联、第三联及复印件各2份。

2）车辆出厂合格证及复印件2份。

3）机动车所有人的身份证明或组织机构代码证书及复印件1份。

注：纳税人办理车辆注册登记手续后，自行在完税证明上填写车辆牌证号码。

车辆购置税的计算方法：

$$车辆购置税应纳税额 = 计税价格 \times 10\%$$

计税价格根据不同情况，按照下列情况确定：

1）纳税人购买自用应税车辆的计税价格，为纳税人购买应税车辆而支付给销售者的全部价款和价外费用，不包括增值税税款。也就是说，按机动车销售统一发票上开具的价费合计金额除以（1＋17%）作为计税依据，乘以10%即为应缴纳的车辆购置税。

例：假设购买一款车价为117000元的车型，消费者需要缴纳的车辆购置税的税额为：

$$车辆购置税应纳税额 = 117000 元 \div (1＋17\%) \times 10\% = 10000 元$$

2）纳税人购买进口自用车辆的应税车辆的计税价格计算公式为：

$$计税价格 = 关税完税价格 + 关税 + 消费税$$

$$车辆购置税应纳税额 = 计税价格 \times 10\% 。$$

3. 办理新车保险手续

1）投保人应携带以下资料投保：

① 机动车行驶证（复印件），未领取牌证的新车提交机动车销售统一发票（复印件）及车辆出厂合格证（复印件）。

② 被保险人身份证明复印件。

---

③ 投保人身份证明原件。

④ 约定驾驶人的应提供约定驾驶人的机动车驾驶证复印件。

2）如实填写投保单并签字确定。

3）缴纳保险费后，领取保险单及保险费发票。

4. 办理环保标志手续

购车后，凭下列资料办理环保标志：

1）机动车销售统一发票。

2）车辆出厂合格证复印件（环保部门盖章）。

3）尾气检测合格单（免检车除外）。

4）环保外观单（填写完整）。

5. 办理车辆检验手续

1）环保盖章，需提交车辆出厂合格证及购车发票第一联。

2）缴纳检验费用，复印车辆出厂合格证。

3）拓号、检验外观、拍照。

4）拓号整理，持购车发票、车辆出厂合格证、身份证并填写外观单。

在车检所上牌的车辆检验环节，免检新车只需对汽车的外观、发动机型号、灯光系统等进行核对就可以了。

6. 办理车辆上牌手续

1）填写机动车注册转入登记申请表。

2）购车人需提交下列资料：

① 机动车所有人身份证明及其复印件或组织机构代码证及复印件。

② 机动车销售统一发票第四联。

③ 车辆出厂合格证原件。

④ 车辆购置税完税证明或者免税证明。

⑤ 经销商提供机动车技术资料档案袋。

⑥ 机动车交通事故责任强制保险单第三联。

3）办理号牌。

4）拍摄车辆的标准照片。

5）办理机动车行驶证和机动车登记证书。（领取检字）

6）领取牌号。取牌号有"十选一"和"自编自选"两种方式。

7）缴纳牌照费（自编自取，选择快递邮寄需缴纳邮寄费）。

7. 办理车船使用税

1）本大厅的车船使用税征收点只负责征收个人机动车车船使用税。即：车辆行驶证上车主是个人的可在此完税；车辆行驶证上车主为企事业单位的，须到本单位主管地税机关完税。

2）缴纳个人机动车车船使用税需提供车辆行驶证原件或复印件，过户车辆还须提供车辆过户证明（机动车登记证书）。

3）购买车船使用税所需材料：机动车行驶证、身份证、机动车登记证。

4）购车人要妥善保管车船使用税完税证，以备将来查验。

二、车船税法相关资料

2012 年 1 月 1 日，《中华人民共和国车船税法》和《中华人民共和国车船税法实施条例》实施。新车船税分为 7 个梯度按照排量进行征税，大排量乘用车税负大幅增加。新购车辆纳税人应在领取机动车行驶证 1 个月内，携带机动车行驶证到税务机关设置的征收点办理纳税手续，次年可以选择由保险机构代缴。

条例规定，车辆使用税额由省区市政府按照规定，在车船税税目税额表规定的税额幅度内确定，并且明确指出使用节约能源、新能源的车船可以减征或者免征车船税，见表 2-29。

1.0 升（含）以下——60～360 元；

1.0 升至 1.6 升（含）——300～540 元；

1.6 升至 2.0 升（含）——360～660 元；

2.0 升至 2.5 升（含）——660～1200 元；

2.5 升至 3.0 升（含）——1200～2400 元；

3.0 升至 4.0 升（含）——2400～3600 元；

4.0 升以上——3600～5400 元。

表 2-29　广西壮族自治区车船税税目税额表

三、购车付款方式

1. 购车付款方式

（1）现款购车　相对比较简单，提供购车人的身份证和购车款即可。

（2）贷款购车 它是指贷款人（银行或汽车企业金融公司）向满足金融机构申请贷款购车条件的申请购买汽车的借款人发放贷款，借款人使用贷款买车，实际上就是借金融机构的钱来买车。

贷款买车有信用卡分期、汽车企业金融公司贷款、银行贷款以及厂商和银行合作车贷4种方式。

1）信用卡分期购车。信用卡分期购车在金额和还款利率手续费上受到了很大的限制。刷卡额度不能超出信用卡的信用额度，只适合缺少少量购车资金的消费者。借款人有稳定收入的，其贷款在一些银行最快几个小时即可完成审批，一般没有户籍和财产方面的限制，审批和手续相对简单，免除了中介、公证等烦琐手续以及额外费用给消费者带来的负担。当然，所谓零利息并不是说信用卡就不产生支出，它是要收取手续费用的，一般12期（1年）是5%，24期（2年）是9.5%左右。因为每个城市的银行的金融政策有所不同，所以以上手续费用利率只能作为参考值。

下面以本田雅阁为例来看信用卡分期购车：

以本田雅阁2011款2.4 EX车型为例，指导价格为22.98万元，假如当地优惠是2万元，那么需要付出的车款总额为20.98万元。一般情况下，银行限定是30%～70%首付，此处以50%为例，那消费者就需要支付10.98万元的首付款，信用卡提供余下10万元分期；如果选择12期，那么以××银行为例，手续费是5000元，月还款8333.33元，而24期手续费是9500元，月还款4166.67元（手续费需首月一次性支付）。

信用卡分期购车注意事项：

当然为了保证银行资金安全，信用卡分期客户还得按规定进行车辆抵押并购买指定车险。比如××银行，就需要按车价全额购买机动车全车盗抢保险、20万元的机动车第三者责任保险以及机动车车辆损失保险。保险第一受益人为××银行信用卡中心，当保险赔付金额不高于5000元时（某些银行可以达到10000元），出险时无须银行授权。

2）银行个人购车贷款。利率比较低，在人民银行基准利率的基础上略微浮动，审核手续比较复杂，对贷款人的职业收入和信用度的要求都较高，而且有些银行还根据客户诚信资质，采取将首付比例降低、贷款年限放长，贷款利率下调等优惠措施。而缺点就是申请手续复杂，贷款买车者需提供一系列证明资料以及能够得到银行认可的有效权利质押物，或具有代偿能力的第三方保证。

一般贷款购车最低首付20%、贷款期限为1～5年。以1个月为1期，目前贷款购车期限最长不超过60期（即5年），但仍需要根据用户情况及车型和用途确定。所购车辆用于出租营运、汽车租赁等经营用途的，最长期限一般不超过36期（即3年）。

汽车销售商一般采用每月等额还本付息的办法，计算公式为：

每月还款额＝贷款本金×月利率＋贷款本金×月利率÷贷款购车的贷款期限

以进口现代雅尊2011款2.4L豪华型为例，指导价格为25.80万元，贷款3年期

10 万元，采用等额还款方式，月供 3287.15 元，3 年共计需要还款 118337.4 元，产生利息 18337.4 元。银行车贷需要担保公司作为中间人，担保手续费增加 3%~4% 后，车主实际支出已经达到了 2.1 万元以上。

银行车贷注意事项：

和信用卡以及金融公司车贷一样，银行需要对汽车财产安全做出保障，诸如机动车车辆损失保险、机动车第三者责任保险、机动车全车盗抢保险、不计免赔率险这些险种是必须购买的，并且车险购买时间和贷款必须同期捆绑，指定受益人同样是银行。

3）汽车企业金融公司贷款。这种贷款方式还款灵活、手续简便、放贷速度较快。在贷款条件方面，汽车金融公司贷款比较注重购车者的个人信用，学历、收入、工作等都是其参考标准，而不需要像银行那样要质押，外地户籍也不会成为获得贷款的阻碍条件。一般来说，贷款者须提供的材料为：本人户口本、身份证、房本复印件及居住证明、收入证明原件。

利率方面，举例说明，××汽车企业金融公司 3 年期的贷款利率为 10.99%，5 年期的贷款利率为 11.38%；相对当前 1~3 年（含 3 年）6.65% 银行贷款利率要高出不少。

目前，汽车企业金融公司推出的汽车消费贷款，最大优势在于门槛较低且便利程度高，一些产品项目也非常诱人。汽车企业金融公司一般都是由汽车企业投资创建的，比如东风日产汽车金融公司、福特汽车金融（中国）有限公司、丰田汽车金融（中国）有限公司、上海通用汽车金融公司等。

以福特蒙迪欧 2011 款 2.0 GTDi 200 豪华型为例，指导售价 21.78 万元，贷款 10 万元 3 年期，月还款 3285.72 元，本息合计 118286.04 元，多出了 18286.04 元。这其中不包括担保费用和一些 4S 店手续费用。同时还得购买以下几种车险，机动车车辆损失保险（保额应不低于车辆重置价值）、机动车全车盗抢保险、机动车第三者责任保险（保额不得少于 20 万，保险第一受益人必须指定是贷款人即福特汽车金融）、不计免赔率险。

4）厂商和银行合作车贷。它是汽车厂商的财务公司和银行开展的合作业务，由厂商提供贴息和手续费，银行操作审批和放款程序。这种贷款周期不会太长，一般是 12 期（1 年）或 18 期（1 年半），首付金额为 50%，剩下的为贷款金额，但必须是以万元为单位的整数。目前最为突出的就是马自达和建行合作的零利息、零手续费贷款项目，唯一需要车主增加的支出是需要购买一年的指定险种，包括机动车车辆损失保险、机动车第三者责任保险、机动车全车盗抢保险和不计免赔率险。

以马自达 2010 款轿跑 2.5 至尊版为例，指导价格 23.98 万元，实际优惠下来，大概 21.18 万元，首付款 11.18 万元，贷款 10 万元，1 年半分 18 期还款，每月还款 5555.55 元。也可以做到 24 期，也就是 2 年还款，不过银行要收取一定的手续费。通常情况下，绝大多数客户会选择 18 期还款，这样可以真正做到零利息、零手续费。

2. 购车中需要注意的问题

如果购买某些紧俏车型，经销商处没有现车的时候，往往您还需要预订。通常需要同经销商签订1份"购车意向书"，并缴纳一定数量的定金（或订金），依车型和经销商的情况不同，少则几百元、几千元，多则上万元。然后，经销商向汽车生产厂预订车型，并按照消费者的购车号安排交车时间，因车型的不同，少则几天，多的时候能达到数月，车到店后交清余下全部车款后就可提车。如果经销商以种种原因不能按合同约定时间交车，则按照合同条款要求进行处理。

需要注意的是："定金"与"订金"是截然不同的两个概念。

定金：定金具有一种担保性质，一方违约时，双方有约定的按照约定执行；如果无约定，经营者违约时，定金双倍返还消费者；消费者违约时，定金将不予返还。

如果您在车型的选择上还是犹豫不决，还是先交一部分"订金"为好。为了防止客户在预订车型的过程中出现其他问题导致不能购买此车，应当以书面形式将相应的补充约定列入合同之中，而且越详尽越好，以减少不必要的麻烦！

订金：目前法律上没有关于订金的明确规定，一般可理解为"预付款"。一方违约时，双方有约定的按照约定执行；如果无约定，经营者违约时，应无条件退款；消费者违约时，可以协商解决并要求经营者退款。

如果客户在和经销商签订"购车意向书"时交了"定金"，就意味着所定车型将不能更换或退还。因为生产厂家采取实名购车制进行订单管理，规定只能"一单一车"，而且不能更改购车人姓名。

✂ 【任务实施】

🔍 任务要求

根据汽车销售当中购车方案的计算方法以及成交技巧，分析以下案例，并回答相应的问题。

📖 任务载体

【案例 2-41】

购车方案设计和引导成交

李女士是位单身白领，每个月收入在8000元左右，每个月底几乎没有结余。为了上下班方便，李女士决定买辆车。她看中了福特嘉年华，价格为10万元，但是鉴于油价节节攀升，她觉得嘉年华的油耗在同级别的车中，特别是与日系车相比过高。如果你是销售顾问，你应如何引导李女士成交，并为李女士设计适合她的购车方案？最终李女士购买了该车，请帮她办理新车交付手续。

任务思考

思考：如果你是一名销售顾问，如何根据李女士的情况进行购车方案的设计，并判断成交信号，引导李女士成交？请完成表2-30的填写。

表2-30　新车成交、购车方案设计

成交	一、成交信号 列举说明成交信号： 1. 语言信号： 2. 行为表情信号： 二、报价成交 1. 报价方法：三明治报价法、化整为零报价法等方法 2. 成交方法：直接成交法、假定成交法、选择成交法、优惠成交法、压力成交法 注：两位同学一组，进行以上2种报价方法和5种成交方法的演练，并写出相应的话术。 你的报价话术： 你的成交话术：
购车方案的设计	根据李女士的首付款和还款能力，设计相应的购车方案如下： 购车预算方案 客户名称：＿＿＿＿＿＿　　电话：＿＿＿＿＿　　所住城市：＿＿＿＿＿ 车型：＿＿＿＿＿＿＿　　车价：＿＿＿＿＿　　颜色：＿＿＿＿＿＿ 分期付款购车方案： 首付款：＿＿＿＿＿　　　　　贷款金额：＿＿＿＿＿＿ 其他费用： 总合计：首付款 + 其他费用 = ＿＿＿＿＿＿＿＿＿＿ 注：按揭所需材料详见银行或金融分期计划书。 销售顾问：＿＿＿＿＿＿＿　　电话：＿＿＿＿＿＿ 推荐该购车方案的理由：

分期付款购车方案月供表：

月 供	1 年 12 个月　月供＿＿＿元	3 年 36 个月　月供＿＿＿＿元
	2 年 24 个月　月供＿＿＿元	＿年＿个月　月供＿＿＿＿元

其他费用表：

购置税：	保险费/年：
上牌/路桥费：	＿＿＿＿年全保合计：
其他费用：	
合计：	

项目三

汽车数字营销

📋 【学习目标】

通过本项目的学习，了解汽车数字营销的概念、IDCC组织框架和汽车数字营销的组成、汽车网络营销和汽车电话营销的含义和作用，并掌握汽车网络营销业务流程以及汽车电话营销（DCC）销售流程及技巧。

同时，通过案例分析、课堂演练、角色扮演，使学生能够使用商务礼仪进行汽车电话销售和网络销售。

📋 【项目描述】

近年来，网络的普及大大拓宽了人们获取信息的渠道。为了更好地收集和利用网络信息，以及利用电话营销高效率、低成本的优势，汽车数字营销应运而生。汽车数字营销将网络营销和电话营销两者进行整合，通过电话、网络平台与客户进行沟通互动，对目标购车客户或目标购车市场进行一对一互动式的快速精准营销，最终引导客户线下成交。由于汽车数字营销能充分发挥企业与客户的相互交流优势，为客户提供个性化的服务，因而成为传统展厅销售方式的必要补充。

从2008年开始就陆续有汽车品牌开展数字营销，目前绝大部分汽车品牌都已经启动了汽车数字营销战略，并且数字营销在汽车营销总量中的占比越来越大。

任务一 认识汽车数字营销

📝 【知识目标】

➚ 了解汽车数字营销的含义。

➚ 理解汽车数字营销的优势。

➚ 掌握汽车数字营销的业务流程。

- 能够描述汽车数字营销与汽车展厅销售的差异。
- 能够简单描述一汽大众数字营销业务流程。
- 能够正确叙述 IDCC 不同的组织架构模式。

【任务剖析】

在数字时代新形势下，汽车数字营销是汽车企业借助互联网工具进行的营销模式创新，通过线上传播、线上获取信息、线下体验成交，进一步满足客户的购买体验需求。这种营销模式变革了原有的信息获取和信息互动渠道，改变了互动方式，节约了时间和经济成本，并且企业借助互联网给客户提供的特色服务也大大提高了品牌的价值。目前，绝大部分合资汽车品牌都已经启动了数字营销战略。因此，作为汽车营销顾问必须要了解汽车数字营销。

【知识准备】

一、汽车数字营销

（一）汽车数字营销概述

随着科技与经济的飞速发展，中国网络用户和手机网民的数量激增，汽车消费群体的消费方式和购买习惯发生了变化，由过去单一通过店面和媒体获取信息，转化为线上和线下多渠道获取信息，购买行为的信息接触前移，消费者会在整个过程中接触线上和线下信息，并获取信息体验。在数字时代新形势下，汽车企业必须要借助互联网工具进行营销模式的创新，针对各个时期的销售信息接触点影响消费者的预期和体验。只有信息整合、资源共享，线下互动体验与线上传播并行互补，线上、线下立体互动，才能满足客户的购买体验需求，如图 3-1 所示。

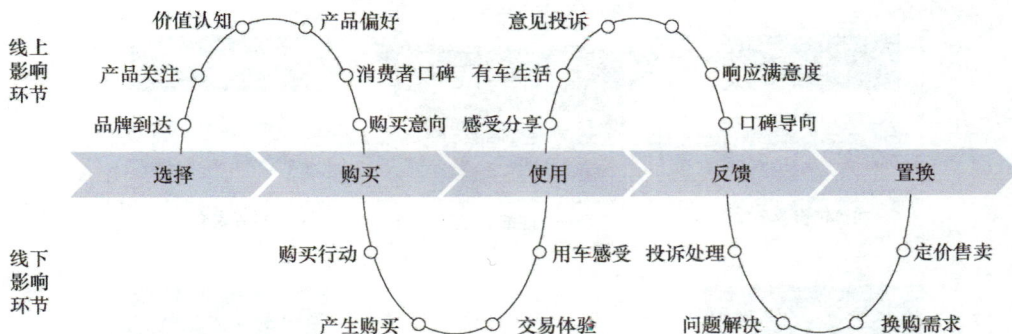

图 3-1　线上、线下影响消费者的因素

因此，汽车数字营销成为汽车销售行之有效的途径，利用丰富的网络媒体连接客户，通过网络端、电话端与客户沟通互动，引导客户线下成交，由此变革了客户的信息互动渠道，改变了与客户的交互方式，节约了客户的时间成本，个性化、定制化的特色服务还提高了客户的价值。目前，绝大部分合资汽车品牌都已经启动了数字营销战略，如东风日产2008年开始试点数字营销，2014年数字营销渠道销售占比达30%；自主品牌长城汽车于2012年启动数字营销，2014年数字营销渠道销售贡献度达到了30%。据统计，2019年全国汽车数字营销销售量占销售总量的16.6%，因此各个汽车品牌大力推进数字营销业务势在必行。

汽车数字营销把互联网营销、厂家下发、战败客户营销、触点营销、保有客户营销等收集来的线索从传统的汽车销售中分离出来，通过汽车电话营销平台跟踪客户，邀请客户到店，实现成交。

（二）汽车数字营销业务

一般来说，汽车数字营销业务首先是汽车企业自身官方平台、官方热线及第三方合作伙伴收集网络销售线索，结合经销商合作的精准媒体、垂直媒体、移动媒体、门户网站、自媒体、论坛等线索，通过系统地跟踪反馈，抓住机会，实现网络渠道线索的管理，以提升经销商的数字营销业务。

一汽大众汽车数字营销业务由数字营销业务、电话营销业务和在线销售业务三部分组成。在具体业务执行流程中通过捕获更多有效线索量、邀约到店量、将到店客户转化成订单这三大核心关键环节完成，其核心测评指标有线索有效率、邀约到店率和到店成交率。图3-2所示为一汽大众汽车数字营销业务组成部分示意图。由线索来源和测评指标可以看出，一汽大众的数字化营销业务实际上就是网络营销当中的客户线索获取，其目的是获得更多有效的客户线索量。

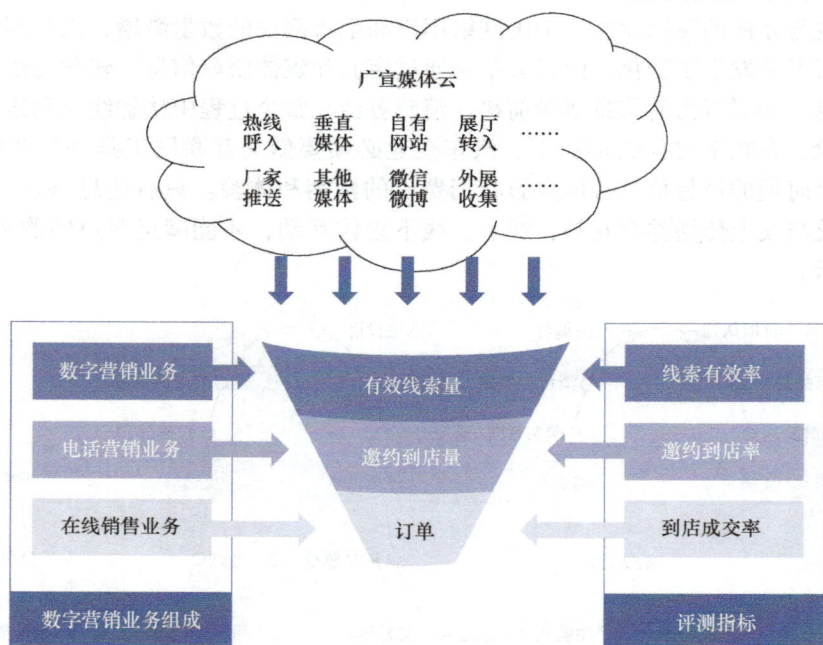

图 3-2 一汽大众汽车数字营销业务组成部分示意图

为了捕获更多的汽车潜在客户有效线索量，增加客户邀约到店量，促进到店客户的意向转化成订单，需要重新搭建一个数字营销业务流程，将线索的获取、线索的有效性清洗、邀约到店转化和接待成交整合为一个完整的体系。图 3-3 所示为一汽大众汽车数字营销业务流程逻辑示意图。

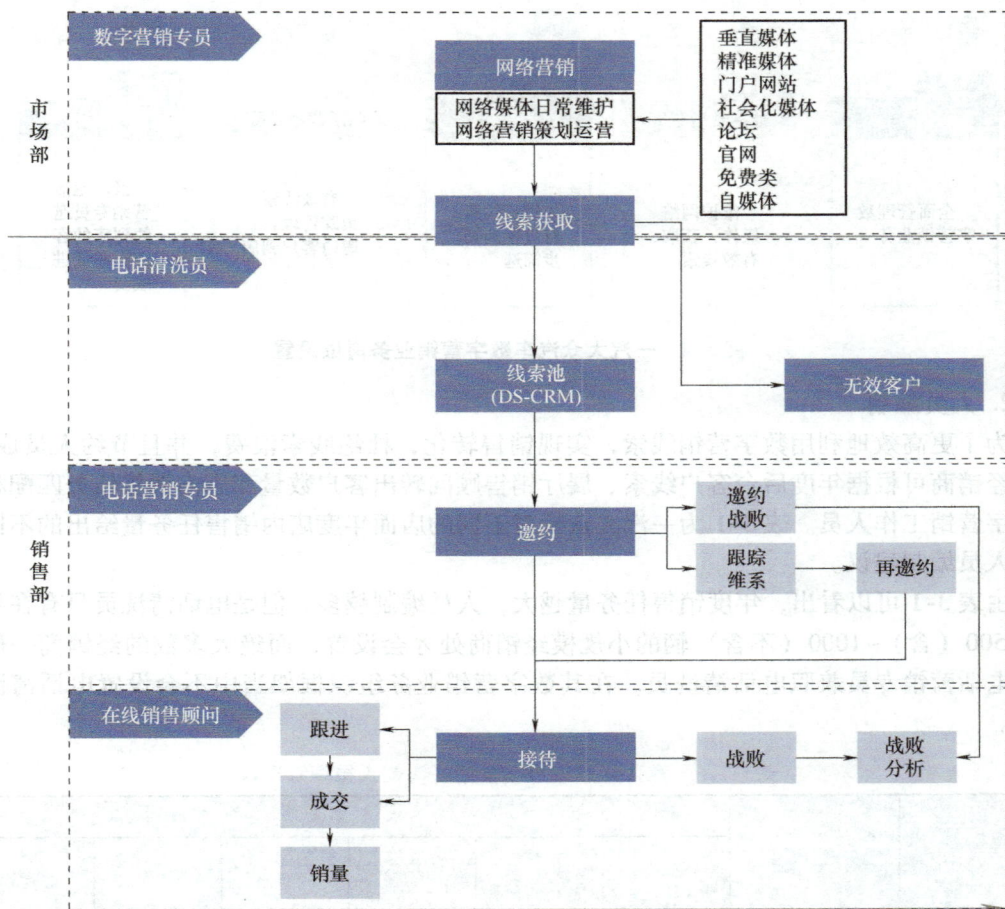

图 3-3 一汽大众汽车数字营销业务流程逻辑示意图

一汽大众汽车数字营销业务流程逻辑示意图展示了数字营销业务流程融合了汽车网络营销和汽车电话营销的功能，在传统的汽车电话营销业务的基础上增加了互联网的营销。实际上，考虑到网络线索量的大小、管理的有效性，以及互联网线上销售业务不成熟，仍以线下实体店进行汽车交易为主的现实情况，汽车销售企业往往将在线销售业务统一划归到电话销售业务当中，因此也可以认为以获取更多有效客户线索为主要目的数字营销就是网络营销，而汽车数字营销就是"汽车网络营销 + 汽车电话营销"。所以，在本项目的"学习任务二汽车网络营销"当中，主要介绍的是网络媒体日常维护和网络营销策划运营，而不涉及线上销售业务。

（三）汽车数字营销业务运营岗位设定及人员编制

1. 岗位设定

为了提高数字营销业务效率，必须设定相应的岗位以便更好地完成数字营销业务。由于不同的汽车品牌经销商的网络线索量、部门设置等方面均不同，各个汽车经销商在数字营销业务设置的岗位，也有所不同，如一汽大众数字营销业务一共设置了在线销售经理、数字营销专员、电话清洗员、电话营销专员、在线销售顾问共 5 个岗位，如图 3-4 所示。

在线销售经理	数字营销专员	电话清洗员	电话营销专员	在线销售顾问
全面管理数字营销业务	维护网络媒体，获取有效线索	销售线索有效性的初步筛选	有效线索跟踪管理，邀约客户到店	接待电话营销专员邀约到店的客户，并促进成交

图 3-4　一汽大众汽车数字营销业务岗位设置

2. 人员编制

为了更高效地利用数字营销线索，实现销售转化，杜绝线索浪费，并且节约人员成本，各个经销商可根据年度后台客户线索、展厅销售顾问转出客户数量和店内销售任务匹配相应的数字营销工作人员。表 3-1 为一汽大众针对不同的店面年度店内销售任务量给出的不同岗位的人员编制建议。

由表 3-1 可以看出，年度销售任务量越大，人员编制越多，但是电话清洗员只有在年销量在 500（含）~1000（不含）辆的小规模经销商处才会设置，而绝大多数的经销商一般是安排电话营销专员兼职电话清洗员，在其数字营销业务组织框架当中不会设置电话清洗员岗位。

表 3-1　一汽大众汽车数字营销各岗位人员编制建议

经销商规模		年度交车 AAK /辆	人 员 编 制					
			人员配备总数	在线销售经理	数字营销专员	电话清洗员	电话营销专员	在线销售顾问
标准要求	大	≥1500	9 人	1 人	2 人	0 人	3 人	3 人
	中	1000（含）~1500（不含）	6 人	1 人	1 人	0 人	2 人	2 人
	小	500（含）~1000（不含）	5 人	1 人	1 人	1 人	0 人	2 人
	微	<500（不含）	3 人	1 人	1 人	0 人	0 人	1 人

不同汽车品牌的数字营销业务营运人员编制情况有所不同。例如，丰田、本田是根据后台客户线索、展厅销售顾问转出客户数量进行人员编制，人员配比的数量均随着后台客户线索和展厅销售转出客户量的增加而相应地增加。

（1）丰田的人员编制　当每月后台客户线索在 300~800 条时，可配备一名电话营销专员（呼入与呼出专员）负责首次邀约跟进，兼职呼入电话接听；另一名电话营销专员（呼入与呼出专员）负责销售顾问转出客户跟进邀约。采取周轮换制。当每月后台名单在 800~1500 人时，可配 2 名电话营销专员负责首次邀约跟进，且单独配备一名呼入专员接听电话；

当展厅销售顾问转出客户数达到 300 ~ 500 人时，需配备 2 名电话营销专员负责客户跟进邀约，采取周轮换制。

（2）本田的人员编制　单月的网络客户在 600 人以内时，配备 1 位电话营销专员负责首次访问，兼职电话接听；另一名电话营销专员负责展厅组战败移出客户的确认回访和再次邀约。

单月的网络客户在 600 ~ 1500 人时，配备 2 位电话营销专员负责首次访问，并分别配备电话营销专员专门接听客户的电话；当展厅组战败客户数在 400 ~ 600 人时，设置两个电话营销专员，负责客户确认回访和重新邀请。

1 名电话专员一般配备 2 名电话直销人员（销售顾问）。

二、汽车互联网电话营销

（一）电话营销（DCC）

电话营销源自北美地区销售行业流行的 DCC（Direct Call Center），将其应用于汽车销售当中，就是通常所说的汽车电话营销。

汽车电话营销就是通过使用电话、传真等通信技术，实现有计划、有组织并且高效率地扩大汽车客户群、提高汽车客户满意度、维护汽车客户等汽车市场行为的一种营销方式。

汽车电话营销是通过电话与客户进行双向沟通的营销，以及凭借语言实现与客户进行信息分享的促销。

（二）互联网电话营销（IDCC）

由于传统媒体已经渐渐被网络媒体取代，因此网络渠道已经成为消费者购车前了解汽车的首选渠道，即通过互联网了解汽车资讯、汽车知识、用车体验等。消费者的消费习惯也发生了很大的改变。据统计，如今超过 70% 的消费者在到店看车前已经通过互联网对汽车产品进行了了解，而超过 50% 的到店消费者则是已经确定了要购买的车型。但是，由于互联网销售业务还不是很成熟，绝大部分的汽车交易仍然在线下实体店进行。因此，为了更好地利用网络收集到的销售线索，通过电话营销平台实现从虚拟到现实的转变，从而提高汽车产品销量，促进与厂家的友好关系，各个 4S 店都陆续设立了 IDCC（Internet Direct Call Center，互联网电话营销中心），以助力汽车企业销售的多渠道发展。

IDCC 是北京森恩普咨询有限公司在 2008 年率先提出的概念，是在传统的电话营销（DCC）基础上增加了互联网营销。因此，互联网电话营销实际上就是前面所提到的一汽大众的数字营销。

（三）IDCC 的组织架构

IDCC 的组织架构总体分为"集销一体"和"集销分离"两种模式，如图 3-5 和图 3-6 所示，分别对应 IDCC 业务不同的发展阶段。随着汽车经销商运营水平的提升、业务量的增长，以及各岗位人员能力的不断提高，组织架构模式也要不断进行调整，以适应新的业务需求。不同的汽车品牌经销商对于 IDCC 各个岗位的名称有所不同，如一汽大众的在线销售经理、数字营销专员、电话营销专员、在线销售顾问，也可对应称为 DCC 主管、网络营销专员、DCC 电话专员、DCC 销售顾问，虽然岗位称呼有所不同，但是对应的岗位职责是一样的。

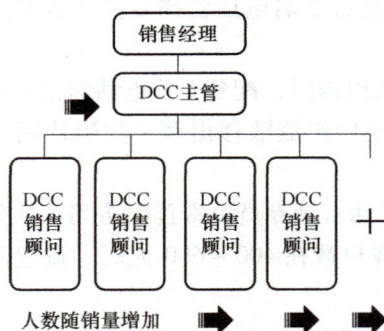

图 3-5　"集销一体"组织架构　　图 3-6　"集销分离（一阶）"组织架构

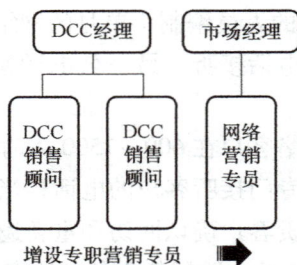

集销一体：合并岗位安排专人负责整个业务链，适合销量低、人力资源不足、缺少管理精力、人员能力全面的经销商。这种模式可避免环节疏漏，客户关系更稳定，主要是追求客户关系优化管理，能够保证业务流程更完整。

集销分离：每一个岗位都由专人负责，适合销量大、人力资源充足、管理制度成型快的经销商。在这种模式下，人员适应快，能够降低人员流失影响，销量大时人员利用率更高，追求"精益化管理"，各业务模块的责权利清晰。

1. 集销一体

该模式下的主要人员包括销售经理、DCC 主管和 DCC 销售顾问，如图 3-5 所示，适用于业务量相对较少、注重单车跟进连贯性的经销店，销售顾问的数量随着业务量的增加而适当增加。例如，一汽大众按每位 DCC 销售顾问每月销售 10 辆车的工作量进行配备。

这种模式采取扁平化管理，客户关系稳定，从获取客户到最终成交始终没有人员变化。DCC 销售顾问负责垂直媒体的维护，包括线索跟进/筛选、邀约进店、客户接待、产品介绍、试乘试驾、议价成交全业务流程。

由于销售顾问除了完成销售流程之外，还要负责垂直媒体的维护，因此也可以通过垂直媒体来源划分销售顾问岗位，以便于管理。

2. 集销分离（一阶）

该模式主要人员包括 DCC 经理、DCC 销售顾问、网络营销专员，如图 3-6 所示，适用于网络来源潜客量占比大、网络渠道投放广泛的经销店，销售顾问的数量随着业务量的增加适当增加。例如，一汽大众按每位 DCC 销售顾问每月销售 12 辆车的工作量进行配备。

这种模式从市场部调入专职网络营销专员负责垂直媒体维护和网络热线接听、网络渠道集客招揽，可提升垂直媒体维护力度，人力资源利用率高。DCC 销售顾问负责线索跟进/筛选、邀约进店、客户接待、产品介绍、试乘试驾、议价成交这一销售流程。网络营销专员由市场部和电话营销部双线管理。

3. 集销分离（二阶）

该模式与集销分离（一阶）的主要区别是增设了 DCC 电话专员（接听/外呼），如图 3-7 所示。一汽大众电话专员的人数按外呼 1200 次/人/月进行配备，适用于网络来源潜在客户邀约工作量增大，邀约进店质量需求提升的经销店。DCC 销售顾问负责客户接待、产品介绍、试乘试驾、议价成交流程。专职的 DCC 电话专员（接听/外呼）负责网络渠道的和电话渠道的潜在客户跟进直至邀约客户到店，以提升邀约进店率。这种模式采用流水线式潜在客户管理、线索精细化管理，可提升成交转化率。

4. 集销分离（三阶）

该模式与集销分离（二阶）的主要区别是细化增设了专职电话接听专员（IB）和外呼邀约专员（OB），如图3-8所示。一汽大众电话接听专员人数按400热线（垂直媒体热线电话）来电500次/月/人进行配备，外呼邀约专员人数按外呼1200次/月/人进行配备，适用于邀约进店质量需求提升，销售转化流程细化度提升的经销店。（说明：垂直媒体的线索量占网络线索量的90%，而这些线索主要来源于400热线来电，因此400来电次数成为汽车品牌电话接听专员人员配备的依据。）

专职电话接听专员（IB）提升400热线接听率，避免400热线线索丢失；专职电话呼出专员（OB）提升邀约进店率。这种模式采用流水线式潜在客户管理模式，对线索进行精细化管理，进而提升成交转化率。

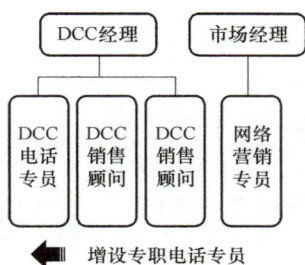

图3-7 "集销分离（二阶）"组织架构　　图3-8 "集销分离（三阶）"组织架构

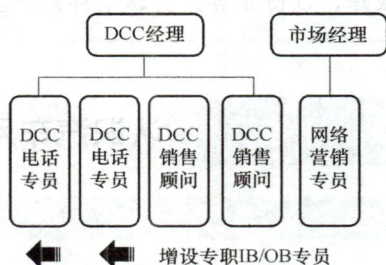

（四）IDCC 岗位工作职责

IDCC 部门当中，每个岗位具有都有具体的、明确的工作职责。

1）网络营销专员：负责网络新闻的撰写和推送，销售热线的接听，销售线索的收集、整理、分配，以及网络数据的统计。

2）DCC 电话专员：分为呼入专员和呼出专员，负责销售线索的邀约处理。

3）DCC 销售顾问：负责所有邀约到店客户的接待、谈判、交车等。

部分汽车品牌还明确了电话专员具体的工作量。表3-2为东风本田电话专员工作量化指标。

表3-2　东风本田电话专员工作量化指标

人员角色	工作量化指标
呼入专员	1）每月完成5000名客户数据（外展数据、集团内部资源数据等）4条短信、500名客户数据2封直邮 2）每日25组有效呼出（电话持续3分钟以上即定义为有效呼出） 3）确保来电客户90%的留资率（留下的资料包括姓名、来店信息渠道、意向车型、预计购车时间、电话、区域） 4）对留资客户每2个月进行至少4次电话跟踪，确保首次来电客户中的30%邀约到店 5）接听首次来电客户后，将客户信息录入DMS，且来电留资客户的意向级别填写不能低于B级

（续）

人员角色	工作量化指标
呼出专员	1）每日40组有效呼出 2）对留资客户每2个月进行至少4次电话跟踪，确保首次来电客户中的15%邀约到店 3）给留资客户每2个月发送至少8条短信

【小知识3-1】

丰田汽车展厅销售顾问客户转出至DCC的相关知识

丰田汽车展厅销售顾问手中每日只可留存20批客户名单，多余的客户档案需每日在夕会上转出至数据督查，再由数据督查将客户档案转给DCC。第一个月内未成交的客户，销售顾问可以留下，但是在第二个月未成交的客户，需强制转出至DCC处留档跟踪，以防止客户资源最终流失。

任务二　认识汽车网络营销

【知识目标】

↗ 了解汽车网络营销的含义。

↗ 掌握汽车网络营销的流程及技巧。

↗ 掌握汽车网络营销的策略。

【技能目标】

↗ 能根据汽车产品的特点选择最合适的网络营销类型。

↗ 能灵活、有效地处理网络营销过程中遇到的客户异议，激发客户对产品或服务的兴趣，促使客户亲自到店体验。

↗ 能够正确叙述"厂家互联网直销＋线下品牌体验店"的销售模式。

↗ 能够正确叙述网上4S店与传统实体店销售的优势。

【任务剖析】

汽车4S店已经成为汽车市场的主流渠道。近年来，信息科技的发展，尤其是网络的普及，大大拓宽了人们获取信息的渠道，而网络几乎成为汽车消费者了解汽车产品和品牌的主要渠道，多数消费者均通过网络来了解车市行情、选择车型和商家等。据权威数据统计，有92%的用户在买车的时候希望通过互联网来了解汽车的相关信息，而我国86%的人愿意考虑通过互联网购买汽车。来自于网络销售线索的销量正在逐年增加，网络销售占据的销售份额由2012年的14%增长至2019年的16.6%。因此，销售人员应当了解汽车网络营销的相关知识。

【知识准备】

一、网络营销

1. 网络营销的定义

网络营销是指以互联网为基础，利用互联网的交互性和个性化来辅助营销目标实现的一种新型的市场营销方式。简要地说，网络营销就是以互联网为主要渠道，为达到一定目标的营销活动。

目前，我国大部分汽车4s店的网络营销意识都在随着互联网技术的发展而逐步提升，设立企业网站、选择专业的网络媒体进行推广宣传等都被很好地运用于汽车网络营销。互联网已经超越传统媒体，成为中国消费者获取汽车资讯的重要渠道之一，并且越来越多的消费者选择在网上而不是在展厅，通过参与论坛讨论、玩游戏、看视频等形式来进行品牌体验，看到中意的车型后再到展厅实际体验。

2. 网络营销的手段

网络营销的手段分为十几种，常见有以下几种：

（1）搜索引擎营销　搜索引擎营销是目前最主要的网站推广营销手段之一，尤其是基于自然搜索结果的搜索引擎推广，因为是免费的，所以受到众多中小网站的重视，搜索引擎营销方法成为网络营销方法体系的主要组成部分。

（2）即时通信营销　即时通信营销又称为IM营销，是企业通过即时通信工具IM帮助企业推广产品和品牌的一种手段。例如，利用QQ、阿里旺旺等程序推广自己的产品。

（3）病毒式营销　病毒式营销利用的是用户口碑传播的原理，在互联网上这种"口碑传播"更为方便，可以像病毒一样迅速蔓延，因此，病毒式营销成为一种高效的信息直播方式，主要用于进行网站推广、品牌推广。

（4）微信营销　微信营销是伴随着微信的火热而兴起的一种网络营销方式。用户注册微信后，可与周围使用微信的"朋友"形成一种联系，用户可订阅自己所需的信息，商家则通过提供用户所需的信息来推广自己的产品，从而实现点对点的营销。

（5）网络知识性营销　网络知识性营销是利用"百度知道""百度百科"或企业网站自建的疑问解答板块等平台，通过提问与解答的方式来传播企业品牌、产品和服务的信息。

（6）网络事件营销　企业主要以互联网为传播平台，通过策划、实施可以让消费者直接参与并享受快乐的事件，并通过事件吸引消费者注意力，塑造良好的企业形象，以谋求企业的更大发展的营销传播活动。

（7）网络口碑营销　网络口碑营销是把传统的口碑营销与网络技术有机结合起来的新型营销方式，是应用互联网互动和便利的特点，企业销售人员以文字、图片、视频等口碑信息与消费者在互联网上进行的互动沟通，包括对企业的品牌、产品、服务等相关信息进行讨论，从而加深对目标客户的影响和给其留下的印象，最终达到网络营销的目的。

（8）网络图片营销　网络图片营销就是企业把设计好的有创意的图片，在各大论坛、空间、博客、即时聊天等工具上进行传播或通过搜索引擎自动抓取，最终达到传播企业品牌、产品、服务等信息来达到网络营销的目的。

3. 网络营销的特点

（1）即时互动　借助互联网，消费者与企业可以即时地相互沟通，速度快、效率高，而且顾客可以通过互联网搜索自己需要的产品信息，既方便又节约时间。如今社会生活节奏快、生活压力大，消费者都缺乏耐心，他们希望自己的问题和想法能立即得到企业的解答，而互联网的即时性和互动性能满足消费者的这一要求。

（2）低成本　网络营销的低成本主要表现在3个方面：第一是时间成本低，通过互联网瞬间就可以把信息传递到任何一个地方，因此其时间成本微乎其微；第二是经济成本低，发送电子邮件的成本基本为零，而随着网络服务商规模效应的发挥，基础设施的建设成本也在降低；第三是网上直销，弱化中间商，这就降低了商品的价格。

（3）"一对一"沟通　传统的沟通方式是"一对多"地进行沟通，企业提供的信息缺乏针对性，而通过互联网，企业可以做到"一对一"地进行沟通，使沟通更有针对性，也更加有效。

（4）全球化　互联网的出现使信息在全球的传播达到了空前的速度与广度，借助互联网的营销活动，可以抛开时间、空间、语言、国家的限制，使网络营销真正成为国际化、全球化的营销。

（5）翔实生动　互联网的信息十分丰富，利用先进的技术手段，互联网可以实现文字、图片、声音、视频等形式的有效结合，声文并茂、翔实生动。其内容不仅包括产品和价格信息，还包括相关的知识文化信息，这一点是其他营销方式很难做到的。

（6）即时效果监测　利用互联网技术，消费者可以通过互联网即时获得相关数据和报告，这对及时调整广告策略意义重大，而这在传统媒体上是不可能完成的。例如，企业在几家电视台投放广告，但每家电视台的宣传效果如何很难得到及时反馈，只能事后通过调查来推断。

二、汽车网络营销发展历程及优、劣势

1. 我国汽车网络营销的发展历程

我国汽车网络营销起步较晚，与欧美相比，发展还处于起步期。汽车网络营销在我国的发展经历了以下3个阶段：

（1）第一阶段：起步阶段　2007年，网络广告刚刚产生，邮箱广告开始出现，网络服务和搜索引擎开始涌现。奇瑞A1在上市之初即实行网络客户订单销售模式，对通过网络完成订单的用户给予不同程度的购车优惠。奇瑞由此成为首家尝试汽车网络订车的车企。

（2）第二阶段：应用发展阶段　2008—2009年，网络营销市场开始逐步形成，各类电子商务网站纷纷出现，网络广告和营销工具不断创新，网络电子商务模式开始走向正轨。2008年，广州丰田雅力士举行隆重的上市仪式，同时推出了网上全方位购车平台——I-Yasis个性定制系统。与奇瑞A1网络客户预定系统相比，该系统提供了更多增值服务，如用户报销、雅灵车贷、购买流程、请求报价、洽谈预约、经销商查询等服务。2008年，新浪汽车在我国首先推出了整合多项优势资源，颠覆传统营销理念的全新购车工具——"网上4S店"。

（3）第三阶段：高速发展阶段　2010年至今是高速发展阶段，也是互联网和实体深度融合阶段。在这一阶段，传统的业务线转移到网络平台上，通过通信手段，在线开展业务，更好地提高工作效率和生产力，从而产生新的业务模式，形成新的经济形态。2010年，奔

驰 Smart 携手淘宝网，在 3.5 个小时里卖出了 200 辆汽车，占其全年总销量的 5%，获得了业内的广泛关注。这次汽车企业与我国最大的电子商务平台的合作，标志着我国的汽车网络营销进入了新的发展阶段。

2. 汽车网络营销的优势和劣势

（1）优势分析

1）真正做到以消费者为中心。网络技术为汽车企业进行市场调研提供了一个全新的通道，汽车企业可以借助它更加方便、迅速地了解我国乃至全球的消费者对本企业产品的看法与要求，随着上网人数的急剧增长，网上调研的优势越加明显。企业可以借助互联网图文声像并茂的优势，与客户充分讨论其个性化需求，从而完成网上定制，从而全面满足汽车消费者的个性化需要。与此同时，网络技术为汽车企业建立其客户档案和做好客户关系管理带来了很大的方便，大大提高了营销过程中消费者的地位，给予了消费者前所未有的参与和选择自由，极大地强化了消费者的核心地位。

2）实现了与客户的沟通。汽车消费属于大件消费，虽然在短期内尚无法完全做到网上看货、订货、成交、支付等，但是网络营销能够充分发挥企业与客户相互交流的优势。网络营销以企业和客户之间的深度沟通、使企业获得客户的深度认同为目标，满足客户显性和隐性的需求，是一种新型的、互动的、人性化的营销模式，能迅速拉近企业和客户的情感距离，树立良好的企业形象，使产品品牌对客户的吸引力逐渐增强，从而实现由沟通到客户购买的转变。

3）降低成本，提高效率，效果易于测量。网络媒体通过运用三维展示、电子地图、语音解说等多媒体技术向客户展示项目的所有信息，信息量大而翔实，不受时空限制，让客户的选购有更大的自主性。汽车网络营销采用网上采购、网上设计、网上销售方式，有效地降低了包括采购费、场地租赁费、媒体广告费、销售人工费等在内的营销成本。由于网络信息传播与制作的快捷性特点，从材料的提交到发布只需要很短的时间，从而提高了营销效率。传统营销效果很难测量，而在网络营销当中，只要在相关程序中插入流量统计和探测流量来源的代码，多少人点击观看广告或详细查看等数据就都能测出。

4）便于客户购买。由于生产集中度和厂家知名度相对较高，产品的同质度较高，企业比较注重市场声誉，服务体系较为完备，同时对企业营销的相关监督措施较为得力，因此像汽车这类高档耐用消费品，在市场发育较为成熟后就特别适合于网络营销。

（2）劣势分析

1）虚拟和现实存在矛盾，消费者对网络营销缺乏足够的信任。汽车作为一种高价值、差异性极大的特殊商品，现场感受对消费者来说是非常重要的，况且我国的消费者与汽车经销商的互信度一直较差，所以消费者目前是无法充分信任网上信息的，这就使网上交易更加困难。

2）受硬件设施的制约，网络内容简单。我国网络营销的基础设施、技术软件、网络安全保护措施和高水平的网络营销人员等方面均存在问题，网络立法、结算系统及互联网普及等也制约了网络营销现阶段在我国的发展。由于目前大多数汽车企业实力较弱，汽车网站服务内容单调，在数量和质量上都没有超过传统媒体，仅是将网站当成传统平面媒体运用，缺乏与来访者的互动交流，忽略了网络媒体的特性和优势，使项目失去了与潜在客户沟通的机会，这样的信息量是远远不足以推动网站访问者做出购买决策的。

3）网络营销赖以生存的品牌基础较差。网络营销只有建立在知名度高、商业信誉好、服务体系完备的汽车品牌的基础上，才能产生巨大的号召力与吸引力，广大用户才能接受网上购车等新的交易方式，抛弃传统的现场实物购车等习惯。而我国部分汽车品牌缺乏科学化、现代化、规范化的管理系统，品牌实力还有待提升。

4）汽车企业对网络营销的认识和投入不足。汽车项目在开展网上营销活动时，应明确企业创建网站的目标，做出完整的计划，包括目的、市场调研、所需的资源、资金分配、预期效果等。由于网络营销是建立在日新月异的网络技术之上的，网络技术的发展反过来要求企业经常更新和维护网站，这会使企业在网络上的投入逐步增加。目前，不少企业满足于建立一个网站，不愿意追加投入，当然不能取得良好的营销效果。

三、汽车网络营销模式

根据新型消费者的购车行为习惯，结合我国迅猛发展的互联网、多媒体技术，汽车企业当下开展网络营销的主要模式有以下几种。

1. 汽车企业官网营销

汽车企业官网营销是指汽车制造商通过创建自己的官方网站，以视频、声音、图片和文字的形式向网站的访问者介绍企业和企业的产品。

网站是目前大多数汽车企业向用户推广自己品牌的首推选择。访问者通过站点了解到车型的配置价格、产品亮点、品牌故事、新闻活动、特约经销商等，甚至可以在线预约试车、下载图片和视频、提出问题等。可以说，官方网站是汽车企业推广产品、品牌的一个形象窗口。

例如，奥迪官方网站除了发布企业新闻、车型等信息外，还开通了奥迪论坛等互动栏目，定期举办在线活动与消费者进行双向沟通，甚至邀请出征勒芒耐力赛的奥迪车队赛车手进行网上访谈等。

【案例 3-1】

大众 POLO：线上跟踪，线下"抢"车

2010 年下半年，为了配合新 POLO 上市，让更多的人体验新车的性能，大众汽车公司精心策划了一场"抢车"活动，希望借这个活动增强与消费者之间的互动，实现新车上市的热度传播及体验。

整个活动持续 8 天，在这 8 天的时间里，大众公司提供一辆崭新的 POLO 汽车作为公共财产，任何人都可以试驾。当然，其他人看到这辆车也可以进行拦截，拦截成功即可换下前面的人继续驾驶，最终谁开的距离最远，谁就能拥有这辆新车。

线下的活动开始后，因为不可能覆盖到所有城市，所以网络上的参与也显得很重要。大众汽车公司比较厉害的是在车上安装了视频监控设备，并安排一个人跟车陪驾。这样，整个活动的视频都通过网络进行直播，网络上可以实时看到车上体验者的真实反映。借助汽车上的导航设备，人们在网上也可以看到汽车当前行驶在哪个地方。

很多网友通过线上的直播观察到车的行驶位置，再到线下地点去拦截，拦截成功就拥有了汽车的驾驶权。在网络直播的视频中，可以看到很多人都抱怨被拦截得太快了，驾车的时间太短。

除此之外，大众汽车公司还利用社区平台，在平台上制作了一款类似游戏的互动广告，和现实活动一样，谁把汽车抢到自己的个人主页上，并且汽车在主页上待的时间最长，谁就能获得一定的奖品。

在媒体的宣传上，从开始的电视宣传，到社交网站上的互动广告，再到号召知名博客参加等，着实让更多的人了解了大众新 POLO 汽车。最后的数据显示：9 天内，网站浏览量为 357000 人次、视频观看时间总计 34500 小时，社交媒体上还有海量的留言。

案例点评：新车上市，通常使用的营销方法总是那么老套：搞个试驾会，最多在试驾会本身做足文章，例如举办贴地飞行秀、时尚品鉴会等。如何让试驾本身具备病毒式的传播效应，大众汽车公司的这次线上线下"抢车"活动给出了很好的样本。

很多时候，互动机制都是一环套一环的，非常复杂，但是如果有独特的创意和创新的体验，互动其实也可以很简单。例如大众汽车公司这次的活动：网友通过线上直播观察到车的行驶位置，线下看到此车即可进行拦截，拦截成功即可驾驶，最终谁开的距离最远，谁就可以拥有这辆 POLO 汽车。

这种网络营销方式，的确很有趣，这也为新 POLO 的上市推广聚集了巨大的推动力。
（此案例选自《实战商业智慧》杂志 2011 年第 3 期总 172 期）

2. 搜索引擎推广

该模式适用于汽车制造商进行长期的网络营销宣传推广，可以帮助消费者快速找到相应的站点。汽车企业可把自身的产品、服务等以关键词的形式在搜索平台上加以推广，用少量的投入就可以给企业带来大量的客户，有效提升企业销售额，达到低成本、高回报的效果。

3. 综合门户推广

门户网站是指通向某类综合性互联网信息资源并提供有关信息服务的应用系统。典型的门户网站有新浪、网易、搜狐、腾讯等。

热门的综合门户网站是汽车经销商推广品牌的一个很好的广告媒体。很多汽车企业与综合门户网站的合作主要有两种方式：一种是在新品牌推广期在其网站首页进行集中规模的广告宣传；另一种是开设长期的汽车频道，一般包括新闻、车型、导购、用车、答疑和社区等栏目，消费者可以在其中查询指定车型所有经销商的信息、最新的车市活动等。现在，很多理性的消费者在购买新车之前，都会对选择范围内的车型进行一个性价比的计算，而综合门户网站的汽车频道便是这些消费者很好的购车指南。

4. 汽车网络直销模式

在直销模式下构建网络营销，不仅可以减少分销过程中所需的分支机构建设费用、分销商开支等费用，还能够降低直销模式辐射范围狭小的劣势所带来的风险。企业建立专属的网络营销平台，客户通过访问平台即可获取产品信息、购买汽车、预约上牌服务等。

电动汽车生产厂商特斯拉（Tesla）主要就是采用直销模式。该模式直接击中了传统汽车销售方式的软肋，颠覆了传统的汽车市场格局，通过建立体验店的方式向客户展示新能源汽车。客户们可以自由体验样车，学习电动汽车常识，预约试驾，但并不需要在店里做出购买决定，而是通过网上预订的方式购买汽车。

【案例3-2】
"厂家互联网直销＋线下品牌体验店"营销模式

目前，一些汽车品牌也在尝试以全新的"厂家互联网直销＋线下品牌体验店"模式取代传统的代理商销售模式，真正掀起了汽车行业网络销售的"渠道革命"。

2012年4月24日，在第12届北京国际车展上，江淮汽车旗下A0级轿车江淮悦悦品牌宣布正式进驻天猫旗舰店。在江淮悦悦官方旗舰店的优惠活动中，其网购直销优惠至3.68万元，并提供3000元节能惠民补贴。在淘宝集市店试销期间，悦悦凭借良好的性价比，仅在安徽等地小范围试销推广，在不到20天的时间内就创下了近200辆的销售佳绩，并且远远超出淘宝销售汽车的成交率水平。

针对悦悦的网络销售，江淮轿车在遍布全国的几百家4S店中首批选定175家4S店来完成悦悦的试驾、提车和售后服务，而悦悦品牌的销售渠道则全部转移至线上进行。由于网络直销减少了库存、物流、营销等方面的成本，厂家直销价比以往便宜了将近三成，原先线下卖4万多元的悦悦，现在在天猫旗舰店仅以3.68万元起售。不得不说，这在大幅提高悦悦在同级别车型中的产品竞争力的同时，也让消费者、销售商和厂商都从中获益，创造性地实现了三方共赢。

其实近几年来网上购车已不新鲜，从奔驰SMART团购到汽车半价秒杀，从奔驰C轿车置换活动到雪佛兰迈瑞宝新车网络首发，都是在线上完成的。而江淮悦悦不同的是，其销售完全采用线上直销模式，线下的4S店则不再销售悦悦品牌的汽车，堪称是最彻底的网络售车。

"厂家互联网直销＋线下品牌体验店"的"1＋1渠道模式"的展开，实现了不同城市网购门槛的无差异化。

5. 互联网经销商平台模式

互联网经销商平台模式是一种整合营销模式，即经销商通过实现与相关利益主体的合作来为客户提供完整的、特色化的服务，例如基于网络平台，汽车经销商实现与制造商、金融机构等的合作，为客户提供在线营销、在线支付等服务，更为便捷。例如，车易达、180迈购车网等互联网经销商平台是当前发展较好的平台。

6. 专业汽车站点营销

垂直类专业汽车网站是提供购车资讯和购车服务的一种汽车网络营销平台，专注于网上汽车销售业务。它与汽车频道不同的是其专业性，它专注于网上汽车销售业务。和综合性门户网站不同，垂直网站的注意力集中在某些特定的领域或某种特定的需求上。垂直网站依靠提供某个特定领域或需求的全部深度信息和服务来吸引和留住互联网用户。汽车之家、太平洋汽车网、易车网、中国汽车网、车168等网站都是我国较为知名的汽车垂直网站。

7. 微博营销

微博是一种允许用户及时更新简短文本（通常为140字）并可以公开发布的博客形式，是一个基于用户关系信息分享、传播以及获取的平台。微博允许任何人阅读或者只能由用户选择的群组阅读。

微博最大的特点就是集成化和开放化，消费者可以通过手机，以及gtalk、MSN、QQ、skype等在线聊天工具发布消息。汽车销售企业可在微博上进行营销和与用户交互。微博营销的优点是操作简单、信息发布便捷、互动性强、成本低和针对性强。在微博营销当中，人气是基础。成功的微博营销案例见案例3-3至案例3-5。

【案例3-3】
宝骏汽车的"微博三步走"

宝骏主推经典款730车型，智能手动挡，拥有不熄火、不滑坡、低能耗、高智能等特点。宝骏在微博通过简单3步，实现了完美的营销闭环。

第1步：夺人眼球，大量曝光：宝骏选择了微博大图Card的广告形式，在信息流中广告展现十分抢眼。通过对汽车进行外观展示和性能描述，迅速吸引关注，完成了日均超过30万次的高曝光量，提高了品牌的知名度。

第2步：品牌展现，深度沟通：微博大图Card在大屏展现的同时，能以点击图片或文字的方式外链到品牌页，与受众进行深度对话。宝骏通过3个"第一个"来传递品牌理念——敢于尝新的人值得被奖赏，形成了价值认同和情感共鸣，俘获了大批用户，建立了消费者联结。

第3步：客资收集，品效合一：通过品牌页与消费者的深度沟通，最终落地到销售层面的客资收集页。感性的"产品性能"说完了，再说理性的"奖赏优惠"：预约试驾＋减免6000元的优惠活动促成了大量转化，形成了有效的营销闭环，实现了品效合一。

【案例3-4】
沃尔沃：明星效应微博先行互动人次超1.5亿

2019年，沃尔沃签约林书豪，打造Volvo—林书豪中国行，借用新媒体优势，掀起了一股传播热潮，实现了1550119人次的有效互动，而实际点击的人次超过了1.5亿。整个传播期间，与Volvo相关的众多关键词的百度搜索指数上升了234%～600%。

沃尔沃选择华裔球星林书豪，原因是他是美国NBA联赛中近50年来首位拥有哈佛大学经济学专业背景的睿智精英，并且打破了由诸多巨星保持的多项NBA纪录，本身关注度就极高；再辅以新媒体宣传，通过官方微博第一时间独家发送信息，掀起第一轮传播热潮。继而推出了林书豪与李书福微访谈，与众多网友进行实时互动，并带动门户网站、平面媒体等的主动跟进。线下落地活动则通过BBS、SNS及微博等渠道传播，通过电视植入，掀起了新一轮的传播热潮。

沃尔沃打造的Volvo—林书豪中国行利用新媒体优势，实现了新媒体与传统媒体的无缝链接，不仅有效地扩大了传播量，而且使得沃尔沃的品牌内涵及产品特质得到了一个提升。

【案例3-5】
哈弗H6：百万粉丝追"神车"

作为一款年度"神车"，哈弗H6 2017年在微博上发布名为"百万粉丝追神车"的话题，并同步开展"转发微博送哈弗H6一年使用权"活动，引发了热潮。超级接地气的互动形式，比拼创意、特色的直播，微博搭建的社交传播渠道，帮助哈弗H6官微迅速涨粉，品牌认知度再上一个新台阶。

8. 网上 4S 店

网上 4S 店是通过整合多方面资源将传统 4S 店和网络营销优势相结合后打造的一个全新模式的汽车展示销售平台。在平台上，汽车经销商可以发布车型报价、试驾、维修、维护预约服务等功能，提供针对企业微博运营的精准数据分析服务，以及更高效的沟通管理后台。

网上 4S 店通过模拟线下售车的全过程，让汽车购销双方在足不出户的情况下即可实现网上看车、选车、咨询、订单生成的全过程，突破了时间和空间的限制，轻松便捷地完成了选车、购车的全过程，同时还可享受线下 4S 店没有的各种特别优惠。

网上 4S 店具有非常大的优势，一方面可加强受众与品牌、受众与受众的互动，通过品牌在网络当中的全面展示以及受众的全面了解，满足了生产商对品牌的展示需求和销售商对销售的需求，同时最大限度地满足了消费者的多元化需求。同时，消费者与消费者可以进行互动，多项互动共同促进消费者对产品和品牌的认知、了解，能产生巨大的口碑效应，通过用户口碑传播来提高产品和品牌的知名度和影响力，树立品牌形象。另一方面，与传统的汽车营销模式相比，网上 4S 店的最大优势在于整合了文字、图片、音频、视频和网络等技术。特别是网络独具的 3D 功能，为生产商品牌的推广和宣传提供了创新营销平台。通过发挥 3D 技术的优势，汽车得以多维度地展现在受众面前，观众能够更为直观地感受汽车的整体外观、车体结构和乘坐空间，使品牌得到全面展示。

四、汽车网络营销业务

（一）汽车网络营销业务核心职责

目前，由于汽车线上销售还不成熟，利用网络平台获得客户线索后往往是通过电话营销平台邀约客户到店，最终线下成交。因此，当前汽车网络营销业务主要是网络媒体日常维护和网络营销策划运营。

1）运营与维护网络平台：按照厂家规范及营销要求运营与维护网络平台。

2）推广网络平台：研究经销商露出规范，结合社会化媒体推广网络平台增加曝光。

3）策划实施网络专案：结合区域及店面活动规划并落实适用于自身的网络专案，扩大线索源。

4）自媒体运营：维护企业的微博、微信和官网等自营运媒体，连接客户。

（二）常用网络媒体的选择

1. 媒体选择的考虑要素

跟传统媒体一样，网络媒体必须制订一个媒体组合策略。选择网络媒体不能仅看短期的效益，还需要通过了解竞争对手和客户的行为习惯来选择最佳的媒体投放。

在进行网络营销媒体的选择时，可通过以下 3 个方面进行竞争分析：

1）竞争对手使用过哪些媒体？

2）客户喜欢通过哪些媒体来找到我们？

3）搜索垂直媒体的分析报告。

2. 网络营销渠道选择

汽车经销商应根据城市级别、媒体影响力以及客户对媒体的认知度进行网络渠道选择。同城同集团经销商根据媒体在当地的影响力合理选择媒体，避免扎堆，分散选择媒体可网罗不同媒体的线索。一二线城市所有经销商，网络营销力度较大的三四线城市内所有经销商，建议选择两家或更多合作媒体开展合作。若条件允许，可鼓励经销商选择补充的媒体，如精准媒体、自运营的官网，建立自己的营销平台。

3. 常用的垂直媒体分析

只有对常用的网络媒体进行分析，才能根据经销店的实际情况、客户的需求等进行网络媒体的选择。表 3-3 是对常用垂直媒体进行的分析。

表 3-3　常用垂直媒体优劣势分析

媒　　体	优　　势	劣　　势
易车网	提供多种营销工具，包括：经销商信息推广集客工具、网站建设工具、多号码支持的呼叫中心系统、商机收集潜在客户转化工具、销售顾问数字助手、百度搜索引擎营销工具、微信及社区营销工具、二手车营销推广工具	全国合作商家数多，资源刷新频率快，入口下沉快
	落地城市覆盖面广，便于提供到店辅导服务	
汽车之家	拥有大量有效且活跃的潜在客户	全国合作商家数多，资源刷新频率快，入口下沉快
	点击率和回复率高	
	社区覆盖面广及活跃度高	
	优质的销售线索	
太平洋汽车网	专业的汽车评测、实用的汽车导购、精准的车市行情	直营城市较少，代理分站的服务、执行力参差不齐
	拥有庞大的网络用户群体	
	全国渠道网络、共享太平洋集团六大网站资源	
爱卡汽车网	覆盖面广、及时大量总结全国行情	非直营的代理分站在信息的接受及执行上有所迟滞
	精准超大车型报价库	
	积极配合线下活动执行及资讯传递	
搜狐汽车	互联网用户覆盖面广	经销商会员产品服务经验尚浅
	门户属性的汽车网站，线索源与其他垂直类媒体重合度较小	
网上车市	拥有方便用户选车的工具、视频展示、绑定手机功能、来店转移功能	网民关注度下降，集客能力下降
	丰富的站外推广资源	
汽车点评网	积极的用户交流	新兴媒体，网友认知度稍弱
	集合百度和搜狗的推广资源	
	提供二手车管理服务	

（三）网络媒体资源应用技巧

（1）垂直媒体互动应用　通过主流垂直媒体平台获取客户良好的网络体验和销售线索的捕获，例如 I 车商、车易通。

（2）媒体专案策划与执行　结合店面或线下活动，甄选网络媒体及点位，策划活动方案，促进线上客户良好的终端体验及线索的有效转化。

（3）社会化媒体应用　利用论坛、微博、微信等开放式的社交媒体进行品牌口碑传播，进而捕获销售线索。

（4）搜索引擎及官网运营　通过百度、360、搜狗等搜索媒体进行关键词及网盟推广，引流至自建网站的落地页，获取多渠道客户体验及线索捕获。

（四）网络专员工作职责

1）负责经销商网络平台的推广与执行。

2）负责经销商网络媒体投放效果分析与执行。

3）负责经销商网络销售线索在线答疑。

4）负责经销商网络销售线索意向核实、资料整理及提交。

5）负责网络软文的撰写。

6）负责网络线索的统计与分析。

7）负责配合市场部策划网络活动。

（五）网络营销的业务流程

网络营销运营管理要遵循网络营销业务流程，提高网络营销效率。精细化、标准化的业务流程，可将复杂的业务过程分解为易于理解和清晰的阶段目标和步骤，提高网络营销人员的工作效率，减少管理人员由于目标不明确、职责不清经常充当"救火队员"的现象，以及网络客户资源的浪费。一汽大众的网络营销业务流程如图3-9所示。

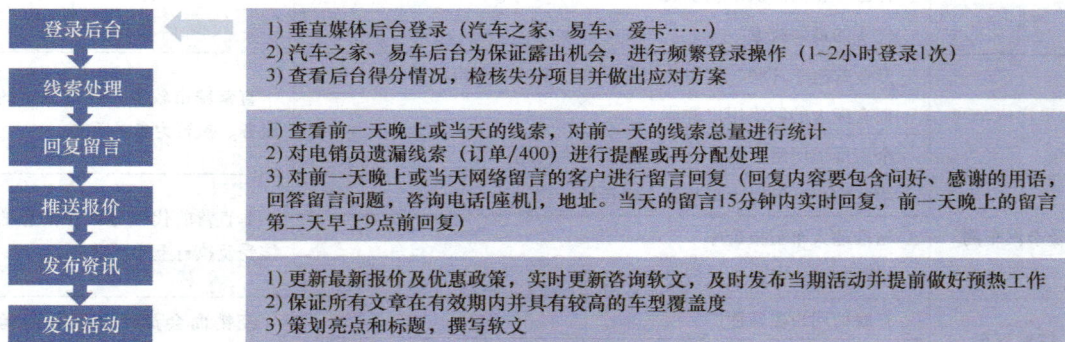

图3-9　一汽大众的网络营销业务流程

五、汽车网络营销营运技巧

网络营销的客户线索主要来源于垂直媒体、自有网站（经销商网站）、其他媒体、厂家推送、微信微博等，而绝大部分网络客户线索来自于垂直媒体（占90%左右）。目前，常用的垂直媒体有易车网、汽车之家、太平洋汽车网、爱卡汽车网、搜狐汽车、网上车市、汽车点评网等。

（一）汽车网络营销营运的基本要求

进行网络营销媒体平台营运时，必须对客户兴趣进行分析，掌握客户感兴趣的文章类型，并且要深入了解媒体规则，掌握并充分利用露出规则，频繁推送客户感兴趣的文章，保证曝光率。汽车之家网络平台营运技巧如图3-10所示。

1. 软文内容吸引潜在客户

分析网络媒体后台数据报表，总结不同车型客户群体的点击时间，感兴趣的软文内容和

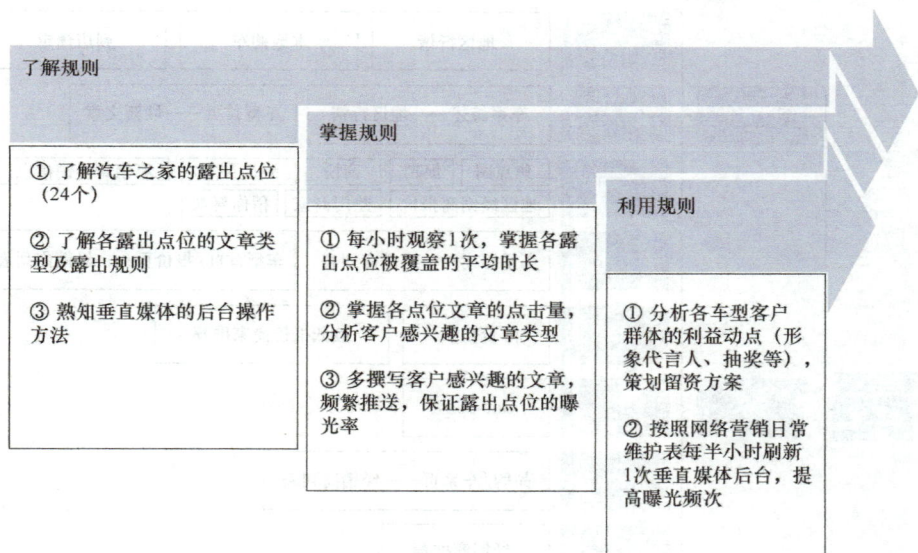

了解规则

① 了解汽车之家的露出点位（24个）

② 了解各露出点位的文章类型及露出规则

③ 熟知垂直媒体的后台操作方法

掌握规则

① 每小时观察1次，掌握各露出点位被覆盖的平均时长

② 掌握各点位文章的点击量，分析客户感兴趣的文章类型

③ 多撰写客户感兴趣的文章，频繁推送，保证露出点位的曝光率

利用规则

① 分析各车型客户群体的利益动点（形象代言人、抽奖等），策划留资方案

② 按照网络营销日常维护表每半小时刷新1次垂直媒体后台，提高曝光频次

图 3-10　汽车之家网络平台营运技巧

活动类型，针对客户的兴趣点撰写相应的软文，提高客户浏览量和点击率，从而提高线索量。

2. 做好网络媒体后台，争得更多露出点位

熟知网络媒体规则，维护好网络平台，网络销售经理（或网络销售主管）协助数字营销专员策划网络软文活动，吸引客户点击；其次为策划线上活动，诱导客户留资。

（二）垂直媒体的运营技巧

由于垂直媒体的线索量占据网络媒体总线索量的 90% 左右，因此必须要做好垂直媒体的运营，掌握运营规则和实际操作流程。另外，标题和软文的撰写要有一定的技巧。

1. 垂直媒体的规则和操作技巧

垂直媒体的点位露出规则：

1）焦点图文章提取时，优先判断是否有广告投放，未投放则正常展示文章，已投放则将文章向后顺延展示。

2）分站点焦点图、促销、商情、优惠促销/到店预订、经销商促销信息采用同样的提取规则：时间近 > 时间远、行情 > 促销模块、高版本 > 低版本。

3）按商家排重，车系不排重。

汽车之家的 5 大关键页面分别为本地站首页、车系页面、全国站页面、产品库页面和论坛页面，这些关键页面的露出点位汇总如图 3-11 所示。汽车之家全国首页——本地行情露出点位案例如图 3-12 所示。

2. 经销商会员站点运营技巧

经销商会员站点通过焦点图、店面图片、软文标题、软文内容、网友提问、销售顾问展示、汽车用品等内容进行操作，如图 3-13 所示。

焦点图的设计应突出当前推出的活动，更容易给客户造成冲击感，吸引客户贡献更多点击量，以获得更多的客户线索。图 3-14 所示为日产经销商会员站点焦点图。

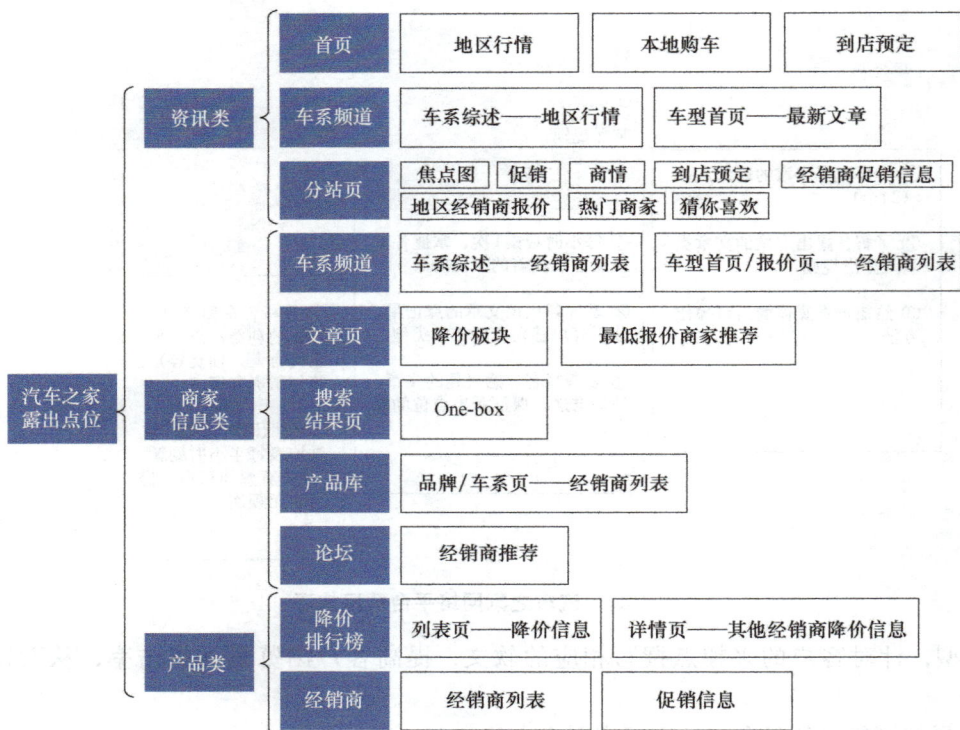

图 3-11 汽车之家的 5 大关键页面露出点位汇总

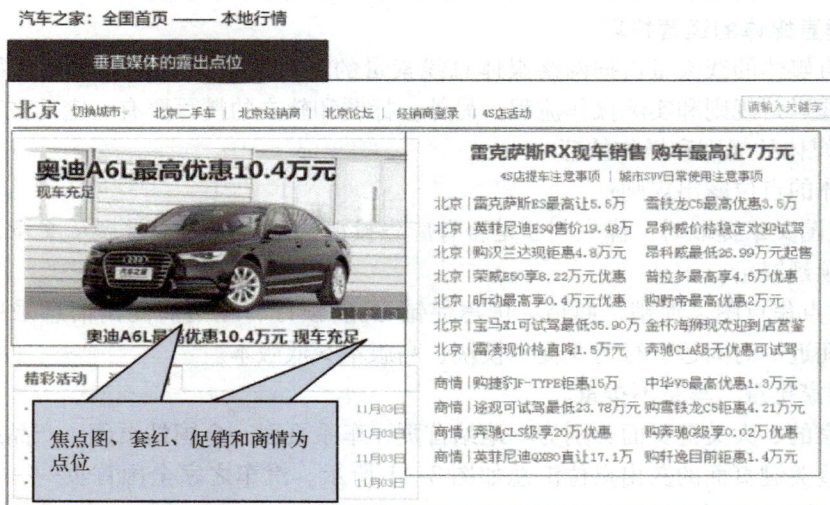

图 3-12 汽车之家全国首页——本地行情露出点位案例

店面图片的设计应选用带有本店奖项的图片，有利于品牌宣传，提升品牌美誉度，增强客户对品牌的信任感，提升客户选择该店的概率。图 3-15 所示为斯巴鲁经销商会员站点店面图片。

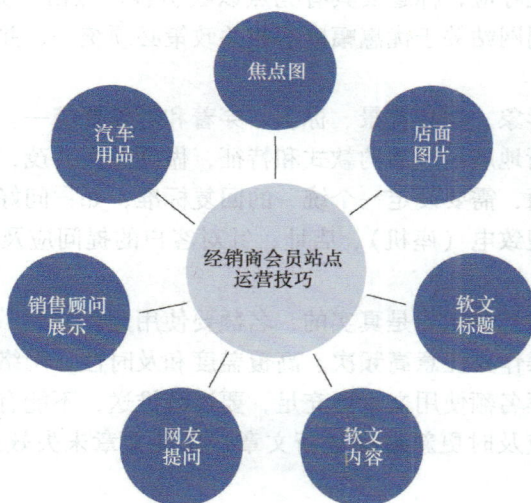

图 3-13　经销商会员站点操作板块

这张焦点图可以突出当前所推出的活动，当客户多次浏览车型图片时，看到印有活动类型或宣传语的图片，会更容易产生冲击感，从而能贡献更多点击量。

图 3-14　日产经销商会员站点焦点图

图 3-15　斯巴鲁经销商会员站点店面图片

标题和软文应该相互呼应，标题要具有亮点以吸引客户点击，促销活动内容体现置换、信贷、活动等内容。不同网站关于优惠幅度等相关政策必须统一，并且详细解释本次优惠与常规优惠的不同。

销售人员代表品牌形象，图片背景、标识、穿着和形象要统一。

汽车用品图片要清晰地展示产品的款式和特征，做到图文并茂，以使客户看得更直观。

在回复网友提问方面，需要设定一个统一的回复标准，如：问好、感谢来电或关注、清晰地回答客户问题、欢迎致电（座机）、店址；针对客户的提问应及时回复，使得用户体验更高。

主推车型要明确，并且一定要是真实的，名额要使用完。

对于会员页后台的操作要注意高频次、高覆盖度和及时性，网络专员要保证每天及时登录和处理订单线索，推荐名额使用文章要充足，要连续推送，不能有中断，否则会导致后台积分丢失严重。同时，应及时更新或推送新文章，保证文章未失效或过期，覆盖度不能低于 10%。

3. 微信运营与操作技巧

（1）微信营运业务流程　汽车经销商微信官方公众号具有功能、管理、推广、统计等模块，每个模块都包含多项功能。微信营运业务流程如图 3-16 所示。

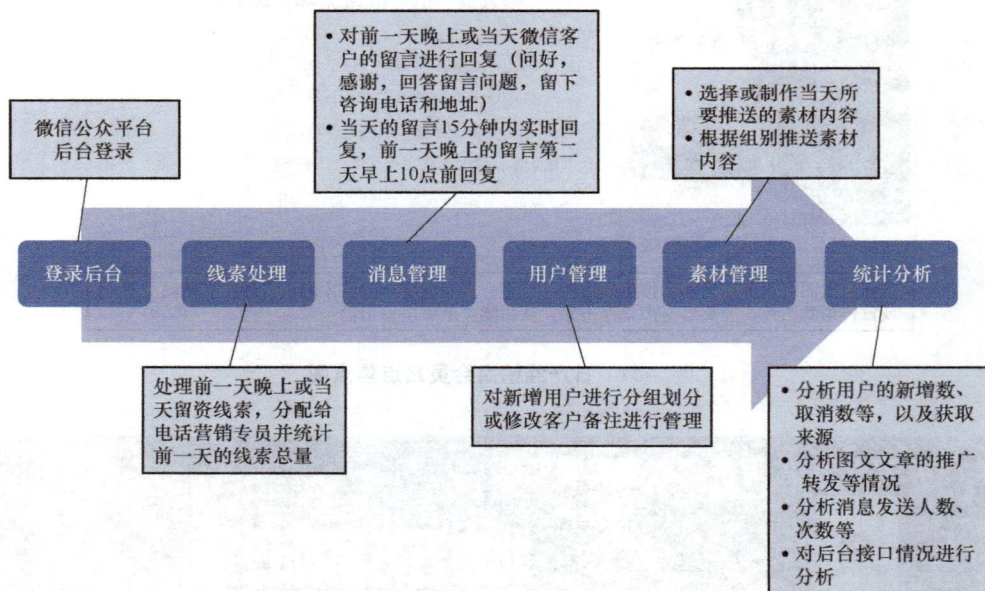

图 3-16　微信营运业务流程图

1）功能模块：包括群发功能、自动回复、自定义菜单、投票管理、添加功能插件等。该模块可以根据需要对文字、语音、图片、视频、录音等信息进行选择性群发与传播，也可通过设置关键词实现自动回复功能，并自主增加多种个性化服务功能，还可以借助投票管理进行日常宣传、推广和传播。

2）管理模块：包括消息管理、用户管理和素材管理等。该模块可对新用户进行分组、更改备注名称和新用户分组管理，素材管理可以对要发送的信息进行策划、撰写和编辑。

3）推广模块：包括广告主、流量主。

4）统计模块：包括用户分析、图文分析、消息分析和接口分析。该模块可以对用户、图文信息、消息及接口功能进行基础数据的转发和分享数量、次数以及阅读量分析。接口可以分析其稳定性和实效性。

（2）微信重要指标

1）阅读率。阅读率可用于判断文章、标题是否吸引人。

2）新增关注人数。分析这些人员的来源，有针对性地向这类人群进行推广。

3）取消人数。了解取消关注的人为什么取消，针对这些取消人数进行针对性地把控。

（3）微信发布内容与发布时间 微信发布内容与发布时间的对应关系见表3-4。

表3-4 微信发布内容与发布时间

发布时间	发布内容
周一	企业活动或内部通知 新闻咨询类 用车常识类
周三、周四	服务活动类 优惠促销类 试乘试驾活动
周末	健康养生、快乐出行指南、特色餐饮 本期活动过程展示 下周活动预告

（三）网络营销策划技巧

吸引顾客留资是网络营销策划的一个重要目的，通过策划活动亮点、设计软文结构、技巧撰写软文来获得顾客的关注，进而提高顾客留资率。

1. 促销策划

一般常用的促销软文当中有"进店有礼相送、购车有礼"等内容，这些购车礼、试驾礼均称为附加价值，通过附加价值来凸显额外的利益和优惠。

促销策划一般可采用9大元素：现金优惠、礼包、金融政策、抽奖、保险、定金、限量、精品和增配。通常以多重礼形式出现来吸引客户留资。

【案例3-6】

促销策划1：现金优惠、礼包、限量、保险、增配
- 迈腾精装版让利3万元！全系8.6折起再送4000元礼包。
- 限量99辆6周年纪念版，0元升级6大配置，再送全险！

促销策划2：组合促销
- 活动现场最高可享30000元购车礼包！
- 人民币保卫战，定金十倍翻！交100变3000，活动现场上演升值奇迹！

- 购车再参加幸运大抽奖！LED 电视抬回家！100% 中奖！
- 老客户介绍新客户购车最高享 4000 元大礼！
- 限量 6 辆厂家直供车，董事长特批价，再送价值 6800 元导航仪！
- 999 换 8680！新车必备精品，一券全包！
- 给您安全感：买行车记录仪，送 3 年保险。

促销策划 3：14 重礼

只需要您拨打一个电话：010-88888888，我们给您 14 重礼。

- 试驾礼：到店试驾可获精美礼包 1 份
- 普庆礼：订车送豪华吸尘器 1 台
- 清凉礼：订车送耗材礼包 1 份
- 订车礼：订车继续送高档棉被
- 续航礼：部分车型可享最高 800 元加油卡
- 惊喜礼：订车即有机会参与 ×× 鉴宝活动
- 无忧礼：加入 ×× 俱乐部，保养费我们付

- 精装礼：全系车型欧冠，大师版特惠来袭
- 护航礼：进店即享免费 4 轮冲氮气
- 机油礼：见面"油"礼，机油买四送一
- 金融礼：首付一半，新车免息
- 置换礼：置换新车可获得 2000km 免费保养
- 评估礼：到店评估可享耗材礼包 1 份
- 续保礼：到店续保可获得千元保养券

还在犹豫什么？赶紧拿起电话！团购热线：010-88888888　QQ：88888888。

2. 促销软文

网络营销软文结构包括概述、正文、签名、配图、标题，并且要注意排版布局。软文标题要有亮点，明确促销活动经销店的名称、时间和地点，突出促销活动能给客户带来的利益。一汽大众的促销软文（正文）如图 3-17 和案例 3-7 所示。

由于微信具有信息浓缩、有趣、有型的特点，微信软文一般应简明、重点突出、准确达意，具备前瞻性、逆向思维和批判思维，并且要图文并茂、传情达意。

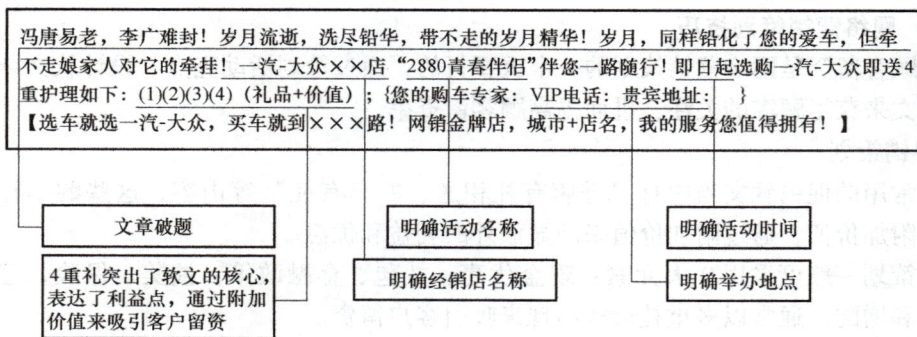

冯唐易老，李广难封！岁月流逝，洗尽铅华，带不走的岁月精华！岁月，同样铅化了您的爱车，但牵不走娘家人对它的牵挂！一汽-大众 ×× 店"2880青春伴侣"伴您一路随行！即日起选购一汽-大众即送 4 重护理如下：(1)(2)(3)(4)（礼品+价值）；{您的购车专家：VIP电话：贵宾地址：}
【选车就选一汽-大众，买车就到 ××× 路！网销金牌店，城市+店名，我的服务您值得拥有！】

- 文章破题
- 4重礼突出了软文的核心，表达了利益点，通过附加价值来吸引客户留资
- 明确活动名称
- 明确经销店名称
- 明确活动时间
- 明确举办地点

图 3-17　一汽大众的促销软文（正文）

【案例 3-7】

促销软文（正文）——限时购

×× （店名）限时购！巅峰让利，让您享受前所未有的优惠！再赢万元购车基金，千元加油卡！放价啦！史上最强优惠来袭！没有大动静，怎敢惊动您！20 辆五星级纪念版车型等您来，0 首付、0 月供、0 利率、0 压力！进店看车即可获赠 100 元电话卡，订车

即有机会获得丽江双人游、手机、电视机、滚筒洗衣机、万元大礼包、千元加油卡等。报名热线：010-88888888！买一汽大众，到五星级经销商××××（店名）！我们不只是专业！一汽大众品牌现有客户送加油卡，保养费用我们付，置换一汽-大众即享礼包，地址：×××××××××，详情热线：010-88888888！

✖【任务实施】

🖥️ 任务要求

依据网络营销的相关知识，对以下案例进行分析，并思考以下问题。

📖 任务载体

【案例 3-8】

视频营销新模式——雪佛兰科鲁兹挥洒"十一度青春"

雪佛兰科鲁兹携手中影集团与优酷网，组织了 10 位中国当代年轻的新锐导演，共同创作了主题为"我奋斗、我表现——十一度青春"的网络电影系列，并整合了优酷网视频平台和中影集团院线的优势资源进行全方位传播。借助科鲁兹奋斗精神在整个十一度青春活动中的不断体现，提升其产品在网络受众中的美誉度，建立起科鲁兹与年轻一代消费群体在情感上的共鸣。

效果：

十一度青春活动影响广泛，成为国内外媒体关注的焦点，国内上百家主流媒体以及多家海外媒体，纷纷进行影片及活动的相关追踪报道。

活动和影片所引起的关于城市生存话题、都市婚恋观等现象的大讨论，已经形成媒体专题焦点频频登报。

🖨️ 任务思考

思考：根据以上案例，你认为，汽车网络视频营销要获得较好的效果最关键的因素是什么？如果某汽车品牌 SUV 新车上市，你是该品牌汽车企业的营销策划人员，你会如何充分利用网络营销进行新车销售，使得短时间之内该车型获得广大客户的关注和认可，并促进该车型的进一步销售？请完成表 3-5 的填写。

表 3-5　某汽车品牌 SUV 新车上市网络营销策划内容

策划目标	
采用的网络营销手段 （可用多种）	
网络营销效果预测	

任务三 　认识汽车电话营销

【知识目标】

➐ 了解汽车电话营销（DCC）的作用。
➐ 掌握汽车电话营销（DCC）的工作流程。
➐ 掌握汽车电话营销的流程及技巧。
➐ 掌握汽车电话营销的电话接听技巧。

【技能目标】

➐ 能做好呼入和呼出电话的准备工作。
➐ 能参照汽车电话营销的流程和技巧，利用电话进行有效的汽车产品销售。
➐ 能灵活、有效地处理电话营销过程中遇到的客户异议，激发客户对产品或服务的兴趣，促使客户亲自到店体验。

【任务剖析】

　　汽车电话营销是近年来发展非常迅速的一种新兴的营销方式，也是汽车营销发展的主要趋势，因此，汽车营销人员应该掌握汽车电话营销业务流程、销售流程和技巧，才能提高电话邀约和成交的比例。

【知识准备】

一、汽车电话营销

（一）电话营销业务的意义和作用

1. 电话营销业务的意义

1）对于厂家来说，电话营销有助于加快客户响应时间，提升客户服务品质。获得客户信息后，可以第一时间为客户提供服务，使客户感受到企业以客户为中心的服务。同时，电话营销人员严格按照企业的电话接待流程来接待客户，为客户选车、购车提供专业的介绍，从而提升服务品质。

2）对于经销商来说，电话营销有助于快速转化高意向客户，培育开发低意向客户。根据销售线索分析进行分类，对高意向客户进行及时有效的跟进，根据店内的促销活动邀约 H 级[⊖]客户到店，促成成交，对帮助店内完成线索转化；针对 A 级客户进行产品介绍，解决客户对产品的异议，化解阻碍，实现成交；对于低意向客户则进行关系的建立，给客户留下印象，在购车上提供专业服务，和客户建立信任关系；针对 B 级和 C 级客户进行不断的沟通，直至转化成交，提升店内销量。

　⊖ 关于级别的划分标准，后文有详细介绍。

2. 电话营销业务的作用

汽车电话营销（DCC）和汽车展厅销售并不是完全不同的销售方式，电话营销更多的是对展厅销售的补充和提升。开展汽车电话营销的作用有以下几个：

1）提升非展厅客户的利用率，减少潜在客户的流失，提升到店率和成交率。

2）避免漏接展厅电话，提高电话接听服务质量和留档率。

3）提供准确数据分析，指导广告宣传和外展活动。

4）与展厅销售形成良性竞争，激发展厅销售潜能。

（二）电话营销业务的主要职责

电话营销是对展厅销售的一种补充和提升，在具有足够多销售线索的基础上，将潜在客户转化为订单和保有客户。

电话营销业务的核心任务是邀请客户到店，其目的并不是在电话中成交，而是通过电话渠道对线索进行统计与分析并确定市场宣传方向，同时根据客户的需求分析进行级别划分，再根据级别进行跟进，才能符合客户需求，提升客户到店率。一般电话专员的主要职能如下：

1）4S店销售热线处理，来电线索跟踪销售。

4S店所做的所有线上宣传，最终通过客户到店和来电数据的结果体现出来。对于保有客户而言，销售热线是4S店最重要的联系方式之一。

2）厂家CRM分配商机线索的跟踪销售。

商机线索，即厂家CRM获取并派发给4S店的、有意向购车或试驾的客户信息，主要来自服务热线、品牌官网、产品网站、车主俱乐部网站、二手车网站、厂家组织的产品展示和试驾活动、厂家开展的外部数据库营销合作等。厂家分配4S店的商机线索是4S店销售线索来源之一，且试驾和购车意向明确，客户需求响应时间紧迫，4S店应第一时间快速处理厂家商机线索，响应客户需求。

3）网站上收集的线索跟踪销售。

汽车品牌的网络营销投入比重占其总营销投入的比重越来越大，相应地，各品牌及其4S店从网络上获得的销售量也越来越多，电话营销中心能够很好地对网络线索进行有效跟踪。

4）4S店保有客户再购、换购和推荐线索跟踪销售。

5）4S店潜在客户开发，从中获取线索并进行跟踪销售。

6）战败和失控的线索跟踪。

7）4S店外展收集的线索跟踪销售。

总的来说，电话营销专员的职责包括接听所有来电并解答客户的问题，对所有留存信息的客户、厂家提供的各种意向客户，以及展厅销售顾问的失单客户进行跟踪、邀约、回访和接待。

（三）电话营销线索渠道来源

客户线索包括网络咨询、电话咨询、外展获得、厂家推荐等，为了规范管理，提高客户销量，这些客户线索统一归于电话营销部门，由电话营销部门负责跟进成交。一汽-大众电话营销线索渠道来源见表3-6。

1）电话咨询：指通过各种渠道（一般互联网渠道为主）了解后，最终通过电话咨询4S

店的渠道。这种渠道客户数量较多。

2）外展获得：指通过外出展示的活动（如小区展示等），现场获取意向客户的渠道。一般来讲，这种渠道客户数量较多，但质量低。

3）厂家推荐：通过 OA（Office Automation，即办公自动化）系统下发客户的渠道。这种渠道客户数量较少。

4）网络咨询：通过互联网渠道查询、了解汽车相关参数，并通过网络平台进行咨询或者试乘试驾预约的渠道。这种渠道客户数量较多。

网络咨询是目前最主要的获取客户信息的方式。网络营销平台主要包括专业汽车垂直网站、专业论坛、门户网站、二手车交易平台、本地生活网站、百度推广、百度知道、QQ、微博等。

目前，主流的汽车垂直类网站包括汽车之家、易车网、太平洋汽车网、爱卡汽车等。根据集客线索分析，垂直门户类网站的集客线索量占总集客线索量的90%以上。

表3-6　一汽-大众电话营销线索渠道来源与电话专员的主要工作内容

线索渠道来源		说　明
线索来源	销售热线	销售热线呼入产生的有效线索
	垂直媒体	垂直媒体（易车网、汽车之家、太平洋汽车网、爱卡汽车、网上车市、搜狐汽车）产生的有效销售线索
	总部下发	总部官网、车展、路演和市场活动等渠道收集的有效线索
	自有渠道	经销商自有网站、微博、微信、市场活动收集的有效销售线索
主 要 任 务		说　明
线索跟进	集客	通过各个渠道的销售线索进行客户信息收集，及时准确地记录并录入 DS-CRM 系统
	清洗/甄别	对新客户和留存客户进行购车意向级别的划分（H、A、B、C）
	客户维系	按照客户级别有效跟踪维系，并适时对客户信息加以补充
	客户回访邀约	根据不同类型和级别的意向客户，有针对性地使用邀约话术，吸引客户到店

（四）电话营销客户级别划分

为了更好地进行客户需求分析，电话专员要根据真实的计划购车时间对客户级别进行判定，针对不同级别客户的需求制订不同的应对方法。例如对于留有有效电话号码并在3天内有购车意向的客户，应加大筹码邀请到店；对于留有有效电话号码并在7天内有购车意向的客户，则应化解阻碍邀请到店；对于其他的客户则着重建立关系、培育开发。一汽大众电话营销客户级别标准定义和沟通频次见表3-7。

表3-7　一汽-大众电话营销客户级别标准定义和沟通频次

（1）级别标准定义

■ H 级：留有有效电话号码并在3天内有购车意向的客户
■ A 级：留有有效电话号码并在7天内有购车意向的客户
■ B 级：留有有效电话号码或有效邮箱（任一即可），并在1个月内有购车意向的客户
■ C 级：留有有效电话号码或有效邮箱（任一即可），2个月及更久有购车意向的客户

（续）

（2）客户的沟通频次

- H 级：每 1 天或根据客户约定沟通 1 次
- A 级：每 3 天或根据客户约定沟通 1 次
- B 级：每 7 天或根据客户约定沟通 1 次
- C 级：每 15 天或根据客户约定沟通 1 次

二、电话营销工作流程

电话营销（DCC）部门一般由电话专员、销售顾问组成。电话专员一般包括呼入专员和呼出专员，主要负责销售线索的客户筛选、留档、管理、邀约处理。销售顾问则负责所有邀约到店客户的接待、谈判、交车等销售工作。

电话营销（DCC）工作流程如图 3-18 所示，具体内容如下：

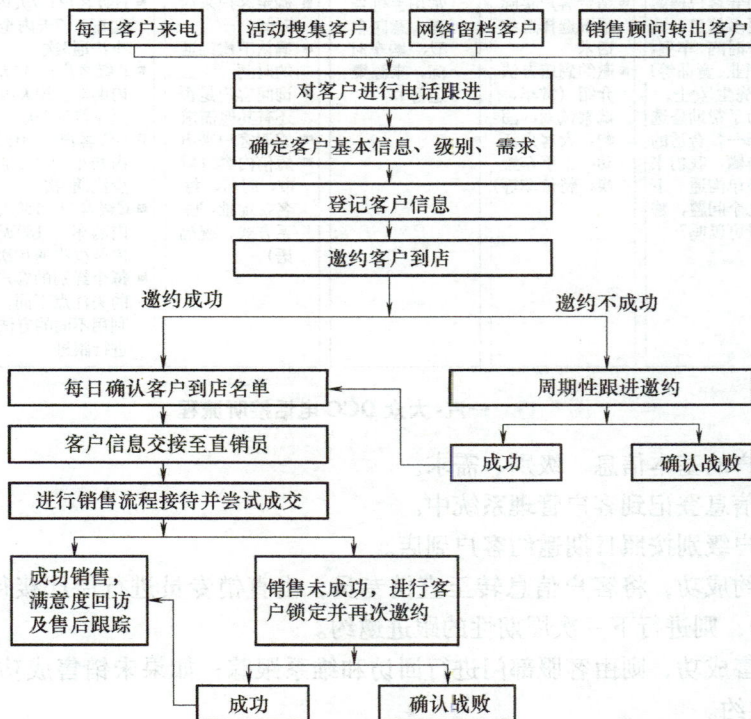

图 3-18 电话营销（DCC）工作流程

1）每天由电话专员对每日客户来电、活动搜集客户、网络留档客户、销售顾问转出客户进行整理、接听、回访跟进。来电客户登记表见表 3-8。一汽- 大众 DCC 电话接听流程如图 3-19 所示。

表 3-8　来电客户登记表——电话营销中心

年　　月　　日

客户姓名	电话	地址/邮箱	性别	意向车型	意向车型颜色	来电时间	客户信息来源	要点记录	意向试驾（乘）车型

客户信息来源：1. 电视；2. 报纸；3. 网络；4. 杂志；5. 朋友推荐；6. 展会；7. 广播；8. 促销活动；9. 其他

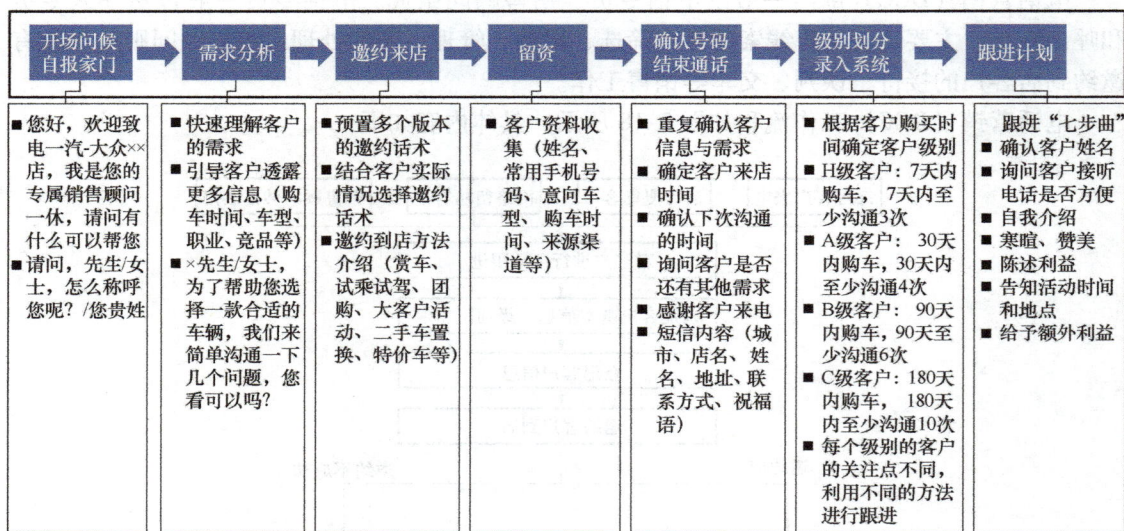

图 3-19　一汽-大众 DCC 电话接听流程

2）确认客户的基本信息、级别、需求。

3）将客户信息登记到客户管理系统中。

4）根据客户级别按照日期邀约客户到店。

5）如果邀约成功，将客户信息转至直销专员，由直销专员进行展厅接待并促进成交。如果未邀约成功，则进行下一次周期性的跟进邀约。

6）如果销售成功，则由客服部门进行回访和维系跟踪；如果未销售成功，转回电话专员，继续回访邀约。

7）如果客户确认不购车，由电话专员确认战败（3 个月内无购车意向），并由客服部门进行战败审核确认。

三、电话销售流程

汽车电话销售独立于展厅销售，与展厅销售是同级，都隶属于销售部，都要完成一定的销售任务，如图 3-20 所示。汽车电话销售与展厅销售流程包含的环节均相同，只是"客户获取"和"销售促进"这两个环节的工作内容有一定的差异。"客户获取"环节的客户线索来源有所区别，汽车电话销售的客户线索主要来源于销售热线电话咨询、垂直媒体网络咨询、总部下发厂家推荐、自有渠道，而展厅销售的客户线索则是来源于自行到店客户、老客户介绍的新客户等。"销售促进"环节，展厅销售和电话销售在工作内容方面具有差异，下面以广汽本田汽车的销售流程为例进行说明，如图3-21和图3-22所示。展厅销售的流程的各个环节已经在"展厅接洽"当中详细介绍过了，下面主要针对汽车电话销售的"销售促进"环节进行说明。

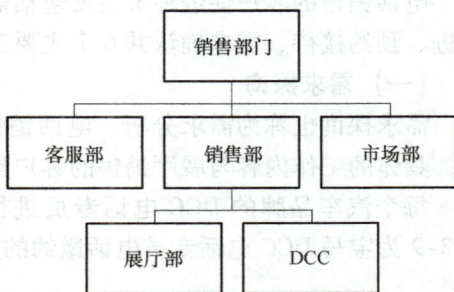

图 3-20　广汽本田销售部门组织架构

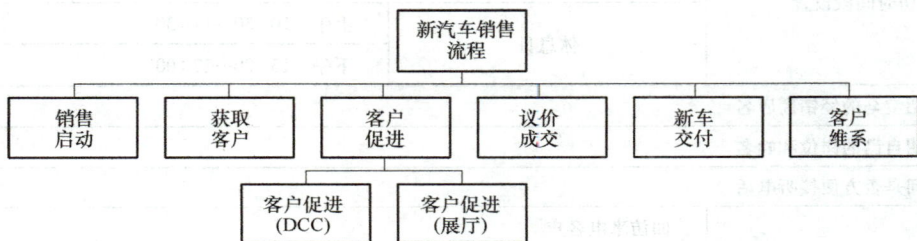

图 3-21　广汽本田汽车销售流程（2016 版）

汽车销售当中，通过潜在客户的开发获取客户之后，汽车电话销售与展厅销售一样，都进入了"销售促进"环节。在该环节当中，电话销售和展厅销售的具体工作内容有所不同，如图 3-22 所示。

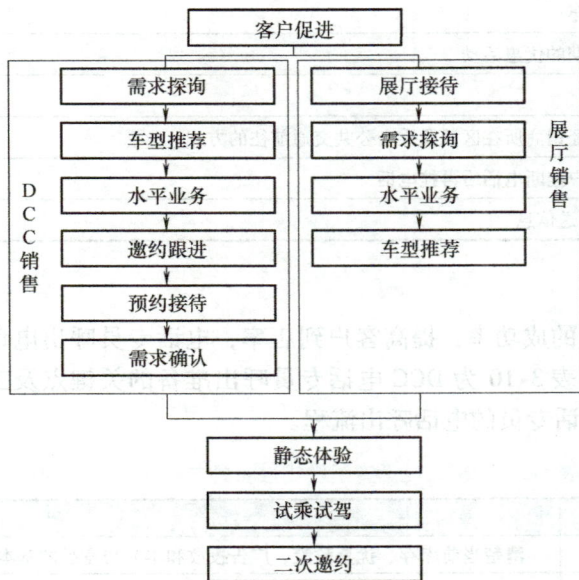

图 3-22　广汽本田汽车销售流程中电话销售和展厅销售"客户促进"环节的对比

电话销售的客户促进环节主要包括需求探询、车型推荐、水平业务（增值服务）、邀约跟进、预约接待、需求确认共6个主要工作项目。

（一）需求探询

需求探询也称为需求分析。电话销售的需求分析主要是由电话专员通过电话跟进完成的，具体的工作内容与展厅销售的客户到店进行的需求分析有所不同。

每个汽车品牌的DCC电话专员进行电话回访（或邀约）时，都有一定的业务标准。表3-9为宝马DCC电话专员电话邀约的业务标准。

表3-9 宝马DCC电话专员电话邀约的业务标准

电话回访标准		
回访时间段设置	工作日	上午 10：00—12：00
		下午 14：00—17：00
	休息日	上午 10：30—11：30
		下午 15：00—17：00
主动介绍宝马的经销商店名		
主动表明自己的岗位和姓名		
主动询问是否方便接听电话		
按照客户类型表明致电目的	回访来电客户	
	宝马分配的客户	
	经销商网络客户	
	展厅转入客户	
	经销商保有客户	
主动邀请客户到访宝马经销商		
主动邀请客户试驾宝马汽车		
主动介绍宝马和经销商当期的优惠活动		
再次确认客户联系方式		
根据客户需要，详细介绍经销商所在区域及乘坐公共交通前往的方式		
感谢客户接受回访，等客户挂断电话后再挂电话		
挂机后30分钟内给客户发送信息		

1. 呼出准备

为了提高电话邀约的成功率，提高客户到店率，电话专员呼出电话前要进行充分准备，并且依据一定的流程。表3-10为DCC电话专员呼出准备的关键点及工作内容，图3-23所示为一汽-大众DCC电话专员的电话呼出流程。

表3-10 DCC电话专员呼出准备的关键点及工作内容

关 键 点	工 作 内 容
了解销售资讯	清楚当前库存、优惠政策、广告投放和本品与竞品的基本信息
回顾客户信息	呼出前查看DMS和工具表单，回顾顾客的各种信息
规划回访时间	根据顾客的情况或者事先的约定，选择在恰当的时间拨打电话

（续）

关　键　点	工　作　内　容
制订沟通方案	根据客户需求，制订沟通策略与目标，准备好内容，避免仓促应答
确定致电环境	确定周围的环境不会干扰通话
备齐销售工具	准备好纸、笔、计算器、报价单等工具和资料
保持正确姿势	非持笔手握话筒，持笔手记录，耳朵贴近听筒，嘴和话筒相距约4厘米
调整沟通心态	调整好自身的情绪和心态，用热情、积极的态度与客户交流

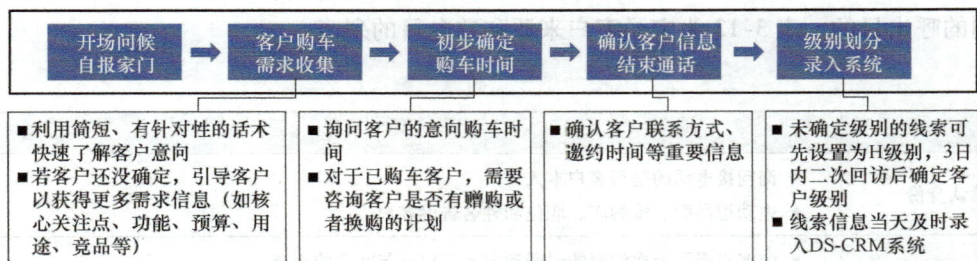

图 3-23　一汽-大众 DCC 电话专员的电话呼出流程

电话呼出要选好时间，打电话时，如非重要事情，尽量避开受话人休息、用餐的时间，而且最好不在节假日打扰对方。同时，还要考虑到各地区的不同特点，选择恰当的时间给客户打电话。一般客户邀约时间建议见表3-11。

表 3-11　客户职业及建议邀约时间

职　业	时　间	职　业	时　间	职　业	时　间
商场经理	节假外 10：00—12：00　14：30—16：00	宾馆领导	9：00 以前　12：00—14：00	专家顾问	10：00—15：00
网络工程师	比较随意	老师/教授	12：00—14：00	公司领导	10：30 以后
服装个体户	8：00—12：30　14：30—17：30	店面老板	8：00—12：30　14：30—17：30	保险经理	11：00—16：00
美容美发师	下午 14：30 以前	建筑工程师	11：00 以前	门诊医生	最不好掌握
注册会计师	11：00—14：00　16：00—17：30	政府干部	11：00—14：00　16：00—17：30	独立炒股人	9 点以前，15：00 以后
私家车司机	8：00—10：30　14：00—16：00	公交车驾驶员	最不好掌握	餐厅老板	10：30—11：30　14：30—17：00
小公司老板	10：30—15：30	公安/警察	10：30—14：30　16：30—17：30	银行员工	9：00 以前　17：00 以前
自由职业者	10：30 以前	施工队老板	最不好掌握	公司白领	10：30 以后
证券经纪人	8：30 以前 16 点以前	银行领导	10：30 以前　16：00 以前	保险业务员	10：00 以后
记者撰稿人	14：00 以前	广告业务员	10：30—16：30	医护人员	11：30—13：30　16：00—17：00
无业人员	11：00 以后	法律顾问	非常随意		

同时，要掌握通话时长。打电话前，要预先准备好要与客户沟通的内容，以便节约通话时间。通常，一次通话不应长于 3 分钟，即所谓的 "3 分钟原则"。电话专员首次接触客户时，可简短、快速地确认客户购车意向，再通过第一遍回访，用最少的时间把无效线索过滤掉。

2. 破冰——营造轻松氛围

由于破冰的目的是营造与客户一个轻松的通话氛围，因此在通话过程中要避免直接进入主题，以和客户的工作、生活相关的话题展开，从客户的需求出发，以解决客户的疑虑出发导入需求分析环节，见表 3-12。同时，在说明呼出电话来意时，要结合客户来源的不同选择不同的呼出目的。表 3-13 为宝马客户来源和致电目的列表。

表 3-12　DCC 电话专员破冰关键点及具体内容

关 键 点	具 体 内 容
确认身份	• 询问接电话的是否客户本人 • 主动把品牌、特约店、职位和姓名告诉客户
说明来意	• 向客户提及上次沟通的时间和方式，拉近与客户的距离 • 从与客户的约定、客户的需求或疑问出发，给客户一个合情合理的呼出原因
确认通话	• 询问客户目前是否方便接听电话 • 客户表示不方便接听电话时，应及时表示歉意并使用封闭式问题约定再次联系的时间 • 在与客户约定的时间，准时给客户拨打电话

表 3-13　宝马来源和致电目的列表

客 户 来 源	致 电 目 的
来电客户	此次致电是邀请您参加宝马 7 系顶级试驾体验活动，我们希望活动能对您的购车计划提供帮助。另外，我们还为您准备了精美的礼品，希望您能喜欢
宝马分配客户	是这样，我们从宝马 5 系尊享版试驾活动中获知您的联系方式，请问您对我们的 5 系是否还感兴趣呢 现在我们店刚好有几辆不同颜色的 5 系样车，希望您能亲自到店看看并试驾一下
经销商网络客户	您之前在我们店的微博中留言咨询宝马 3 系产品，请问有哪些可以帮助您的呢？您看什么时间方便可以亲自到店看看并试驾一下
展厅转入客户	您在 ×月 ×日光临了我们店，请问您对我们店当时提供的服务是否满意呢？您对宝马 1 系车型进行了一些了解，请问您对我们的 1 系是否还感兴趣呢
经销商保有客户 （基盘客户）	您的 ×× 车已经在我们店维修、维护 2 年了，非常感谢您对宝马的支持。我们为您准备了精美的礼品，希望您能喜欢。另外，此次致电还想了解一下您近期是否有换车计划或者您身边亲友是否有购车计划

3. 询问

DCC 电话专员在致电进行客户询问时，首先要理解客户的主要开场白。一般来说，客户接电话后首先提的几个问题主要是咨询车型、价格和优惠政策，可以通过 "试探客户的留店意图→分析客户问题→增加细节问题" 3 个步骤询问，以进行顾客需求分析。对于细节问题的询问，主要是采用 5W2H 进行，通过需求探寻，根据获取的客户信息可以判断客户购车意向的高低。表 3-14 为 DCC 电话专员询问关键点及建议内容。

表 3-14　DCC 电话专员询问关键点及建议内容

关 键 点	具 体 内 容
回归正题	成功破冰之后，立即进行进入正题交流 尽量选用开放式问题，采用不以买车为目的的话术
提问引导	确认基本购车信息 追问客户所述内容细节方面的问题 随时记录客户所述内容的关键点
问题过渡	适时认可客户的观点并进行赞美 站在客户的角度给予贴心的建议 总结、归纳客户需求，并将汽车性能与客户需求进行关联

电话专员在对客户进行询问时，通常需要采取一定的技巧，一般有确认式询问和引导式询问两种。

【话术范例】

确认式询问：

"××先生，您看宝马 5 系的产品能满足您的需求吗?"

"××先生，我这样说可以解决您对这个问题的疑问了吗?"

引导式询问：

"××先生，我已经了解到了您对于油耗的看法，那么您对车辆安全性方面是怎样看的?"

4. 需求总结

DCC 电话专员必须要对基于客户交流所获得的信息进行总结和归纳，这样才能针对客户需求进行车型推荐。需求总结一般分以下两个步骤进行：

1）总结客户信息：结合客户需求与车辆性能、配置进行归纳表述，同时检查有无遗漏。

2）整理记录内容：随时补充记录时疏漏的关键点。宝马回访客户资料记录表见表 3-15。

表 3-15　宝马回访客户资料记录表

电话营销顾问 2012 年 ×月回访客户资料记录表													
序号	回访日期	回访时间	客户姓名	联系方式	客户来电日期	意向车型	购车意向	上次通话描述	回访次数	本次回访描述	是否战败	预计到店时间	预计下次回访时间	电话营销顾问
1	5.2	9：15	王××	1860…	5.1	740Li	热	计划月底之前购车	1	后天上午11 点到店	否	5.4	5.2	何七

（续）

					电话营销顾问2012年×月回访客户资料记录表								
序号	回访日期	回访时间	客户姓名	联系方式	客户来电日期	意向车型	购车意向	上次通话描述	回访次数	本次回访描述	是否战败	预计到店时间	预计下次回访时间	电话营销顾问
2	5.4	10：30	张××	1880…	5.1	X1	温	对比奥迪Q5，家住附近	1	已经试驾奥迪Q5，想在12号下午3点试驾宝马	否	5.12	5.10	高六
…														
合计														

（二）车型推荐

DCC电话专员进行车型推荐时，与推荐展厅销售的车型的方法基本相同，差别主要在于DCC电话专员主要是通过语言进行推荐，以鼓励客户到店看车。而展厅销售不但可以通过语言，还可以借助展厅的实车进行推荐。表3-16为DCC电话专员进行车型推荐的关键点及具体内容。

表 3-16　DCC 电话专员进行车型推荐的关键点及具体内容

关 键 点	具 体 内 容
复述客户需求	复述通话初期已了解到的客户需求，通过提问获得客户的确认
客户需求转化	根据客户的用车需求，转化为车辆相应的配置性能，并解释原因
推荐车型并分析原因	根据需求转化得出结论，推荐车型，给客户提供多种选择 帮助客户分析原因，论证所推荐的车型能够满足客户的需求 征询客户的意见，强化客户需求
总结所推荐车型优势	总结所推荐车型的全方位优势 激发客户再次到店的兴趣

（三）水平业务（增值业务）

在电话专员推介增值业务时，其技巧和规范与展厅销售的增值业务推介基本相同，只是展厅销售由于在展厅中进行，可以针对不同的增值业务进行实地展示；而电话专员主要是通过语言进行推荐和说明，具体规范参照"展厅接洽"当中展厅销售的增值业务推介要求，这里不再重复。

（四）邀约跟进

1. 邀约准备

DCC 电话专员邀约准备的关键点及具体内容见表 3-17。

表 3-17　DCC 电话专员邀约准备的关键点及具体内容

关 键 点	具 体 内 容
回顾信息	使用 DMS 回顾信息，按照意向级别规划跟进次序
制订计划	设计开场话术，营造销售气氛，制作邀约理由
资料准备	准备销售类资料，例如车型资料增值业务资料、竞品资料、最新售前和售后促销信息、车辆库存表等 各类辅助类资料，例如售后服务信息、内部通讯录等（与展厅销售所需准备的资料是一样的）

【案例 3-9】

邀约电话开场话术

您好！我是××4S店的销售顾问××，请问您是××先生吗？

▶（网站意向客户）您好，我收到了您在×××网站上提交的××车试驾（购车）申请，现在需要确认一下您的简单信息，可能要耽误您一分钟时间，您现在方便接电话吗？

▶（车展意向客户）××先生/女士，您好！我是××品牌××4S店的销售顾问×××，非常感谢您能抽空在×月×日的车展上光临我们展台（完成我们的意向调查）！我们了解到您对我们的新车比较有兴趣，近期我们有一个××××试乘试驾活动（活动主题突出这款车的一个好处），我帮您安排一下怎么样？

▶（保有客户资源）您好，感谢您××年（客户购车年限）以来对×××品牌的支持。我们近期正在开展一个专门针对老用户的回馈活动，机会难得，我给您简单介绍一下……（告知再购或置换政策）。

▶（品牌客服中心客户资源）我们从××品牌客服中心了解到，您想参加×××新车的试乘试驾活动（您想购买××新车/您想参加××新车的置换活动），很高兴可以为您服务。

2. 互动邀约与确认邀约

互动邀约的主要目的是化解客户异议，并引发客户的到店冲动。电话专员互动邀约与确认邀约的关键点及具体内容见表3-18。

表 3-18　电话专员互动邀约与确认邀约的关键点及具体内容

关 键 点	具 体 内 容
询问客户异议	询问客户关于产品的疑问 询问客户关于价格的疑问 询问客户的其他疑问
澄清客户异议	利用话术技巧解决客户疑虑 利用话术技巧突出本品、本店、本人的优势
引发客户冲动	利用客户感兴趣的活动邀约 利用客户感兴趣的话题邀约 利用客户急需澄清的异议邀约
确认邀约	确认客户接受邀约，表示感谢 询问客户到店细节，如具体时间、陪同人员等

通常，汽车电话营销人员主要采用如下的一些利益点来吸引客户到店：价格实惠，相比其他店有优惠；手续方便，一站式，全程服务；交易安全快捷；感恩回馈新老客户等。利益介绍的推进过程为：引发注意→提起兴趣→提升欲望→建议行动，以提高客户邀约的成功率。

【案例 3-10】

邀约到店话术——团购活动邀约

先生/小姐，您一定要来！"东风雪铁龙成立 20 周年，10 亿元增值特惠，置换 C5 感恩回购双重礼"除了享受免费评估，选择置换还有更多的优惠。您看哪天来，我为您安排 C5 新车的试乘试驾，周末可以吗？

邀约到店话术——闭店优惠活动邀约

先生/小姐，本次活动仅限周六上午 9 点到 12 点，礼品丰厚，名额有限。我先帮您预订报名好吗？——引发注意

您之前也来我们店看过，正好我们有一个闭店优惠销售活动（厂家领导/销售部长/总经理签售），名额有限，我先试着给您申请一个名额好吗？——提起兴趣

我们即将进行"激情欧冠，室外烧烤"的活动（根据店内活动）。您可以带上您的家人朋友一起来参加，领取礼品的同时还能让专业评估师帮您免费评估。您看您到时候几个人过来，我先帮您登记一下。——提升欲望、建议行动

客户提问：现在有旧车换新车优惠吗？

销售顾问：先生/小姐，请问如何称呼您呢？

销售顾问：××先生/小姐，您现在有看中的车型吗？能告知我您现在的车的情况吗？我们有国家认证的高级评估师提供免费评估服务，您这个星期哪天有空来店，我们帮您评估一下，再安排您试驾一下你想购置的车？

3. 邀约结束

DCC 电话专员邀约结束的关键点及具体内容见表 3-19。

表 3-19　DCC 电话专员邀约结束的关键点及具体内容

关　键　点	具　体　内　容
挂电话前	感谢客户对本次电话的接听 询问是否还需要帮助 表示随时可以提供帮助
挂电话时	等待客户挂机 确认客户挂机后再挂断电话
挂电话后	将客户信息全部登记入档 挂机 30 分钟内发送感谢短信，再次介绍本店和自己

【案例 3-11】

邀约结束——短信跟踪法

● 成功邀约：您好，我是刚刚给您致电的销售顾问××。感谢您对××××汽车品牌的关注！本店地址位于××××，恭候您来店赏车试驾。祝您愉快！

● 未能成功邀约：您好，我是刚刚给您致电的销售顾问××。感谢您对×× 车型的关注！以后再有您关注的信息，我会及时跟您联系，祝您生活愉快！

4. 确认战败

不同的汽车品牌都根据客户意向制订了销售线索战败流程及战败标准。在邀约过程当中，如果电话专员确认战败，需要向部门主管申请战败，经审核后才能确认是否真正为战败客户；如果申请被驳回，则需要进行跟踪。图 3-24 所示为一汽-大众电话营销战败审核流程。

一汽-大众的战败标准为满足以下 3 个条件当中的一个：

1）客户已经购买车辆。

2）客户明确表示不考虑大众品牌。

3）客户的电话号码已注销。

（五）预约接待

如果客户接受邀约，那么 DCC 电话专员要在预约时间前一天与客户确认到店相关事宜，其关键点和具体内容见表 3-20。

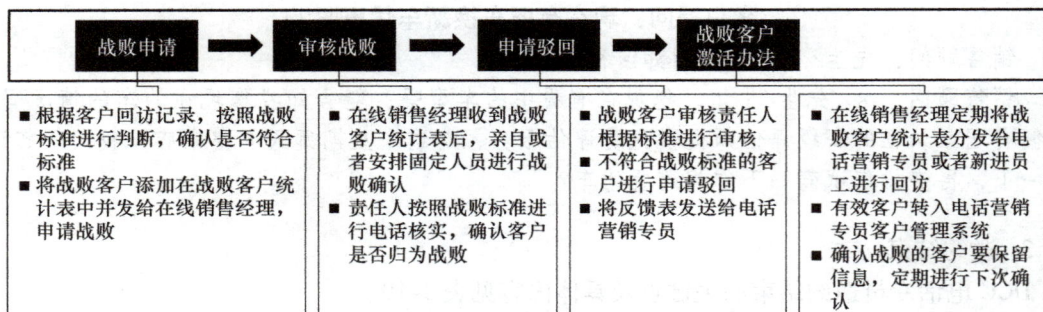

图 3-24　一汽-大众电话营销战败审核流程

表 3-20　DCC 电话专员确认客户到店与预约接待的关键点及具体内容

关 键 点	具 体 内 容
信息准备	时间信息准备：在预约时间的前一天再次与客户确认到店时间，提前 1 天告知前台次日邀约到店客户的名单 交通信息准备：客户到店方式、到店路线、路线备选方案、交通状况 客户情况回顾：年龄、性别、工作职位与生活区域、兴趣爱好和购车用途、购车时间和预算、目标车型及其了解程度、车辆颜色等偏好、价格和竞品了解程度、决策者、驾驶者、增换购意愿等 接待策略制订：分析客户信息，进行话术、技巧、工具、文件、资料等的准备
到店指引	电话跟进：预定时间前 2 小时确认客户情况，预估到店时间；重点告知客户，自己将于预定时间在展厅门口等待，电话引荐 IDCC 直销专员 交通指引：客户到店方式、到店路线、路线备选方案、交通状况 提前等候：电话专员和直销专员提前 10 分钟在展厅销售前台一起等候客户 保安引导：上前敬礼并亲切问候，询问客户贵姓，主动进行指引（包括停车、展厅位置、维修接待等）；使用对讲机告知销售前台待岗人员客户的称呼和来意 上前迎接：提前等待人员（电话专员和直销人员）主动向客户鞠躬，亲切招呼客户；若客户开车到店，主动为客户开车门，必要时打伞遮阳或挡雨 确认客户：确认是否为等待的客户，由电话专员先做自我介绍并递上名片 真诚问候：门口值岗人员向客户朗声问候，所有与客户有目光接触的展厅工作人员都要面带微笑点头致意
到店接待	引荐：寒暄，引荐直销专员，增强客户信心，并说明交接原因 交接：直销专员递送名片，做自我介绍 引导落座：直销人员按照接待礼仪引导客户到洽谈区，递送茶水

【例】DCC 电话专员引荐直销专员话术

DCC 电话专员："××先生/女士，之前和您提到过，我们在不同环节都由专人为您服务，接下来就由××直销专员为您介绍。之前向您推荐过他，非常专业，请您放心，您的购车需求我已经转达给他了，他一定会为您提供周到的服务！"

【例】 DCC 直销专员自荐话术

DCC 直销专员："××先生/女士,您好! 我姓×,您可以叫我小×,接下来由我为您服务,您有什么需求,尽管向我提。了解到这次购车是为了给您太太用,而且车型外观已经得到您太太的肯定了,对吧?"

此外,电话专员应该对电话量进行自我管理,对每日、每周的电话销售统计表进行分析,并进行电话销售的评估。一般采用每日、每周的电话销售统计表进行统计。

(六) 需求确认

由于之前的邀约跟进是由电话专员完成的,而客户邀约到店后是由 DCC 销售顾问负责接待的,因此 DCC 销售顾问引导客户到洽谈区落座后,必须要对客户的需求进行进一步确认,具体见表3-21。

表3-21 DCC 销售顾问再次进行需求确认的关键点及具体内容

关 键 点	具 体 内 容
导入需求	待客户落座后与客户沟通,复述通过电话或互联网获取的客户需求 提供客户所需的信息 告知客户后面要进行的体验的流程和内容
对比需求	发掘需求:与客户共同回忆到店前的需求后,询问客户是否有更改或增减 客观回应:对客户提出的需求和疑问给出专业、客观的回答
按需推荐	与客户共同确认需求并记录 针对性地向客户推荐合适的车型 按照客户需求提供合适的增值业务(水平业务)方案

(七) 电话销售流程的后续销售环节

电话销售流程在"客户促进"环节的操作步骤和具体内容与展厅销售有所差异,但是"客户促进"的静态体验(产品介绍)、试乘试驾、二次邀约的工作项目和后续的议价成交、新车交付、售后跟踪环节与展厅销售是一样的。

电话营销部门按照客户分类的时间节点进行跟踪回访,并在客户管理系统中登记客户回访信息,以便做下一次的回访。

四、电话专员常见问题应对与提问技巧

(一) 常见问题

1. 结束通话后客户记不住自己的名字

应对措施:

1) 给自己取一个好记的昵称(原则上好记、好听,适合自己的声音特质),例如糖糖、甜甜、姗姗、萍萍等。

2) 在通话过程中,第一时间获得客户尊称,告知客户自己的昵称,并多次重复自己的昵称,直到客户在电话中喊自己的昵称。例:糖糖为你推荐……糖糖觉得这款配置很适合……糖糖为您找一位最专业的销售顾问……

2. 客户在电话中过多地询问车型及配置

应对措施：

1）不详细介绍配置、功能、价格等具体细节，强调品牌和产品的感觉，提升客户到店的欲望。

【例】××先生，您问的这款车是我们展厅里面最受关注、最畅销的车型之一！车型配置是在选车过程中根据您的用车需要来选择的，我们不但要看配置，还要看操控舒适性和经济性等方面，您说对吗？建议您参加我们店的试驾活动，亲身感受宝马带给您的愉悦体验，这样您可以对5系产品有个全面的了解。××先生，您看您什么时间比较方便，我帮您安排一下。

2）赞美认同。

【例】客户对油耗有异议。

客户："你这个3.0T排量的宝马5系油耗很高吧?"

电话专员："您这个问题问得非常好，很多客户和您一样都非常关心节能的问题！

3）荣誉奖项。

【例】×××通过了双五星碰撞标准，绝对是您最安全的选择……

4）客户评价。

【例】客户使用后都说这款车型……

社会认同、专家名人、口碑等感性、正面的词汇表达要多使用，以引发客户的兴趣，帮助他们树立信心。同时，利用数字引导、引发客户进一步了解的欲望，进而邀请客户到店。

5）详细介绍。对客户买车后的使用场景进行场景描述和假想，从中找到扩大客户需求的契机，并通过讲故事的方式进行积极引导。

【例】三口之家使用呀，那李先生一定会用到我们的×××、×××配置，那一定是您家宝宝出行最安全、最实用的必备配置了……

3. 客户主动提问，电话专员被动回答

应对措施

1）铺垫法：回答客户问题时多用赞美或认同，这应该成为专业销售人员的口头语。

赞美及认同是从情感上贴近客户，给自己大脑一个思考空间，考虑下一步的应对策略和话术。

化解被动对应局面，为转移客户话题留出余地，通过转换话题，引导及增强客户的信心，从而促成邀约到店。

【例】客户：这款车型符合国六排放标准吗？

电话专员：李先生，看得出您对车辆是否环保特别关注，我们的这款车型符合……还有如下四大环保配置……

2）导引法：通过数字的例证和展示车型优势来引导及增强客户的信心，从而促成邀约到店。

【例】客户：你们新款的1.6T真的省油吗？

电话专员：您终于问到这个问题了！相信给您介绍过以下三点后，您肯定会更加喜欢这款车了！第一……

【例】客户：听说你们的车有很多小毛病啊？

电话专员：郑先生，看得出来您对车辆的质量和耐用性非常关心！这个问题很重要，这可是买车、选车必须要考虑的四大方面之一……

4. 客户不愿意留下联系方式

应对措施：

（1）基本动作

1）主动询问客户的相关信息（联系方式、地址）。

"××先生，那我记录一下您的联系方式！3分钟以后，我把我们店的具体位置和我的手机号通过短信发送到您的手机上，您有什么问题可以直接联系我。"（建议用自己手机发送。）

"××先生，我们店经常会有一些相关活动，其中肯定会有您所关心的。我记下您手机号码，我们随时联系，好吗？"

2）主动核实客户的相关信息。

"××先生，请问这个尾号为＊＊＊＊的号码可以联系到您本人吗？还是我们选择合适的时间拨打您家里或公司的电话？为了能将宣传手册/购车信息准确无误地寄到您手上，我与您核对一下地址好吗？"

3）根据实际情况，适当暗示自己不会随意打电话骚扰对方。

"××先生，请您放心，我们会在您允许的时段内和您联系，及时让您了解到您所关心的信息！您看您希望了解哪方面的信息？什么时间和您联系比较好呢？我们公司有相关的服务和活动时，我会及时给您发个短信。您放心，不会打扰到您的。"

（2）三大方法

1）社会认同：很多顾客都说……很多顾客都觉得……很多顾客都评价……

2）利益诱导：为了感谢您的来电，我们现在有个电话预约有礼的活动，凭短信可以领取价值168元的礼品，请问您的手机号是×××××××××吗？

3）假定成功：我3分钟后给您发个短信，您来看车时可以凭此短信得到1份精美礼品，作为初次见面我们店的一点心意……

（3）常用技巧

1）疑问解答转移法。

客户：你们店能做这款车的分期付款吗？都需要什么手续啊？

电话专员：您好！需要银行收入证明、户口本户主页与本人页、驾照等。由于每个分期顾客具体的情况不同，需要的手续也不一样。您留个电话给我，我让我们金融专员在您方便的时候给您打电话，为您做专业解答，省得您准备手续再折腾了……

2）查询库存法。

客户：你们店里白色的××有货吗？

电话专员：先生您眼光真好，白色的××是卖得最好的。之前我看还有4辆，也不知道现在还有没有。您给我留个电话，我去确认一下库存，过一会给您回电话。

3）好消息告知。公司组织促销活动、知识讲座、礼品赠送、深度试驾、流动车展、电话抽奖等活动，提前告知客户。

5. 电话专员不知道如何为下次邀约回访埋下伏笔

（1）解决问题类　通过"示弱"、纠正问题、提供解决方案等方式留下话题。

人们都有一种普遍的心理，对比自己强大或与自己势均力敌的人怀有警惕心，而对比自己弱小的"对手"则放松警惕。因此，利用示弱的销售技巧去做销售，尤其是在面对一些主观性强、有控制欲、喜欢表现自己的客户时，会更容易成功。

【例】您看起来对汽车非常懂行，我都有些自叹不如了。这样吧，您可以来店亲自体验一下，我们的专业销售人员也会为您提供更好的服务。

提供解决方案：指针对客户的需求、问题、期望和目标，帮助客户正确地识别需求、解决问题、提供满足期望的方法和措施。

【例】就您的情况来看，××的××功能或许能够对您有所帮助，而且它还具备××功能，您今后不必再担心××问题。您可以来店亲身体验一下，可以有一个更直观的感受。

（2）告知消息类 通过查库存（车型、颜色、配置等）、核实消息（例如团购类、相关活动类、日期截止类）等留下话题。

1）查库存。

【例】您刚才说的款车在我们这里卖得相当好，库存挺紧张。这样，我先帮您查下库存，如果还有余量就先帮您定下，然后第一时间与您定好时间来店体验。

2）核实消息。

【例】先生，我们近期会有一些促销活动，一得到确切消息，马上通知您，请您到店体验。

3）提供服务类：通过告知能够提供相关服务（例如评估预约、洗车、上门接送或赏车等）留下话题。

4）主动邀请类：通过公司活动（例如俱乐部组织活动）、服务、知识讲座等相关内容进行邀请留下话题。

【例】公司近期会进行一些关于汽车维护方面知识的讲座，非常适合您，欢迎您来参加。

5）互惠类：通过给客户优惠（例如礼品、服务、特权等）留下话题。

（二）DCC 电话专员常见问题提问话术

DCC 电话专员常见问题提问话术见表3-22。

表3-22　DCC 电话专员常见问题提问话术

场　景	建议话术
了解客户是否需要二手车置换业务	我们针对二次购车的客户有一项"二手车置换业务"，您是否需要了解一下呢
询问客户职业	1）×先生，您好！为了帮您选择一款适合您的车，您方便告诉我一下您的职业吗？根据您的职业，也可以为您提供一些选车的建议 2）×先生，您好！我们定期会针对不同职业的客户举办有针对性的活动，就像我们上个月针对××（职业）举办了一场大的团购会，我们帮助大家认识了同行业的精英，给大家提供了一个交流的平台，有两位客户还成了合作关系，同时还能享受我们店内促销互动，真是一举两得！请问您是从事什么职业的呢？我这边做一下登记，下次举行相关活动时邀请您参加！
给客户推荐车型	根据您刚才告诉我的需求，我推荐您可以试一下我们的××豪华版，它的配置及价位都很符合您的要求，我帮您安排这个周末的上午来试驾好吗
了解客户关注的车型及配置	您想购买多大排量的车？您喜欢什么样的车型，两厢还是三厢呢？手动的还是自动的？您对内饰的颜色有要求吗？您对配置有特别的要求吗？您对车的性能、配置有什么样的要求吗

（续）

场　景	建　议　话　术
了解客户购车时间	1) 您订购的车大概会在月底到店，请问您打算在月底提车还是另约时间提车呢 2) 您订购的车现在有库存，请问您需要明天提车还是另约时间呢（适合直销员）
邀约客户到店参加店面活动	1) 我们店在今天下午15：00—16：00有一个节油技能讲座，介绍如何在日常驾驶中节油的技巧，我帮您预留一个位置吧 2) 是这样的，×先生。来得早不如来得巧，我们今天就有一个大型的优惠活动，部分车型可以优惠×××元，还可以赠送价值3000元的大礼包，订车还能参与月底的抽奖活动。到店之后，我让我们最专业的VIP销售顾问给您做一个专业的车辆介绍，这样您不仅能够选择一款适合您的车，还能参加我们的活动，一举两得！我帮您预约一下，好吗 3) ×先生，您好！您是这个月第一位真正想买车的客户，现在都××号了，我还没开张呢。只要您过来，我绝对会找经理软磨硬泡，尽最大努力地满足您的要求。您买车，我也开单了，在这里我先谢谢您了！您看明天下午您有时间过来吗？我和我们经理约一下。到时候我在门口等着您，我还会给您准备1份精美礼品哦（每个月的月初邀约客户到店） 4) ×先生，有一个好消息要告诉您，我们这个月的任务已经完成了，但是我们还想冲击110%的目标，现在还差×辆车。这周末有一个大型促销活动，只要当天订单数量足够了，我们领导就会给出全月折扣最大的优惠政策，我先给您报个名怎么样（邀约客户月底到店） 5) ×先生，您看看您这周末有时间吗？我们这周有一个店面活动，活动内容大概是……您可以和爱人过来看看理想车型，并亲自体验一番，再由我们的VIP专业试驾专员带着您亲自去试驾、体验一番。（并再次介绍一下当期的店面活动。）而且现在除了个别车型、颜色外，现车数量比较充足，如果选好了，您可以直接开着您的爱车和您的爱人一起回家。您看看您是周六还是周日有时间呢？您大概几点到呢（客户对车型基本了解，处于价格比较阶段）
了解客户购车信息渠道	获取汽车资讯的渠道越来越丰富，×先生/小姐主要是通过哪个渠道了解的呢
获取客户联系方式	1) 我们会将最新的优惠信息传递给意向客户，您看通过电话短信还是邮寄给您方便呢 2) 为了及时向您传递购车信息，能否方便留一个联系电话呢
客户表示车辆已经确定，再优惠一些就可以购买	×先生，看来您是一个挺爽快的人，同时我相信您在别的地方已经了解过这款车了。价格方面您已经看过了，都差不多的，别的店能做到的我们店一样可以做到。更何况我们店比较偏僻，我们的经营成本比其他店要低，所以汽车价格比较便宜，所以我相信只要您车型看好了，价格方面大家可以坐下来谈谈。再者，买一辆车我相信您关注的不仅仅是价格，应该还有其他方面，比如售后服务、保险理赔等，我相信等我介绍完我们公司的一些特色服务后，您一定会感到满意的
客户对产品（动力、舒适、空间）存在疑问	看来×先生对车辆的××方面非常关心啊！您的这个问题真的问到点子上了。不瞒您说，到我们店提车的客户在之前都曾经担心过这个问题，那为什么还买了呢？因为他们都试乘、试驾了！其后全都改变了之前的这个想法。所以×先生，我说得不算，客户说得也不算，您来试驾后要说好，那才是真的好！×先生，今天下午我把车给您预约好，您直接过来感受一下，可以吗

（续）

场　　景	建　议　话　术
获取客户是否曾经到店看过车	我们会邀请意向客户到店看车和试乘、试驾，您看怎么给您安排比较方便
了解客户所关注车型的优惠幅度及信息来源	买车确实是笔不小的支出，相信您也会谨慎选择的；有时候优惠不能只体现在价格上，保证售后服务也很重要，而且车辆的性能及油耗也会影响以后的支出
客户看好车，但目前资金不足，无法成交	您好，××先生，我想您一定想拥有一辆自己的爱车，这样不仅方便出行，同时能证明您的实力，是体现自我价值最好的方法了。虽然贷款有了一定的压力，但是相信您一定能将压力转化为动力，未来会有更好的发展。而且大多数客户都是采用分期付款的方式购车，很多客户能全款买也大多不会采用全款方式，而是选择贷款方式购车。何况现在汽车贷款的利息是最低的，您看我现在帮您设计一下哪种分期更加适合您，好吗
客户资金没问题，但是对车辆还有一定疑惑，犹豫不决	××先生，您还在和哪个品牌的车辆在进行对比啊？既然还没有选定，能否让我来帮助您？您看今天下午您有时间过来吗？我帮您预约一下我们的VIP接待员，他可是在车辆方面非常专业的。我帮您预约一下，让他给您做一个全面对比，看看到底什么车辆更加适合您，好吗

✖【任务实施】

任务要求

请利用汽车电话营销相关知识，以及下面的电话销售准备表进行电话销售前的准备。

任务载体

【案例3-12】

电话营销

一位姓李的先生在一汽丰田汽车的官网上关注了卡罗拉车型，并留下了联系方式。请与李先生联系，按要求进行电话营销的各项工作。

任务思考

思考：如果你是DCC电话专员，你如何进行电话销售前的准备。请填写电话销售准备表（表3-23）。

表3-23　电话销售准备表

□ 明确电话目标 ☞ 从客户出发 ☞ 多个目标 ☞ 具体、时间	电话进行中和电话结束后，客户采取的行动：

（续）

□ 要问的问题 ☞ 逻辑性 ☞ 提问技巧		

	可能发生的事情	对策
□ 电话情景预测	与竞品进行性能对比	
	价格的异议	
	交车时间异议	

□ 开场白 ☞ 问候/自我介绍 ☞ 相关人或物 ☞ 说明打电话的目的 ☞ 确认时间可行性 ☞ 请求提问，并转向探 询需求	

顾客异议处理

通过本项目的学习，理解顾客产生异议的原因，正确认识和对待顾客异议。借助案例分析、角色扮演，使学生能够根据所给的案例，采用不同的方法处理顾客异议，提高自身的职业素养，培养自信、真诚、耐心的专业精神。

【项目描述】

汽车属于大宗消费品，消费者很难在短时间之内重复购买，这使得销售顾问在接近顾客、顾客接待、车辆介绍、试乘试驾、报价成交、合同签订、交车等过程中，会产生对于汽车产品、价格、顾客财力、购买决策等的各种各样的异议。顾客异议是汽车成功销售的前提，成功消除顾客异议能增强顾客购买的信心，反之则会消减顾客信心，导致顾客流失。

因此，在进行汽车销售的过程中，销售顾问只有有效地解答顾客疑问、处理异议，才能更好地把握潜在客户。在实际工作中，销售顾问应首先了解顾客异议产生的原因，并对其进行分类，对不同的顾客异议，在把握好处理原则的基础上，选择恰当的时机、行之有效的方法和策略，有针对性地、有效地进行顾客异议的处理，才能够使顾客满意，进而促使交易成功。

任务一　正确认识顾客异议

【知识目标】

➚ 了解顾客异议的含义。

➚ 掌握顾客异议的类型。

➚ 理解顾客异议产生的原因。

➚ 明确对待顾客异议的正确态度。

📋 【技能目标】

　　↗ 能识别顾客异议的类型。
　　↗ 能列举不同的顾客异议处理方法。

📋 【项目剖析】

　　顾客对销售顾问所说的内容不明白、不同意或者持反对意见的，都是顾客异议。顾客异议是汽车销售过程中的必然现象，它存在于汽车销售的各个环节中，正确处理顾客异议是成功销售的前提。要成功消除顾客异议，必须先对顾客异议进行分析、研究，找出顾客异议产生的原因，并把握顾客异议的处理时机，才能很好地应对顾客异议，以避免由于对顾客异议不理解而进行盲目处理，导致顾客对企业、销售顾问产生不信任、不满意的情绪，进而造成顾客的流失。

📝 【知识准备】

一、顾客异议概述

（一）顾客异议概念

　　顾客异议是指顾客针对销售人员及其在销售中的各种活动所做出的一种反应，是顾客对产品、销售人员、销售方式和交易条件发出的怀疑、抱怨，提出的否定或反对意见。

　　在实际销售过程中，销售人员经常会遇到"对不起，我很忙""对不起，我没时间""对不起，我没兴趣""价格太贵了""质量有保证吗？"等被顾客用来作为拒绝购买产品理由的回答，这就是顾客异议。

　　销售人员对异议往往抱有负面看法，甚至由此产生挫折感与恐惧感。但是，对有经验的销售人员来说，他们却能从另外的角度来体会异议，并揭露出另外的含意。比如，从顾客的异议中能判断顾客是否真的有需求；从顾客的异议中能了解到顾客对销售人员的接受程度，这有助于销售人员迅速调整销售战术；从顾客提出的异议中可以获得更多的信息等。

（二）正确对待顾客异议

　　销售人员在处理顾客异议的时候，首先必须认识到顾客产生异议是一件很正常的事情，提出问题的顾客才是最有可能购买产品的顾客。因此，销售人员要控制好自己的情绪，以平常心对待顾客异议，继续努力，说不定能使销售发生转机。其次，销售人员要明白，顾客有拒绝购买的权利。遭到顾客拒绝的时候，销售人员不应该自暴自弃或放弃努力。顾客拒绝虽然会给销售人员带来一定的负面影响，但真正优秀的销售人员应善于从拒绝中总结经验，为之后的成功做好准备。

　　销售人员应端正态度，因为只有端正态度，才能用正确的方法把事情做好。面对客户提出的异议，销售人员应秉持以下态度：

　　1）有异议表示客户仍有求于你。
　　2）将异议视为顾客希望获得更多的信息。
　　3）注意聆听顾客的话，分辨是真异议、假异议还是隐藏的异议。

4）异议是顾客宣泄内心想法的最好渠道。

5）没有异议的顾客才是最难接待的顾客。

6）异议经过处理能缩短订货的距离，经由争论会增大订货的距离。

7）销售人员不可用夸大不实的话来处理异议，当不知道顾客提问的答案时，应坦诚地告诉客户自己不知道，但会尽快找出答案，并确实做到。

8）异议表示你给顾客的让利目前仍不能满足他的需求。

9）顾客永远是正确的，销售人员要诚实恳切、充满自信、灵活机智、避免争论。

"嫌货才是买货人"，顾客异议实际上是成功交易的机会。顾客提出异议时，说明其认真听取了产品介绍，而且他对销售人员所介绍的产品有兴趣，所以才会根据自己的要求提出异议。每个顾客都担心自己买错东西，但又必须购买所需的东西，因此在下决定购买之前会存在各种疑虑，这些疑虑就等于要求销售人员助其一臂之力，给他更多的认识，使他做出正确的判断，排除异议。因此，销售人员要抓住机会，尽量鼓励顾客提出疑问，以了解他们的想法，帮助其解决疑问，这样才能针对每一位顾客的情况寻求解决的方法。

（三）顾客异议的类型与成因

在销售洽谈过程中，顾客往往会提出各种各样的异议，并且这些异议自始至终地存在于销售过程中。这既是整个销售过程中的一种正常现象，又是在销售达成成功的过程中必须跨越的障碍。从这个意义上说，遇到了顾客异议，整个销售工作才真正开始了。因此，正确对待并妥善处理顾客所提出的有关异议，是现代销售人员必须具备的能力。销售人员只有正确分析顾客异议的类型及其产生的原因，并针对不同类型的异议采取不同的策略，妥善加以处理，才能消除异议，促成交易。

1. 顾客异议的类型

在不同销售环境、时间、地点的条件下，汽车销售人员所面对的是不同的顾客。顾客受各种因素的影响，会提出各种不同的异议，汽车销售人员必须熟悉并善于应对顾客异议，才能有效地说服顾客，取得销售的成功。一般顾客异议可以分为以下几种类型。

（1）按顾客异议的内容与实际关心的内容之间的关系划分

1）真实异议。真实异议是指针对销售活动的真实意见和不同的看法，因此又称为有效异议。

对于顾客的真实异议，销售人员要认真对待、正确理解、详细分析，并区分产生不同异议的原因，从根本上消除异议，有效促进顾客的购买行为。面对真实的异议，销售人员必须视状况而相应地采取立刻处理或延后处理的策略，见表4-1。

表4-1 异议处理时机表

最好立刻处理异议的状况
① 客户提出的异议属于其关心的重要事项的
② 销售人员必须处理后才能继续进行销售说明的
③ 销售人员处理异议后，能立刻成交

最好延后处理异议的状况
① 对权限外或无法确认的事情，可承认无法立即回答，但保证会迅速找到答案告诉顾客
② 如果顾客还没有完全了解商品的特性及利益前就提出价格问题，最好延后处理这个异议
③ 客户提出的一些异议在后面能够更清楚地证明的

2）虚假异议。虚假异议是指顾客为了拒绝购买而故意编造的各种反对意见和看法，是顾客对销售活动的一种虚假反应。

虚假异议的产生多是顾客拒绝销售的意识表现，并不是顾客的真实想法，可能是其为了争得更多的交易利益而假借的理由。一般情况下，对虚假异议，销售人员可以采取不理睬或一带而过的方法进行处理，因为即使销售人员处理了所有的虚假异议，也不会对顾客的购买行为产生促进作用，所以虚假异议又称为无效异议。

顾客用借口、敷衍的方式来应付销售人员，目的是不想抱有诚意地和销售员会谈，不想真心实意地介入销售活动。

顾客提出很多异议，但这些异议并不是他们真正在乎的地方，如"这件衣服是去年流行的款式，已过时了""这辆车的外观不是流线型"……虽然听起来是一项异议，却不是顾客真正的异议。

3）隐藏的异议。隐藏的异议是指一些顾客并不把真正的异议提出来，而是提出各种干扰异议，从而隐藏自己的真实异议和目的。如客户希望减价，但却提出质量、外观、颜色等产品很多方面的不足，从而达到砍价的目的（见表4-2）。

表4-2 隐藏的顾客异议

序 号	顾 客 异 议	潜 台 词
1	我不觉得这个价格代表"一分钱，一分货"	除非你能证明这款车物超所值
2	我想再比较一下	你要是可以说服我，我就买，否则我就不买
3	这辆车也太贵了吧	除非你能证明这辆车物有所值
4	我都没有听说过你们公司	我需要知道你们公司的实力以及信誉
5	我第一次来这边逛	我需要一辆车，但是我想知道你们公司是否有信誉，是否值得信赖
6	我只是随便看看，并不是要购买	你要是能够说服我，我就买；否则，我就当是散步了
7	我觉得这款车不是很适合我	除非你能够证明这种车型与我的身份、地位以及年龄是相称的

【小知识 4-1】

虚假异议很常见

在实际销售活动中，虚假异议在全部顾客异议中占有很大比例。日本有关销售专家曾对378名销售对象做了如下调查："销售人员搭话时，你是如何拒绝的?"结果发现：有明确拒绝理由的只有71名，占18.8%；没有明确理由，随便找个理由拒绝的有64名，占16.9%；因为忙碌而拒绝的有26名，占6.9%；不记得是什么理由，好像是凭直觉而拒绝的有178名，占47.1%；其他类型的有39名，占10.3%。

这一结果说明，有近七成的销售对象并没有什么明确的理由，只是随便找个理由来阻断销售人员的打扰，把销售人员打发走。

（资料来源：吴金海.《现代推销理论与实务》[M].东北财经大学出版社，2002.）

（2）按顾客异议指向的客体划分

1）需求异议。需求异议是指顾客主观上认为自己不需要产品的一种异议。例如顾客听完销售人员介绍后，常常以"我们对现有的产品感到很满意"等方式提出异议。这一异议来自顾客本身，也是一种较为常见的异议。

需求异议产生的原因很多：顾客没有认识到自身需求，顾客对企业或其产品持有成见，顾客对产品的性能不了解，销售人员对销售信息介绍得不够详细、全面。

【案例 4-1】

需 求 异 议

在宝马的展厅里，范小姐和家人正在销售顾问的引导下看3系宝马车。他们半年前就有买车的打算，价格要控制在45万元左右，今天是第二次来这里，第一次来的时候，通过交流，销售顾问得知他们买车主要是为了谈生意。

销售顾问：范小姐，您好！考虑了几天，决定了吗？

范小姐：上次我忘记问你了，这款车的市场定位是怎样的？

销售顾问：面向家庭的高档用车。

范小姐：如果是家里人开，的确很舒服，但我们买车主要是为了谈生意，那就不太合适了。

销售顾问：范小姐，有一点我要向您澄清，虽然这款车是面向家庭的，但在同一价位的车里，宝马车的知名度和豪华程度不输于任何一款车。您说要用来谈生意，这绝对是上佳的选择，开宝马车一定有助于您打动客户的心，将每一单生意做成、做好。

以上案例说明了顾客的需求是可以引导的，销售人员应该灵活应对顾客的需求异议。

2）财力异议。财力异议是指顾客以支付能力不足或没有支付能力为由而提出的一种购买异议。对于一些团体购买者，精明的、有购买经验的购买者和一些有背景的顾客而言，这种异议可以随时利用，也是顾客认为最有效的异议。

一般情况下，真正因为财力存在异议的顾客往往不会直接表示出来，而是会通过其他方面，如车辆的性能、货源等方面的异议间接表现出来；而财力并不困难的顾客却常常将"价格太高"挂在嘴边。可以看出，财力异议往往有真实与虚假之分，销售人员要善于分析，区别和判断异议的真伪。处理顾客真实的财力异议是比较复杂的，销售人员可以根据具体情况协助顾客解决支付能力问题，如进行贷款等；或通过说服客户，使顾客觉得这是一次难得的购买机会而负债购买。而对于作为借口的异议，销售人员要在了解顾客的真实情况后再做处理。

普遍来看，财力异议往往以"产品确实不错，可惜无钱购买""如能在资金上通融一下，我们还是很想买的"等说法出现。

【案例 4-2】

价 格 异 议

客户："虽然喜欢这款车，但我买不起啊！"

销售顾问："您很希望拥有这款车，只是觉得一次性付那么多钱有点心疼罢了！我们公司可以为客户提供多种付款方式，如果您选择分期付款，首付只需三万多元，以后每个月还一千多元，相当轻松，绝对不会有压力的。您看，我们店就有××银行的按揭代办点，我带您去问问?"

在通常的汽车销售过程中，面对顾客支付能力不足的财力异议，销售人员可以建议客户采取分期付款的方式购买，并根据客户对价格的态度灵活让步。

3）权力异议。权力异议是指顾客以自己无权决定购买产品而提出的一种异议。比如，顾客说："这个事情不属于我们管理的范围，实在很抱歉"。

权力异议亦有真实与虚假之分。有很多权力异议的背景比较复杂，并且多数为销售人员所不知，如客户内部的组织机构、企业制度、办事程序、人际关系、个性特征，以及外部宏观环境因素的影响等。

4）产品异议。产品异议是指顾客对产品的使用性能、质量、设计、结构、品牌、规格、包装等方面提出的异议，如顾客提出："这个品牌的车不错，就是很久都没有推出新款了，款式太陈旧""这款车太耗油了"。客户对产品产生异议，表明客户对产品有一定的了解，但了解得还不够，担心产品是否真的能满足自己的需要。

顾客之所以提出这样的异议，有可能是产品本身确实存在某种缺陷；也可能是客户的一种主观看法，如偏见、借口等。因此，虽然有些客户具有比较充分的购买条件，但就是不愿意购买。这就要求销售人员一定要充分掌握产品知识，能够准确、详细地向客户介绍产品的使用价值及其可以享受到的利益，从而消除顾客的异议。

对于产品异议，销售顾问应专心聆听顾客的抱怨内容，并且发挥同理心去理解，找出顾客抱怨的真正原因，为顾客提供详尽的解释。

【案例4-3】

产品异议

顾客："这辆车不错，可惜没有装天窗!"

销售顾问："您的意思是对这辆车的其他方面都满意，只是对它没有安装天窗这一点不满意，对吗?"

顾客："对啊，装了天窗去兜风时多爽啊!"

销售顾问："是很不错，您会经常到郊外去兜风吗?"

顾客："节假日有空的时候就去啊!"

销售顾问："那算起来您兜风的时候其实并不多，而且城市的空气不好，使用天窗的机会也会很少。从实用角度来说，如果您不在车内抽烟，天窗的作用其实并不大。因为夏天开天窗会使车内温度升高，坐在后排座椅的人还会觉得晒；而冬天开天窗不利于保温，影响空调效果。多花几千元配个天窗，您觉得有这个必要吗?"

5）价格异议。价格异议是指顾客认为产品的价格与自己估计的价格不一致而提出的异议。在销售工作中经常会听到这样一些议论："这个价格太高了""这个价格我们接受不了""别人的比你的便宜""我用不着买这么贵的车""之前我在另一个4S店里问过了，比你们这里价格要低"等。这是顾客受自身购买习惯、购买经验、认识水平以及外界因素的影响而产生的一种自认为产品价格过高的异议。

产品的价格是顾客最关心的问题之一，也是最容易提出异议的问题之一，更是销售人员在实际销售活动中遇到的最多的、最常见的一种顾客异议。据美国一项调查显示：75%的销售人员在销售时会遇到价格方面的问题。因为价格与顾客的切身利益直接相关，无论是个人消费，还是为团体或组织代为采购，顾客总希望能尽可能少地支付费用。因而不论产品的价格如何，总有不少的顾客对价格提出异议，希望价格降低从而获得更多的利益。

价格异议一般有两种表现形式：一是顾客认为产品价格过高，这是价格异议的常见的、主要的形式，常常成为顾客讨价还价、争得更多交易利益的托辞，或者是顾客拒绝购买的一种借口。对此，销售顾问要进行适当的解释与说服，让顾客感到物有所值，并在必要的时候做出适当的让步。二是顾客认为产品价格过低，怀疑其存在质量方面或者其他方面的问题，或认为其缺乏购买或收藏等方面的价值。对此，销售顾问要给顾客一个明确的解释，以消除顾客心中的疑虑，否则极易引起误解，形成销售障碍。

6）购买时间异议。购买时间异议是指顾客自认为购买销售产品的最好时机还未成熟而提出的异议。例如，"我们还要再好好研究一下，然后把结果告诉你""让我再想想，过几天给你电话""把材料收下，以后答复你"等。

购买时间异议意味着顾客还没有完全下定决心购买，拖延的真正原因可能是价格过高、产品或其他方面不合适。有些顾客还利用购买时间异议来拒绝销售人员的接近和面谈。因此，销售人员要根据顾客的具体异议，采取针对性的应对策略。

7）政策异议。政策异议是指顾客对自己的购买行为是否符合有关政策的规定有所担忧而提出的一种异议，也称为责任异议。提出政策异议的顾客大多属于组织购买者。在现实生活中，购买政策多属于向社会公开的信息，在顾客看来，销售人员理应熟悉和掌握产品的相关购买政策。可以说，政策异议是顾客向销售人员发出的请求帮助的信号，是顾客在探询销售人员并寻找应对措施的一种方法。可见，销售人员熟悉产品的相关购买政策是非常重要的，以便在实际销售活动中能有的放矢地解决顾客提出的政策异议方面的问题。

8）货源异议。货源异议是指顾客自认为不应该购买销售人员所代表的品牌的产品而提出的一种反对意见。例如，"我一直喜欢大众的车，但也有朋友买这个品牌的车。"

货源异议，大多是由于顾客对销售人员本人及其所代表的品牌与产品不信任造成的，顾客可能对货源来路的真实性有疑问，或者不愿意接受信不过的或不知名的企业、品牌的产品。当然，也有一些顾客利用货源异议来与销售顾问讨价还价，甚至利用货源异议来拒绝销售顾问的接近。因此，销售顾问应认真分析产生货源异议的真正原因，并用恰当的方法来处理货源异议。

9）服务异议。服务异议是指顾客对产品交易附带承诺的售后服务的异议，如对服务方式方法、服务延续时间、服务延伸度、服务实现的保证程度等多方面的意见。

在市场竞争日趋激烈的情况下，加强服务、提高商品的附加值已经成为企业参与竞争的一种重要手段。顾客是否购买，在很大程度上取决于商家能够提供什么样的服务。优质的服务能够增强顾客购买产品的决心，树立企业及其产品的信誉，防止顾客产生服务异议。

【案例 4-4】

服务异议

一位顾客到店选购车辆，进门 5 分钟后仍没有销售顾问上前服务，此刻，你正好从旁边经过，顾客对你抱怨道："你们这里的人都到哪里去了？我来了这么久没有一个人理我。"你作为销售顾问，如何应答？

这是顾客对服务方面提出的异议，作为销售人员应该及时做出解释并请求顾客谅解而且要进一步鼓励顾客多提意见，以使顾客意识到自己是很重要的。

10）企业异议。企业异议是指顾客针对产品的生产或经销企业提出的一种异议。顾客的这种异议往往和产品异议有一定的联系，有时会由于对产品的偏见而影响到对企业的看法。

企业异议的形成有以下几个原因：

① 企业宣传力度不够，顾客不了解产品。
② 大众传媒对企业有过负面的报道。
③ 顾客想以此来降低产品的价格。
④ 顾客对某一品牌的产品存在偏爱心理。
⑤ 企业确实存在某些方面的不足。

【案例 4-5】

丰田霸道广告风波

一切缘起一汽丰田销售公司的两则刊登在《汽车之友》2003 年第 12 期、由盛世长城广告公司制作的广告：

一辆霸道汽车停在两只石狮子之前，一只石狮子抬起右爪做敬礼状，另一只石狮子向下俯首，背景为高楼大厦，配图广告语为"霸道，你不得不尊敬"；同时，"丰田陆地巡洋舰"在雪山高原上以钢索拖拉一辆绿色国产大卡车，拍摄地在可可西里。

广告中，卢沟桥的石狮子及绿色的国产东风大卡车激起了强烈的民族情绪，再加上"霸道"的歧义，中国民众认为这是一则具有侮辱性和侵略性的广告，于是网络上爆发了抵制购买该款车型的呼声。

以上案例是一起由于传播误导所引起的公关危机，日本企业在中国刊登如此张扬的广告，引起了中国人民的反感，甚至激化了民族情绪。

11）销售顾问异议。销售顾问异议是顾客因对销售顾问不信任或反感而提出的一种异议。顾客并不是不想购买产品，只是不愿意通过某位特定的销售顾问购买。销售顾问异议属于真实的异议。对销售顾问的异议，顾客一般不会直截了当地表达出来，而是会以其他异议为拒绝购买的借口。

销售顾问异议产生的原因有以下几种：

① 无法赢得客户的好感，行为举止、态度令顾客反感。
② 夸大其词，顾客怀疑不真实。
③ 过多地使用专业术语，顾客无法理解，碍于面子又不好深究。

④ 调查不清，引用不正确的调查资料。

⑤ 说得太多或听得太少，以至于没有搞清楚顾客真实的购买需求。

⑥ 与顾客发生争论、抬杠。

⑦ 姿态过高，处处让顾客词穷。

⑧ 没有给予顾客应有的尊重。

⑨ 引用了不准确的调查资料。

⑩ 姿态过高，令顾客难堪。

要解决顾客提出的销售顾问异议，销售顾问一方面要提高自身的服务质量，并向企业提出建议以改进营销工作，塑造良好的企业形象；另一方面要不断提高自身素质和修养，善于运用各种销售策略与技巧来改变顾客的主观看法，以达到成功销售的目的。

2. 顾客异议的成因

在整个销售过程中，销售顾问从接触顾客、商谈、介绍产品、试乘试驾、报价成交到新车交付，每一个环节都可能会遭遇顾客的异议。对销售顾问来说，顾客的异议是家常便饭，是一件很常见的事。之所以产生一个异议，通常是因为顾客对销售顾问不信任，顾客没有自信，或者顾客的期望未能满足。有时，顾客拒绝改变、情绪处于低潮、没有意愿、预算不足等，也会使其产生异议。另外，如果销售顾问无法满足顾客的需求、无法赢得顾客的好感、做了夸大不实的陈述、使用过多的专业术语、事实调查不准确、沟通不当、展示失败、姿态过高、让顾客理屈词穷等，也会使顾客产生各种异议。只有了解并正视顾客异议产生的可能原因，销售顾问才可能更冷静地判断异议产生的真正原因，并针对原因"有的放矢"，从而真正有效地化解异议。

当今社会，人的社会心理及社会关系存在着必然冲突，而销售活动必定是在这种冲突中进行的。但是营销学对此主张的是一种积极的思维方式，即：我们不指望冲突更少，而是努力去把握和化解冲突。

在销售过程中，顾客异议的成因多种多样，既有必然原因，又有偶然原因；既有可控原因，又有不可控原因；既有主观原因，又有客观原因。但归纳起来主要有以下 4 个方面的原因。

（1）顾客方面的原因

1）顾客的自我保护。人有本能的自我保护意识，在没弄清楚事情之前，会对陌生人心存恐惧，自然会心存戒备，因而摆出排斥的态度来自我保护。

当销售顾问向顾客推销时，对于顾客来说，销售顾问就是一位不速之客，产品也是陌生之物。即使顾客明白产品的功能、作用，也清楚这是自己所需要的物品，也会本能地拒绝，或者提出这样、那样的问题，甚至反对意见。绝大多数的顾客提出异议都是在进行自我保护，即自我利益的保护。他们总是把得到的与付出的相比较。因此，销售顾问要注意唤起顾客的兴趣，提醒顾客购买产品所能带来的利益，才能消除顾客的不安，排除障碍，进而达成交易。

2）顾客缺乏商品知识。现代科学技术的发展使得产品的市场寿命周期越来越短，新产品层出不穷，产品的科技含量大大提高。一些新产品，尤其是科技含量较高的产品的特点与优势并不能立即被认识和接受，这就导致了顾客异议的产生。一般来说，顾客的文化程度越低，所懂得的购买与消费方面的知识越少，往往在新技术产品的购买、消费方面知之甚少，从而容易产生异议。

因此，销售顾问应从关心与服务顾客的角度出发，以各种有效的展示与讲解方式深入浅出地向顾客推荐商品，进行启蒙和普及宣传工作，使顾客正确认知商品，从而有效地消除异议。

3）顾客的消极心理。人的行为有时会受到情绪的影响。销售顾问和顾客约好见面，但是顾客临时遇到不开心的事情时，就很可能提出各种异议，甚至恶意反对，借题大发牢骚，肆意埋怨。此时，销售顾问需要理智和冷静，正视这类异议，以柔克刚，缓和气氛。反之，就可能陷入尴尬。

4）顾客的购买权利。在实际的销售洽谈过程中，销售顾问会遇到顾客说"对不起，这个我说了不算""等我家里人回来再说吧""我们再商量一下"等托词，这可能说明顾客确实决策权力不足，或其有权但不想承担责任，或者是找借口。销售顾问要仔细分析，针对不同的情况区别对待。

5）顾客的支付能力。顾客的购买力是指在一定的时期内，顾客具有购买商品的货币支付能力。它是顾客满足需求、实现购买的物质基础。如果顾客缺乏购买力，就会拒绝购买，或者希望得到一定的优惠。有时顾客会以此作为借口来拒绝销售顾问，有时也会利用其他异议来掩饰缺乏购买力的真正原因。因此，销售顾问要认真分析顾客缺乏购买力的原因，以便做出适宜的处理。

6）顾客的采购渠道。大多数顾客在长期的生产、经营中，往往与某些销售顾问及其所代表的企业形成了比较稳定的购销合作关系，组织购买者尤其如此。当新的销售顾问及其企业不能使顾客确信可以从销售方得到更多的利益和更可靠的合作时，顾客是不愿冒险随便丢掉长期以来建立的固定的业务合作关系的，因而对陌生的销售顾问和产品怀有疑惑、排斥的心理。

7）顾客的购买经验与成见。顾客在日常购买活动中的经验往往用以指导后续的购买行为，如果顾客在以往的购买实践中有过较大的经验教训，就可能会牢记心间并形成对某个或某类产品或销售顾问的成见。成见是顾客认知中一种错误的认知，在文化水平较低、购买经历较多而思想狭隘的顾客中较为常见。在高科技产品日新月异、层出不穷的当今社会，经验与成见是导致销售失败的一方面原因，对一些新产品与高新技术产品而言就更是如此。

【案例4-6】
一位"吃过亏"的顾客的回答

一位汽车销售员正在电话里同顾客进行交谈。顾客虽然很有礼貌，但语气很强硬。"不，谢谢你啦！我现在不需要购买新汽车，如果需要的话，我自己会找汽车经销商的。记得一年前，我经不起一个销售员的百般劝说，从他那里买了一辆汽车，可是还没开多长时间，那辆汽车就坏了。老实跟你说吧，吃亏上当只有一次，我再也不会听你们那套'销售经'了。"

（资料来源：陈企华. 最成功的推销经验［M］. 北京：中国纺织出版社，2003.）

由于其他销售顾问使用了对顾客不负责任的销售方法，使得这位"吃过亏"的、有过经验教训的顾客，面对其他的销售顾问自然心生反感，给后来的销售顾问的销售工作带来了不利影响，增加了销售阻力。销售顾问对于固守购买经验与成见的顾客，应从认知的角度进行科学的分析，做好耐心的解释与转化工作，以达到有效处理顾客异议的目的。

在销售洽谈过程中，来自顾客方面的异议是多方面的，也是复杂的。销售顾问要想处理好这一环节，应始终站在顾客的立场上，处处为顾客着想，方能达成交易。

（2）汽车本身的原因 汽车本身的问题致使顾客产生异议的原因有很多，大致可归纳为以下几方面。

1）汽车的质量。产品的质量包括：产品的性能（适用性、有效性、可靠性、方便性等）、规格、颜色、型号、外观包装等。如果顾客对产品的上述某一方面存在疑虑、不满，就会产生异议。当然，有些异议确实是产品本身有质量问题，有的却是顾客对产品的质量存在认识上的误区或成见，有的是顾客想获得价格折扣或其他方面的优惠的借口。所以，销售顾问要耐心听取顾客的异议，去伪存真，发掘其真实的原因，对症下药，设法消除异议。

2）汽车的价格。美国的一项调查显示：有75.1%的销售人员在销售过程中遇到过有价格异议的顾客。顾客产生价格异议的原因主要有：顾客主观上认为产品价格太高，物非所值；顾客希望通过价格异议达到其他目的；顾客无购买能力等。要解决价格异议，销售顾问必须加强学习，掌握丰富的商品知识、市场知识和一定的销售技巧，提高自身的业务素质。

3）汽车的品牌及包装。商品的品牌在一定程度上可以代表商品的质量和特色。在市场中，同类同质的商品因为品牌不同，所以售价、销售量、美誉度都不同。一般来说，顾客为了保险起见，即为了心理上获得更多的安全感，通常在购买商品时会挑选名牌产品。

商品的包装是商品的重要组成部分，具有保护和美化商品、利于消费者识别、促进产品销售的功能，是商品参与竞争的重要手段之一。顾客一般都喜欢购买包装精巧、大方、美观的商品。

可见，品牌和包装都是商品的有机组成部分。如果顾客对它们有什么不满，也可能产生异议。销售顾问要能灵活处理，企业也应该重视商品的品牌创建和商品包装。

4）汽车的销售服务。商品的销售服务包括商品的售前、售中和售后服务。在日益激烈的市场竞争中，顾客对销售服务的要求越来越高。而销售服务的好坏直接影响到顾客的购买行为。

在实际销售过程中，顾客对产品的服务异议主要有：销售顾问未能提供足够的产品信息和企业信息；销售顾问没能提供令人满意的服务；销售顾问对产品的售后服务不能提供一个明确的信息或不能得到顾客的认同等。

对企业来讲，商品的销售服务是现在和将来参与市场竞争的最有效的工具，销售顾问为减少顾客的异议，应尽其所能地给顾客提供一流的、全方位的服务，以赢得顾客，增加销售。

（3）销售顾问方面的原因 顾客的异议可能是由于销售顾问素质低、能力差造成的。例如，销售顾问的销售礼仪不当；不注重自己的仪表；对产品的知识一知半解，缺乏信心；销售技巧不熟练等。因此，销售顾问能力、素质的高低，直接影响销售洽谈能否成功，因此销售顾问一定要重视自身修养，提高自身业务能力及水平。

（4）企业方面的原因 在销售洽谈中，顾客的异议有时还会来源于企业。例如，企业经营管理水平低，产品质量不好，不守信用，企业知名度不高等，这些都会影响到顾客的购买行为，导致顾客对企业印象不好，自然对企业所生产的商品就不会有好的印象，也就不会去购买。

3. 处理顾客异议的原则

顾客异议无论何时产生，都是顾客拒绝产品的潜在理由。销售顾问只有妥善地处理顾客异议，才有望取得销售的成功。为了高效且顺利地完成这一任务，销售顾问在处理顾客异议时必须遵循一些基本原则，并灵活地运用一些基本策略。

处理顾客异议的原则，是指销售顾问处理顾客异议时应遵循的准则或基本规范，主要包括以下几个方面。

（1）正视顾客异议 由于买卖双方的价值观、态度、利益、角度及其需要的不同，异议自然而然地就产生了，并且异议是循序渐进的销售过程中必不可少的环节。销售障碍既然是一种客观的存在，销售顾问就需要正确理解、正确对待。

当顾客提出异议时，销售顾问要认真听取，并表现出极大的关心和兴趣，这本身就是赢得顾客好感的有效方法；必要时还可以重述顾客异议，但要注意不要曲解顾客异议的内容。这一方面可以为自己明确异议的内容和根源，为寻找有效地寻找解决方法赢得时间；另一方面也会使顾客觉得自己受到了尊重。只有正确地对待顾客异议，才能促使销售成功。

（2）准确分析顾客异议 顾客既然提出了异议，就一定有其理由。所以，对持有异议的顾客，要尊重、理解和体谅他们，并找出产生异议的真正原因，然后帮助他们、说服他们。另外，销售顾问还要学会洞察顾客的心理，认真分析顾客的各种异议，把握住到底哪些是真实的异议，哪些是顾客拒绝购买的托词，并探寻其异议背后的"隐藏动机"。

要弄清这一"隐藏动机"，需要销售顾问向顾客提出问题，并细致地观察。只有认真准确地分析各种顾客异议，才能从中了解顾客的真实意图，并在此基础上有针对性地处理各种异议，从而提高销售的成功率。

（3）正确回答顾客异议 回答顾客的异议应简明扼要，不要偏离正题。在回答问题时不要过于集中讨论某一方面的异议，要学会适当地转换话题，分散顾客对某一方面异议的注意力。在回答顾客异议时，要尽量避免用个人的看法去影响顾客，不说"如果我是您的话，我会……""我有过亲身体验……"之类的话，因为顾客并不那么相信或试图征求销售顾问个人的意见，这样回答容易引起顾客的疑虑或反感。

若要巧妙、正确地回答顾客异议，销售顾问必须对所售产品有全面的了解，特别是对产品的使用说明要熟悉。要掌握顾客的情况和真实的感受，并对一切做好充分准备，这样，对顾客提出的异议才能应答如流，提高回答的可信度；同时还要注意自己的回答可能对顾客产生的影响，要经常询问顾客是否满意，不搪塞顾客的要求和异议，否则自己的回答将达不到好的效果。

（4）尊重顾客异议 顾客对销售活动产生疑问、抱怨和否定态度，总是有一定原因的。即使是顾客对物美价廉的产品和优惠的交易条件缺乏了解而提出异议，也是说明了销售活动仍存在不足之处。同时，能否尊重顾客异议，也是销售顾问是否具有良好素质与修养的一个体现。只有尊重顾客异议，才能在此基础上做好转化工作。要知道，顾客之所以购买产品，并非完全是出于理智，在许多情况下也是出于感情。尊重顾客异议应具体地体现在销售顾问的言谈举止中。因此，为顾客服务，销售顾问不仅要面带笑容、热情周到，而且当顾客提出异议甚至抱怨时，销售顾问还应认真倾听并表示理解与同情；更重要的是，从市场调查、产品设计、广告宣传到刺激购买，每一个环节都要紧紧围绕着顾客进行。

【案例 4-7】

尊重顾客意见

美国著名的福特汽车公司，每年会接待约 250 万名顾客。为了了解海量顾客的需求，福特公司会定期邀请一些顾客与产品设计人员和汽车销售员讨论产品及销售服务方面的问题，并专门设计了一种数据系统，供各部门经理和雇员详细记录顾客的意见。一次有位顾客抱怨说，乘坐福特汽车不愿坐在后排座位上，因为后排空间太小，腿伸不开，很不舒服。听到这个意见后，公司立即将前排座位下部进行了调整改进，加长了前、后排之间的距离。这一举动赢得了顾客的普遍称赞，使福特汽车更加畅销。

（5）适时处理顾客异议　对于顾客提出的异议，销售顾问不一定要立即答复，应选择适当的时机答复。有的异议是销售顾问必须答复的，而且能够给顾客一个圆满的答复，对于这样的异议应立即处理，称为"热处理"；有的异议是销售顾问不能自圆其说的或是异议偏离主题，可不必马上答复，甚至不予理睬，称为"冷处理"；有的异议已在预料之中，销售顾问应做好准备，先发制人，在顾客提出异议之前先行解答，消除顾客的疑虑，争取顾客的信任。

二、处理顾客异议的时机和程序

（一）处理顾客异议的时机

在处理顾客异议的过程中，选择恰当的时机回答顾客的异议，对能否消除顾客异议起着决定性的作用。同样的问题，同样的回答，很多时候会因为回答时机的不同而产生不同的结果，因此，选择恰当的时机处理顾客异议是解决顾客异议的一个有效方法。销售顾问应根据顾客异议的性质、销售会谈的状况以及顾客的个性特征等具体情况来确定实际的选择，以达到预期的效果。

汽车销售顾问对顾客异议通常有以下 4 种答复时机。

1. 预先答复

在销售过程中，销售顾问如果觉察到顾客将提出某方面的购买异议，就应该抢在顾客的前面答复问题，这是处理顾客异议的最佳时机。从消费者行为学角度来说，如果让客户讲出异议，克服它的难度就会大大增大，因为客户一旦说出反对意见，他的自尊心就会让他去坚持这个异议，这样说服的难度就会随之提高。因此，最好在他提出异议之前就将异议克服掉，为销售洽谈有计划地推行创造条件，这样也就避免了因纠正顾客的看法或反驳顾客的观点而引起的争论。另一种情况是，在销售洽谈一开始就向顾客介绍产品的缺点与不足，这样会使顾客觉得销售顾问很诚实，没有欺骗自己，从而给顾客留下非常好的第一印象，而第一印象常常会发挥先入为主的效应。

一名优秀的汽车销售顾问能够根据异议产生的规律性，揣摩到顾客的异议并抢先处理。而有经验的汽车销售顾问在洽谈开始之前就能预测出来顾客会就产品提出哪些异议，并且还知道不同类型的顾客会提出怎样的异议，这样销售顾问就有时间考虑这些异议并准备好应对策略，在具体洽谈中就可以按图索骥，将顾客的疑虑与异议消除在无形之中。例如，有时顾客并未直接异议，但他们的表情、动作以及用词和声调会有所流露，汽车销售顾问若察觉到这种变化，就可以抢先解决。

2. 延时答复

有些顾客异议若是急着答复反而是不明智的，此时可选择暂时沉默或推迟回答，经验表明，与其仓促回答顾客提出的10个异议，不如从容地回答1个异议。销售顾问通常可以在几种情况下延时答复顾客的疑虑与问题。

1）不能立即给顾客一个满意的答复、在自身权限之外或是不能确定的问题，应当暂时搁置顾客异议，等时机成熟时再答复，但是销售顾问必须保证会迅速找到答案并告诉顾客。如此处理，说明销售顾问对待顾客异议持谨慎态度，不会影响顾客对销售顾问的信任，顾客反而会觉得该销售顾问稳重、负责、值得依赖。

2）当顾客在还没有完全了解产品的特性及利益前提出价格异议时，最好将这个异议延时处理。销售顾问可以采用话术："产品不合适，价格再便宜也没有用；如果产品合适了，肯定会给您最优惠的价格的。"

3）如果顾客异议会随着销售洽谈的不断深入而逐渐转化、淡化或消失，则没必要马上回答顾客的异议。

4）顾客异议模棱两可、含糊不清、令人费解。

5）顾客异议不是三言两语就能解释清楚的。

6）顾客异议涉及较深的专业知识，销售顾问若缺乏专业知识，立即答复就有可能出错，则可以不马上答复。

7）顾客异议显然站不住脚、能够不攻自破。

延时答复在上述情况下是处理顾客异议的最佳策略，有利于销售人员进行周密的思考，进而有针对性地、灵活地处理购买异议。但是，当顾客情绪激动，强烈反对销售顾问的观点时，如果不立即回答或者回答时不斟酌，就有可能使销售洽谈过早地夭折。

3. 不予答复

那些无意义或不相干的异议，也许是顾客一时的想法，并不会对交易产生太大的影响，所以不必答复。这种无意义的客户异议有时和客户的个性有关，比如对于争强好胜的顾客提出的某些异议，答复了反而会耽误正事或者引火烧身，因此，不回答顾客异议也是一种销售技巧。但如果对方第二次提出来，那销售顾问就要注意了，说明这个问题对他很重要，要马上解决，否则顾客会反感。

（1）以下异议是不需要答复的顾客异议

1）容易引起争论的话题。

2）无法回答的奇谈怪论。

3）毫无意义的一些话。

4）可一笑置之的戏言。

5）异议具有不可辩驳的正确性。

6）客户的有意发难。

（2）可采取以下技巧应对不予答复的顾客异议

1）沉默。

2）装作没听见，按自己的思路继续说下去。

3）答非所问，无形中转移话题。

4）幽默一番，最后不了了之。

4. 立即回答

在一般情况下，汽车销售顾问对顾客提出的异议都必须立即答复，这样既可以表示对顾客意见的重视与尊重，又可以促使顾客购买。下列异议是销售顾问必须立即答复的。

1）顾客提出的异议属于其重点关心的事项。

2）销售人员必须先处理完这些异议才能继续进行销售说明。

3）处理完这些异议，顾客能立刻决定购买。

（二）处理顾客异议的程序

（1）倾听顾客异议　倾听，不仅是表示对顾客的尊重，更重要的是能听清楚顾客想要讲什么。销售顾问要通过一些问题来鼓励顾客讲出异议。比如，"您能说得更详细一些吗？""请您再讲一遍好吗？""您的这个想法很有意思。"这样一边说一边记。这个过程是非常必要的，这种鼓励可以让顾客重新认真思考自己的异议，并准确地表达出来，这对销售顾问解决顾客异议很有帮助。所以说，倾听是一项重要的销售技巧。

（2）表示理解顾客异议　这是一项必需的销售技巧。当顾客提出异议的时候，他的情绪是紧张的，准备应对销售顾问的"反击"。此时，销售顾问要表示理解，以让顾客放松下来，消除敌意。销售顾问可以通过"我非常理解您的想法……""我也有同样的感受……""我知道您的意思了；您的担心……"这样的话来表示自己和顾客会共同面对问题，从而淡化紧张的气氛。

（3）重述顾客异议　销售顾问可以将顾客异议归纳出来，然后用提问的方式重述，并请顾客确认。比如，"××女士，您的问题是这款车真的省油吗？""××先生，综合您刚才说的，您担心的是产品的售后维修吗？"

这是一项有效的销售技巧，因为很多时候顾客对于自己的异议不是很明确，如果此时销售顾问急于按照顾客说的去解释，往往会跑题，当顾客不感兴趣的时候，销售就失败了。使顾客异议具体化，有助于彻底找出导致顾客异议的真正原因，这样销售顾问才能有的放矢地加以解决。

（4）提出解决顾客异议的建议或方案　当销售顾问把所有铺垫都做好以后，就可以拿出清晰有效的顾客异议解决方案。一般来说，销售顾问提出的解决方案（比如价格优惠），应该是有助于成交的。

（5）促成交易　如果顾客接受了销售顾问的解决方案，那么每解决完一个顾客异议就是一次成交的最好时机，销售顾问这个时候应该引导成交。

【任务实施】

任务要求

将全班分为若干组，每组5~8人，针对以下案例所提出的问题，进行理论知识的收集与学习，然后进行小组讨论，判定这些异议的类型、处理时机，以及可能的产生原因。通过任务的完成过程，培养学习团队的团队沟通与交流能力以及分析顾客异议和解决顾客异议的能力。

任务载体

下面是汽车销售过程中常见的顾客异议，请说明顾客异议的类型，产生的可能原因以及处理的时机，见表4-3。

表4-3 常见顾客异议

序　号	购买汽车常见的异议	异议类型	产生的可能原因	处理时机
1	这个品牌的车没有听说过			
2	喜欢这款车，但我买不起			
3	车的天窗会影响车的安全性			
4	车不错，就是款式太旧了			
5	这款车的车内空间有点小			

任务思考

思考一：争论是不是异议处理中不可避免的？能否在处理顾客异议的过程中与顾客发生争论？

思考二：在异议处理过程中，是否所有的异议都需要销售顾问真正加以解决？

任务二　顾客异议处理方法及策略

【知识目标】

- 掌握处理顾客异议的原则与方法。
- 掌握处理顾客异议的程序。

【技能目标】

- 能灵活运用顾客异议知识，对实际顾客异议案例进行分析。
- 能提高自身的职业素养，并培养出自信、真诚、耐心的专业精神。
- 激发出自身敢于挑战自我的勇气和信念。
- 能跟顾客沟通和交流。

【项目剖析】

在汽车销售过程中，顾客异议是不可避免的，汽车销售顾问应积极寻找顾客异议的缘由，根据不同的顾客异议灵活运用处理技巧和策略进行应对，才能够真正消除顾客异议，为促进成交奠定基础。反之，如果汽车销售顾问没有较好的技巧和策略去解决顾客异议，就会由于顾客的不满或反感而错失成交良机。

【知识准备】

一、处理顾客异议的方法

顾客异议形式多样，销售人员要积极深入地分析根源，探寻有效解决异议的方法，为排除销售障碍、促成交易打下良好的基础。常见的顾客异议的处理方法有：

1. 直接否定法

直接否定法又称反驳处理法，是销售人员根据较明显的事实与充分的理由直接否定顾客异议的方法。销售人员采用这种方法给顾客直接、明确、不容置疑的否定回答，迅速、有效地输出与顾客异议相悖的信息，以加大销售说服的力度和反馈速度，从而达到缩短销售时间、提高销售效率的目的。

直接否定法适用于处理因顾客的误解、成见、信息不足等而导致的有明显的错误、漏洞且自相矛盾的异议。

【案例4-8】

价 格 异 议

美国一位顾客向一位房地产经纪人提出购买异议："我听说这房子的财产税超过了1000美元，太高了！"销售人员非常熟悉有关税收法令，知道这位顾客的购买异议并没有可靠的根据，于是有根有据地加以反驳："这房子的财产税是618.5美元。如果您不放心，我们可以打电话问一问本地税务官。"

在这个案例里，销售人员有效地使用直接否定法否定了顾客提出的有关异议。

正确地运用直接否定法，以合理且科学的根据反驳顾客，可以增强销售论证的说服力，增强顾客的购买信心。但这种方法在使用方面也存在一些缺点，比如容易使顾客产生心理压力和抵触情绪，甚至可能伤害顾客的自尊，引起顾客的反感或激怒顾客，造成销售洽谈气氛紧张，不仅不能化解顾客异议，反而会使异议成为成交障碍。

2. 间接否定法

间接否定法也称回避处理法或转折处理法，是指销售人员根据有关事实和理由来间接否定顾客异议的一种方法。在使用这种方法处理顾客异议时，首先要表示对顾客异议的同情、理解，或者仅仅是简单地重复，使顾客暂时得到心理平衡；然后使用转折词，如"如果""不过"等把话锋一转，用有关事实和理由否定顾客异议。

【案例4-9】

价 格 异 议

顾客："不行，这个价格太高了。"

销售人员："先生，您说得没错，许多人都这么认为，但是我们的这种产品比其同类产品多了3个功能，您看……"（给顾客演示）

在销售实践中，间接否定法相较直接否定法使用得更为广泛。这种方法不是直截了当地否定顾客的异议，而是先退后进，语气比较委婉，一般不会冒犯顾客，容易被顾客接受，能够缩短销售人员与顾客的心理距离，使顾客感到被尊重、被承认、被理解，委婉且富有人情味，有利于保持良好的销售气氛和人际关系。

这种方法在实际运用中也有一定的局限性。销售人员首先做出的"退让"可能会削减顾客购买的信心，降低销售人员及其销售说服的力量，也会促使顾客因为受到鼓励而提出更多的异议。特别是这种方法要求销售人员不能直接反驳顾客异议，而要回避顾客异议的内容，转换销售话题的角度，这可能会使顾客觉得销售人员圆滑，从而产生反感情绪。

3. 补偿法

补偿法又称抵销处理法、平衡处理法，是指销售人员利用顾客异议以外的其他利益对顾客异议实行补偿来处理异议的一种方法。在销售实践中，销售人员应该承认这样一个事实：本企业及其商品并不是尽善尽美的，销售活动也可能会有疏忽与不妥当之处，与市场上竞争对手的产品相比，也有优劣长短。对此，销售人员应当辩证地去看待，尊重事实，没必要回避与躲闪，并客观地看待顾客异议。如果销售人员能够充分说明理由和利用实证来证明商品虽然存在缺点，但优点更多，使顾客相信商品的优点大于缺点，顾客会接受销售人员的购买建议的。这一方法在销售工作中运用普遍，特别是顾客理智地提出有效、真实的购买异议时。

【小知识4-2】

行家经验谈

如果顾客在价格上施加压力，就和他谈质量；如果顾客在质量上苛求你，就和他谈服务；如果顾客在服务上很挑剔，就和他谈条件；如果顾客在条件上不让步，就和他谈价格。

补偿法的优点在于：销售人员能实事求是地承认销售品的不足之处，并能客观地向顾客介绍销售品的优点，给顾客真诚、客观的感觉，让其觉得可以信赖，从而有利于促成交易；另外，销售人员并不是反驳或否定顾客异议，反而予以肯定和补偿，这有利于建立和维护购销双方的友好关系。但这一方法也有其缺点：销售人员事先肯定了顾客的异议，可能会引发顾客对商品的误会，助长顾客对异议的坚持，对购买失去信心；甚至会使顾客异议增多，增加销售劝说的难度；还可能会拖延销售时间，降低销售效率。

【案例4-10】

性能异议

在一次冰箱展销会上，一位打算购买冰箱的顾客指着不远处的一台冰箱对身旁的销售员说："那种 AE 牌的冰箱和你们的这种冰箱是同一类型、同一规格、同一星级，可是它的制冷速度要比你们的快，噪声也要小一些，而且冷冻室比你们的大 12 升。看来你们的冰箱不如 AE 牌的呀！"销售员回答："是的，您说得不错。我们的冰箱噪声是大了点儿，但仍然在国家标准允许的范围以内，不会影响您和您家人的生活与健康。我们的冰箱制冷速度慢，可耗电量却比 AE 牌冰箱小得多。我们冰箱的冷冻室小，但冷藏室很大，能储藏更多的食物。您一家三口人，每天能有多少东西需要冰冻呢？此外，我们的冰箱在价格上要比 AE 牌冰箱便宜 300 元，保修期也要长 6 年，我们还可以上门维修。"顾客听后，脸上露出了欣然之色。

（资料来源：倪政兴. 如何成为推销高手［M］. 成都：西南财经大学出版社，2003.）

该案例中这位销售员用"省电、冷藏量大、价格便宜、保修期长、维修方便"5个"长处"，弥补了自己冰箱"制冷慢、噪声大、冷冻室小"的"短处"，因而突出了自己冰箱的整体优势，使顾客觉得还是买该品牌的冰箱好。这就是补偿法的运用。

4. 太极法

此法取自太极拳中的借力使力，就是你一出招我就顺势接招再放招的办法。太极法的基本做法是，顾客提出的一些不购买的异议，正是销售人员认为顾客要购买的理由，也就是销售人员能立刻把顾客的反对意见直接转换成其必须购买的理由。这就是借力使力的太极法。

【案例 4-11】

运用太极法处理顾客异议

经销店的老板说："你们这个企业把太多的钱花在了广告上，为什么不把钱省下来，作为我们进货的折扣呢？让我们多一点利润，那该多好呀！"

销售人员却说："就是因为我们投入了大量的广告费用，客户才被吸引来购买我们的产品。这不但能节省您的销售时间，同时也能够顺便销售其他商品，从而可以让您的总利润实现最大化，对吧？"

在保险业里，客户说："我收入少，没钱买保险。"保险业务员却说："就是因为您收入少才需要购买保险，以便从中获得更多的保障。"

服装业有顾客说："我这种身材穿什么都不好看。"销售人员说："自己感觉身材不是很好的人才更需要加以设计，来修饰不满意的地方。"

卖儿童图书时，顾客说："我的小孩连学校的课本都没兴趣，怎么可能会看这种课外读物呢？"销售人员说："我们这套图书就是为激发小朋友的学习兴趣而特别编写的。"

太极法处理的多半是顾客并不十分坚定的异议，特别是顾客的一些借口。该办法最大的目的就是让销售人员能够借处理异议之机，迅速陈述商品能带给顾客的利益，以引起顾客购买的意愿。

5. 询问法

询问法又称问题引导法或追问法，是指销售人员利用顾客提出的异议，直接以询问的方式向顾客提出问题，引导顾客在回答问题的过程中不知不觉地回答了自己提出的异议，甚至否定自己，同意销售人员观点的处理方法。

运用询问法来处理顾客异议，销售人员可以掌握更多的顾客信息，可为进一步销售创造条件；带有请教意义的询问会让顾客感觉受到尊重或重视，从而愿意配合销售人员的工作，使销售过程保持良好的气氛与人际关系；另外，询问法还使销售人员从被动听顾客申诉异议变为主动地提出问题并与顾客共同探讨。

但这种方法如果运用不当，就可能会引发顾客的反感与抵触情绪，或在销售人员的多次询问或追问下，产生更多的异议，破坏销售气氛，阻碍销售工作的顺利进行。

【案例 4-12】

询问法处理顾客异议

顾客："你的产品是不错，不过，现在我还不想买。"

销售人员："经理先生，既然产品很好，您为什么现在不买呢？"

顾客："产品虽然不错，可它不值 5 万元一件啊！"

销售人员："那您说说这样的产品应该卖什么价格？"

顾客："反正太贵了，我们买不起。"

销售人员："经理先生，看您说的！如果连您都买不起，还有什么人买得起？您给还个价。"

（资料来源：牛海鹏，屈小伟. 专业销售［M］. 北京：企业管理出版社，1998.）

在上述案例中，销售人员对待顾客异议没有马上讲事实、摆道理，而是向顾客提出问题，引导顾客自己否定自己，最终达成交易。这种方法在实际销售过程中常常被销售人员所采用，并能取得成效。

6. 忽视法

忽视法亦称装聋作哑处理法、沉默处理法、糊涂处理法，是指销售人员有意不理睬顾客提出的异议，以分散顾客注意力，回避矛盾的处理方法。

通常情况下，销售人员应该热情解答顾客提出的各种各样的问题，以帮助顾客了解和认识商品。但是在销售活动中，对于那些无效的、无关的、虚假的异议，销售人员就可以采取忽视法，故意忽视、回避或转移话题，以保持良好的洽谈气氛，避免与顾客发生冲突。

【案例 4-13】

忽视法处理顾客异议

汽车销售顾问在向一名顾客进行销售活动。

顾客："你们品牌的车不错，如果是×××代言我就买了。"

销售顾问："您太幽默了。"

顾客："你们品牌的车不错，就是车尾太翘了。"

销售顾问微笑："您的看法太有意思了。"

该案例即是采用忽视法处理顾客异议，回避、忽视它，将顾客的注意力转移到其他问题上去。使销售人员避免在一些无关、无效的异议上浪费时间和精力，也避免发生节外生枝的争论，从而可以节省时间，提高工作效率。

忽视法不可滥用，在运用时应注意：即使顾客说的是无效的、虚假的异议，销售人员也要尊重顾客，耐心地聆听，态度要温和谦恭；在不理睬顾客的某一异议时，要马上找到应该理睬顾客的内容避免顾客受到冷落。

7. 预防处理法

预防处理法是指销售人员在销售拜访中，确信顾客会提出某种异议，于是就在顾客尚未提出异议时，自己先把问题说出来，继而适当地进行解释说明，予以回答。

【案例 4-14】

预防处理法处理顾客异议

销售人员希望顾客在 15 天内付款。"先生，您一眼就可以看出我们公司产品的质量是可靠的，并且价格也比较合理，在操作上也很有特点。您也知道，我们公司要维持合理价格，既凭借可靠的质量、高效率的操作，同时也采用企业界的一般做法，如请求顾客在规定期限内付款。虽然顾客对此方面略有抱怨，但由于我们的产品性价比高，实质上是增加了顾客的利益。"

由此可见，预防处理法的最大优点就是先发制人，有效地阻止顾客的异议。但采用这种方法，销售人员必须在接近顾客之前，先将顾客有可能提出的各种异议列出来，并详细准备好处理方法，并在销售中灵活运用。

8．定制处理法

定制处理法是指销售人员按照顾客异议的具体要求，重新为顾客制造与销售符合其要求的产品，从而进行顾客异议处理。这一方法很好地体现了现代市场营销观念中"按需生产""以销定产"的观点，企业按照顾客异议的具体内容进行销售品的生产与销售，是满足顾客需求的最好方法，也是目前能够满足顾客需求的最高标准。另外，可以通过产品与销售的改进来带动企业生产与经营活动的进步，引发企业对新产品的开发与市场开拓，更好地体现企业及销售人员的服务精神。在当今激烈的市场竞争中，这无疑也是一种比较有效的竞争方式。

在具体运用定制处理法来处理顾客异议时，应注意以下几方面的问题：企业应切实树立现代市场营销观念，使所有部门与全体员工认识到满足顾客需求是企业的最高原则。在企业内部形成各部门、各环节协调配合的整体营销体系，从而为兑现销售人员的允诺奠定各方面的基础，使定制处理法的实施有更大的可能性；销售人员应掌握足够多的信息，比如顾客异议的详细内容、顾客的真正需求、产品生产的有关情况等，然后确定定制处理法实施的可行性。只有在目前的生产活动可以满足顾客需求的情况下，销售人员才可以运用定制处理法处理顾客异议；销售人员应做好顾客与企业以及企业内部各部门、各环节之间的协调关系，为定制处理法的运用铺平道路；另外，销售人员应讲究职业道德和信用，在与顾客签订相关合同或是以其他形式做出承诺之后，要千方百计地履行诺言。

处理顾客异议的方法还有多种，如拖延法、举证说明法、有效类比法、旁敲侧击法等。在销售实践中，销售人员应根据不同的销售情况加以灵活运用，并善于创新，以提高销售效率，提升销售业绩。

二、处理顾客异议的策略及技巧

在销售洽谈过程中，顾客异议是不能避免的，只有成功地处理好各类顾客异议，才能有效地促成交易。

（一）处理顾客异议的策略

处理顾客异议的基本策略很多，主要有以下几种。

1. 处理价格异议的策略

【小知识4-3】

价格异议产生的原因

有人曾对世界各地参加销售研究班的销售人员进行了调查，调查结果揭示了顾客提出价格异议的动机主要有以下几个方面：顾客只想买到便宜产品；顾客想利用这种策略达到其他目的；顾客想比其他顾客以更低的价格购买销售品；顾客想在讨价还价时击败销售人员，以此显示自己的谈判能力；顾客想向众人露一手，证明自己有才能；顾客不了解商品的价值；顾客想了解商品的真正价格；顾客想从另一个供应商那里买到更便宜的产品；顾客还有更重要的异议，这些异议与价格没有什么联系，他只是把价格作为一种掩饰。

（资料来源：钟立群. 现代销售技术［M］. 北京：电子工业出版社，2005.）

价格问题是影响销售的重要因素，它直接关系到买卖双方的经济利益，因此销售人员应当首先分析和确认顾客提出价格异议的动机是什么，然后有针对性地采取以下策略：

（1）强调相对价格　价格代表产品的货币价值，是商品价值的外在表现。除非和商品价值相比较，否则价格本身没有意义。因此，在销售过程中，销售人员不能单纯地与顾客讨论价格的高低，而必须把价格与商品的价值联系在一起。从销售学的意义上说，商品的价值就是商品的特性、优点和带给顾客的利益。事实上，"便宜"和"昂贵"的含义并不确切，而是带有浓厚的主观色彩，在很大程度上是人们的一种心理感觉。所以，销售人员不要单纯地与顾客讨论价格问题，而应通过介绍商品的特点、优点和带给顾客的利益，来使顾客最终认识到该商品的实用价值是高的，相对价格是低的。

（2）先谈价值，后谈价格　顾客购买了商品意味着要付出一定量的货币，因此在交易过程中，顾客始终在衡量这种交换是否对自己有利。因此，销售人员可以从产品的使用寿命、使用成本、性能、维修和收益等方面进行对比分析，说明产品在价格与性能、价格与价值、商品价格与竞争品价格等方面中某一方面或某几方面具有的优势，让顾客充分认识到销售品的价值，认识到购买能带给其利益和方便。

销售人员必须注意：在销售洽谈中，提出价格问题的最好时机是在充分说明了所售商品的优点，顾客已对此产生了浓厚的兴趣和购买欲望之后。一般情况下，销售人员不要主动提及价格，也不要单纯地与顾客讨论价格问题，在报价后不附加评议或征询顾客对价格的意见，以免顾客将注意力过多地集中在价格上，使洽谈陷入僵局。

（3）心理策略　在向顾客介绍产品价格时，可以先发制人地首先说明报价是出厂价或最优惠的价格，暗示顾客这已经是价格底限，不能再讨价还价，以抑制顾客的杀价念头。销售人员还可以使用尽可能小的计量单位报价，以减少高额价格对顾客的心理冲击。例如，在可能的情况下，改吨为千克，改千克为克，改千米为米，改米为厘米，改大的包装单位为小的包装单位。这样在价格相同的情况下，顾客会感觉小计量单位产品的价格较低。例如，甲每箱（24瓶装）啤酒120元，乙每瓶5元，虽然两者的售价一样，可乙的售价给顾客的心理感觉是低于甲的售价。

（4）让步策略　在销售洽谈中，双方的讨价还价是免不了的。在遇到价格障碍时，销售人员首先要注意：不可动摇对自己的企业及产品的信心，坚持报价，不轻易让步。只有充满自信，才可能说服顾客。如果只想以降价化解价格异议，就很容易被对方牵着鼻子走，不仅影响销售计划的完成，还有损企业和产品的形象。

在有些情况下，通过适当的让步可以获得大额订单，使顾客接受交货期较长的订货。销售人员应当掌握的让步原则包括：

1）不要做无意义的让步，应体现出"双赢"的原则。

2）做出的让步要恰到好处，使较小的让步能给对方较大的心理满足。

3）大问题力争让对方让步，小问题我方可考虑让步。

4）不做有损企业利益和形象的让步。

2. 处理货源异议的策略

货源异议是与产品品牌、现有供货商或销售人员的忠诚有关的一种异议。许多货源异议都是由于顾客的购买经验与购买习惯造成的，销售人员在处理这类异议时可采用以下策略：

（1）锲而不舍，坦诚相见　通常，顾客在有比较稳定的供货单位或有过接受销售服务不如意甚至上当受骗的经历时，对新接触的销售人员会怀有较强的戒备心理，并会由此产生货源异议。例如，"对不起，我们和某某单位是老关系了，一般我们都找它购买这类产品，产品的质量、供货都有保证。"在这种情况下，销售人员应不怕遭到冷遇，反复进行访问，多与顾客接触，联络感情，增进相互了解，这样就有了对顾客进行针对性劝说的机会。在与顾客接洽的过程中，销售人员应以诚挚的态度消除顾客的心理偏见。

（2）提供例证　在解决货源异议时，销售人员为说明销售品是名牌商品、材料优异、制作精良、款式新颖等，可出示企业资质证明、产品技术认证证书、获奖证书以及知名企业的订货合同等资料，以消除顾客的顾虑，获得其认可。

（3）强调竞争受益　顾客常常会提出已有供货单位，并对现状表示满意，从而拒绝购买。此时，销售人员应让顾客明白：作为一个企业，仅使用单一的货源具有很大的风险性。如果供货单位一时失去供货能力，将会导致企业因货源中断而被迫停工停产。如果企业拥有较多货源，采取多渠道进货，采购中的主动性就会增强，可以对不同货源的产品的质量、价格、服务、交货期等进行多方比较、分析，择优选购，从中获得竞争利益。

3. 处理购买时间异议的策略

在销售活动中，在销售人员进行详细的介绍之后，顾客经常会提出一些购买时间异议。实际上，顾客借故推托的时间异议多于真实的时间异议。具体的处理策略主要有以下几种：

（1）良机刺激法　这种方法是利用对顾客有利的机会来激励顾客，使其不再犹豫不决，抛弃"等一等""看一看"的观望念头，当机立断，拍板成交。例如，"我们目前正在搞店庆活动，在此期间购买可以享受15%的价格优惠""我们的存货已经不多了，如果您再犹豫，就可能被别人买去了"。这种方法具有一定的局限性，必须确有其事，千万不可欺骗顾客。

（2）意外受损法　这种方法与"良机刺激法"正好相反，是利用顾客意想不到，但又必将会发生的变动因素（如物价上涨、政策变化、市场竞争等情况），要求顾客尽早做出购买决定。

（3）竞争诱导法　这种方法是指销售人员向顾客指出其同行竞争对手已经购买了同类产品，如不尽快购买商品，将会在竞争中处于劣势，以此诱导顾客注意竞争态势，从而做出购买决定。

顾客异议形式多样、复杂，销售人员要积极深入地分析根源，探寻有效解决异议的方法，为排除销售障碍、促成交易打下良好的基础。

（二）处理顾客异议的技巧

1. PCAI 法

PCAI 法实际上是指通过复述顾客异议、竞品比较、突出本产品优势、场景冲击的方法解决顾客异议。这种方法一般应用于有竞争对手的异议。

1）P（Paraphrase）：复述，认同顾客的想法，认同客户所理解的竞品优点，为解决顾客异议进行铺垫。

2）C（Compare）：比较，认同对方的优点，设定新的标准，并说明本品牌的优点。与其他竞争对手的比较可以在以下几个方面展开：产品本身、厂商、经销商、产品特色（操控性、创新与设计、用户口碑等）。

3）A（Advantage）：优势，突出竞争优势。

4）I（Impact）：冲击，通过场景对顾客进行冲击。用厂方资料、第三方资料，或者让客户亲身体验，来证明或者具体化销售人员所说属实。

【案例 4-15】

我觉得锋范的车比你们的车外形时尚

P：××先生／小姐，您的眼光真不错，您非常在意车的外形是吗？

C：买一辆车，外形是仁者见仁、智者见智，没有对错之说。在车辆的造型上，锋范的外观偏向于年轻时尚，阳光的外观偏向于时尚高档，都是那种很漂亮的车型。现在国际流行的设计趋势是肌肉感与流线型并存，既要凸显车辆的高档时尚，又要突出小车空间大的特点，阳光就符合这些特点。

A：阳光不仅外观漂亮，相对锋范而言，更具备空间大的优势。阳光拥有超越同级别车的 2600 毫米轴距，而锋范只有 2550 毫米，相差了整整 50 毫米。后排的膝部空间也同样达到了同级别车中最大，为 637 毫米，连像宝马 745i 这样的豪华车的后排膝部空间也仅为 639 毫米。

I：阳光不仅外观漂亮，内部空间大，同时还采用了世界领先的双喷油器发动机技术和 CVT 无级变速器，但价格比锋范还便宜，在同级别车中号称"性价比之王"。您觉得买哪一款车更加划算呢？

【案例 4-16】

感觉 2012 款 C5 的内部空间没有致胜大

P：看到您考虑车辆内部空间，能感觉到您是位责任心很强的人，非常关心别人。

C：作为法国车，车辆本身的特点是舒适和安全。C5 在舒适性方面，除了采用了先进的底盘技术以外，也考虑到了空间的要求。既然说到内部空间，我要向您介绍 C5 的内部乘坐舒适性。舒适性不是单一追求空间大，而是座椅对车内人员的支撑性和包裹性。只要是驾乘人员乘坐的空间够用，就应该在座椅的舒适性上多下功夫。

A：比如 C5 前排乘员位的 VIP 功能就是为后排乘员提供良好的腿部空间而设计的，在同级车中是仅有的尊贵配置。座椅采用航空座椅的设计，追求的就是乘员坐在座椅上的舒适性。这种舒适性使得乘员在长时间乘坐时不会感到疲倦，就像飞机的经济舱和头等舱的乘坐区别。

I：若您在拥挤的城市中驾驶 C5，您将发现座椅的各个位置都能很好地贴合您的身体，不仅如此，座椅还能有效吸收来自地面的震动和颠簸，为您提供全方位最优良的驾乘感受。

【案例 4-17】

2012 款 C5 的技术没有迈腾先进

P：听您这样说，能看出来您很关注汽车的技术，这点是我们买车时都要关心的问题。

C：在这个级别的车型上，大家主要关注的是技术，但技术不仅表现在发动机和变速器两个方面，还要根据车辆的用途来选择。那么在拥堵的城市中驾驶，很显然舒适性是您主要应该考虑的问题，因为舒适性对您的身心健康都是有帮助的。过于先进的发动机技术在日常车辆使用中并不是很重要。

A：比如 C5 秉承 PSA 高级平台生产技术，车辆的底盘部位在同级车当中是最为优越的，能带给您绝对舒适的驾乘体验。2012 款 C5 在动态舒适性方面有 3 个极致表现，即极致平顺、极致稳定和极致静音，这些技术是很多车辆的设计师并不关注的。

I：你看，我们坐进车里基本听不到外边的声音；而且在行驶中，车辆整体的稳定性表现得非常好，这些都是 C5 先进技术的表现。

2. LERI 法

LERI 法是指通过倾听顾客异议，站在客户的立场为客户着想，然后提出解决问题的办法，最后通过文字证据、权威数据、亲身体验来最终化解顾客异议。LERI 法一般用于无竞争对手的顾客异议。

1）L（Listen）：倾听，采用追问的方法倾听顾客异议。

2）E（Establish）：共鸣，换位思考认同顾客感受。

3）R（Resolve）：解决，提出解决问题的方案。

4）I（Impact）：冲击，通过文字证据、权威数据和亲身体验化解顾客异议。

【案例 4-18】

阳光车有点太轻了

1）L：您是担心阳光的重量比较轻，不安全吧？

2）E：安全这个问题是很多客户关心的！

3）R：这款车的重量确实比其他品牌同档次的车要轻一些，但正是这个优势使得它的油耗更低。轻不轻不是最关键的，最关键的是车辆的安全性，我为您详细解释一下可以吗？

第一，现在市面上有些车型依靠厚重的钢板来提高安全性，不仅技术含量低，而且油耗非常高，这样会大大增加用车成本，这种方法在欧美市场早就被淘汰了。我们的阳光之所以轻，是因为它采用了很多高科技材料和最先进的 ZONE BODY 车身设计技术。

第二，阳光面世××年来，全球累计销量超过×××万辆，在国际上一直很畅销，这说明世界各国的人都认可了阳光的安全性，并且得到了长时间的品质验证。

4）I：这是我们的安全配置表，这是权威机构对我们这款车的安全测试结果，安全性达到了最高，您可以看一下。

3. CPR 法

CPR 异议处理方法可以把问题变成购买车辆的信心，消除顾客的顾虑，使顾客感受到销售人员很在乎其疑虑、拉近关系，对顾客表示关怀，进而增加成交的可能性。

1）C（Clarify）：澄清，使用开放式的问题进一步明确顾客的异议，切忌用防御式的辩解或者反驳的口吻提出问题，采取积极倾听的技巧确保准确地理解顾客的异议。

2）P（Paraphrase）：转述用自己的话总结顾客的异议，转述顾客的异议，帮助顾客重新评估、消除担忧，然后销售顾问把顾客的异议转化为更容易应对的表述形式。

3）R（Resolve）：解决，从以上两个步骤中所获得的时间和附加信息能够让销售顾问更容易用专业的方式加以回应，此外还能够显示销售顾问对顾客的关注，认同顾客的担忧，然后给出解决方案。

【案例 4-19】
顾客对车辆的燃油经济性有疑虑

C：林女士，您对车辆的燃油经济性很关注，您为什么认为咱们的车耗油高呢？（开放提问，明确疑虑。）

P：您也是从别人那里听到的，自己没有实际感受和体验，是吗？（复数异议，重新评估。）

R：您会有这样的想法我能理解，也有不少客户会有类似这样的误解，但事实上，我们的车不但在安全方面有非常不错的表现，在油耗方面也是有非常亮眼的表现。为什么我会这么说呢？我这边给您提供一份官方的帕萨特油耗数据，供您和其他品牌的同级车型做个对比，您就了解了。（认同心情，转化优势。）

【案例 4-20】
顾客认为甲壳虫的技术太落后

C：先生，您感觉甲壳虫哪项技术比较落后呢？

P：先生，我理解您的想法，你一定是担心这样的发动机技术会影响您驾驶时的动力性吧？

R：先生，我看您对发动机技术非常懂行，其实您知道决定汽车动力性的主要因素就是发动机和变速器。二者缺一不可。而在变速器方面，新甲壳虫所使用的是顶级品牌采用的 6 速手自一体变速器，能够更好地保障您的驾驶感受。

（三）汽车团购顾客异议处理技巧

汽车团购，顾名思义，就是许多准备买车的人通过网络、手机短信或电话等各种方式进行组团，组成十几人甚至几十人的团队集体去和经销商洽谈，达到以优惠价格买到新车的目的。这种购买方式是一种"以量压价"的消费行为，其成交价格一般取决于购买的车型、数量以及经销商的利润等因素。

团购作为一种时下流行的汽车购买方式，在其他行业早已屡见不鲜，但对于汽车这种大宗、高价产品来说，团购就不像组团购买其他产品那么简单。

在顾客团购活动的顾客邀约和销售当中，必须要跟顾客进行良好沟通，一般会通过4轮话术进行汽车团购的跟进。

1. 汽车团购活动邀约的4轮关键话术

（1）第1轮：开场白

1）参考话术。××先生，您好！我是××××的销售顾问××，××号您过来看的××车型，是我接待您的（拉近距离，降低排斥）。这边有一个非常重要的好消息告诉您，您看您现在方便吗？给您简单介绍一下。（如果说忙，可以顺势加微信："您的手机号是您的微信号吗？稍后加一下您微信，把活动内容先发给您，您抽空看一下，有什么需要帮忙的，可以随时通过微信或者打电话问我。"）

××厂家为了回馈广大客户的支持与信任，在××月××日举办东风本田汽车南宁鑫广达1号店"××××钜惠盛典购车惠"，一年就这一次机会，限时限量，优惠空前。这次××厂家还邀请了××网一起协助举办，优惠力度比以往都要大。您现在方便的话，我给您介绍一下这次活动。

首先，价格优惠是厂家直接公布的，不用您东奔西走地一个人去谈，大屏幕公开、透明地公布，非常公正。其次，厂家这次还联合权威媒体××网，赞助了非常多实用的礼品，我们平时搞小活动根本没有这么多实在的礼品。礼品虽然不是最关键的，不过能多送一点算一点啊。最关键的是，这次活动还有个诚意补贴，一共10个名额，提前报名交199元诚意金，活动当天订车直接升级为2000元。这个是媒体/厂家额外补贴的，按照报名顺序前10名才有的，一年就这一次机会，平时我们肯定是没有这些补贴和优惠的。这次活动是由厂家直接落地举办的，优惠力度比以往都要大。我先添加您微信把活动详情发给您先看看。

2）第1轮话术的关键点：

第一，以量取胜、热情是制胜法宝，建立信任，加微信好友。

第二，活动的切入点和话术的逻辑先后顺序很关键。

第三，留下退路压力小。

（2）第2轮：团购活动跟进

1）参考话术。××先生，昨天给您发的那个××厂家团购会链接，您看了吗？（无论客户说看了还是没看，都继续往下说。）是这样的，这次这个活动真的非常难得，一年就这一次机会。这次××厂家还邀请了××网一起协助举办，南宁区域的全部经销商都一起举办。这次活动优惠力度比以往都要大，我们每个人的邀请名额有限，确实是个非常好的机会，千万不能错过了。我是真心希望您可以用最优惠的价格买到自己喜欢的车。

2）第2轮话术的关键点：

第一，倾听是关键。

第二，不要急于求成。

第三，换位思考，引导客户说出顾虑，传递信心。

（3）第3轮：团购活动报名量刺激

1）参考话术。××先生，活动过两天就要开始了，名额也越来越少了，有什么不确定的您慢慢考虑，赶紧先报名把名额占了，反正如果到时候没买，意向全部会退给您。并且您成功支付意向金以后，会收到一个12位的验证码，活动当天凭验证码到场还可以领取一份到店礼。

2）第3轮话术的关键点：

第一，紧迫感加强。

第二，通过报名量刺激，例如名额越来越少。

（4）第4轮：确认参加团购人数

参考话术。销售顾问：××先生/×女士，你好！我是×××，恭喜您报名参加××厂家×月×日的厂家团购会，跟您确认一下明天是几位到场？

客户：两位。

销售顾问：好的，我们的活动会在14∶30点准时开始，您可以提前一点，14∶00前后到我们展厅活动现场，您到了可以找×××。

销售顾问（意向强的客户）：（邀约理由）活动当天人太多，若您买车有什么特殊需求（挑车、贷款、精品、二手车等），我可能没有时间帮您解决，不如您提前过来先把车型和颜色选好吧，有什么问题咱们提前解决。

第4轮话术的关键点：

第一，确认最终参加人数。

第二，建议客户提前到会，争取更多时间处理客户异议，促进成交。

2. 汽车团购活动常见异议处理

常见异议1：考虑一下。

话术范例1：×先生/×女士，我听您那边好像在忙。如果您现在不方便，您看这样，咱们先加个微信，我把活动的介绍发给您，您有空的时候先看看，有什么问题您可以微信问我。我叫×××，一会我加您，您通过一下（相信客户留下退路、注意聆听和分析客户的需求，通过聊天判定客户。）

话术范例2：×先生/×女士，看得出来您心里还是挺喜欢我们这个品牌的。买车肯定是要考虑一下，不过您有什么顾虑真的可以跟我说说，我在这个店已经××年了，我把我知道的跟您说，反正对您也没任何损失，买不买还是您自己决定。（共情并赞美客户。）

话术范例3：（调整自己的状态）×哥/×姐，您有什么顾虑可以说出来，买不买都没关系，我可以给您一些专业的建议，您参考一下也没有任何损失，是吧？（针对每次都说需要考虑考虑的客户。）

常见异议2：活动到底能优惠多少，总有个大概吧？

话术范例1：太好了，原来×先生也是爽快人，如果您真的考虑价格的问题，那么这次活动过来买肯定是最划算的。

话术范例2：说实话，我也非常想告诉您这辆车优惠多少钱，满意的话您直接过来了定了，我也不用这么麻烦还非要等活动。但确实是不知道！您想，厂家要办个这么大型的活动，主要也是为了人气、为了宣传，肯定也是要保密的，所以我们也没办法。加上您订车也是个大事情，肯定是要先到店里确定后才能订，对吧！

话术范例3：×先生，价格能不能达到您的期望值我不敢百分之百地保证，但是您可以先过来，等我们厂家公布了优惠政策，满意就定，不满意您再去其他家对比也不迟。毕竟是厂家公布价格，您到时候心里也有个底。

常见异议3：一听说要报名，就说到时候再说吧。

话术范例1：×先生，买卖都是自由的，您不用担心。只是因为这次活动不是所有人都能参加的，确实名额有限，厂家还专门请了权威媒体××网来监督，也是为了把实惠落实给大家。

话术范例2：×先生，如果您是担心报了名到时候又不买，那您完全不用担心，因为这次报名是厂家委托的权威媒体，目的就是为了让客户放心。而且，我们这次线上报名直接由第三方媒体监督，报名后厂家在后台的系统上自动就能看到，也能看清楚您心仪的车型，从而制订出最优惠的政策。如果到时候没买，系统3天后就自动将钱退还到您的账户上了，对您来说没有任何损失。

话术范例3：说实话，平时小活动比较多，也没有这么麻烦。但这次真的不一样，厂家补贴费用有限，所以名额不多，反正您先报名占个名额，对您来说没有任何损失。

常见异议4：等××月再买/等年底再买/等车展再买。

话术范例1：×先生，如果我是您，我也会这么想，等年底或者车展是不是更优惠。说实话，现在车价都非常透明，一年中淡季、旺季价差也不是很大，其实年底买车真的不一定比平时优惠得多。这次的活动内容是借助大屏幕公开公布，公平公正，只有90分钟就结束了，您来看看对您没有任何损失！

话术范例2：×先生，你要真考虑买车，我建议你不要再等了，早买早省钱。不仅省钱，还省心省力。这次是专业媒体组织，真正厂家补贴的活动，公正公开，时间就90分钟，还有很多其他客户在现场，大家一起把最大的优惠拿回家。如果您还不满意，再去别家也不迟啊！

常见异议5：你们每周都有活动，上周也说是厂家团购。

话术范例：是啊！×先生，我们经销店不定期都会举办一些小活动，但是每次活动都是不一样的，之前有新车上市、老客户答谢会，还有一些店头的周末互动小活动。但这次我们是厂家直接举办的团购活动。您看，您看这么长时间了，只有真正的团购活动才通知您，之前也都没有这么正式通知过。不过，您也看得出来，平时的小活动我也没这么上心地一直给你打电话对吧。如果您真成为我的客户了，当然客户的答谢会我肯定会及时通知到您的。而这次这个活动，厂家补贴费用有限，所以名额也不多，咱们认识这么久了，您如果近期真的考虑要买车，您找我绝对放心。您还有什么不明白的或者顾虑，都跟我说，能办的我肯定帮您办。

常见异议6：对比车展。

话术范例：一般车展厂家会支付参展费，每年的参展费有几百万元。而这次店内团购活动，厂家直接将参展费补贴在车价上，现在的车价肯定比车展要便宜很多。

常见异议7：对比竞品车型。

话术范例：买车毕竟也是大事，肯定是要对比对比。我建议，您这两天有空先过来试驾一下我们的车，先别着急定，看好了您先报名占个名额，到时候再过来一起参加这次厂家团购会。看了价格再考虑定哪款车也不迟啊！

常见异议 8：这么麻烦，先不报了，到时候再说。

话术范例：这个报名非常方便的，只需要点击我发给您的链接，填上姓名、电话和车型就可以了，整个流程下来就占用您几分钟。如果报名成功了，活动那天您买车在公布价格的基础上还能优惠 2000 元。报完名，您会收到一个 12 位的验证码，活动当天凭这个验证码就可以参加活动。

常见异议 9：不信任网站。

话术范例：您放心，××网在全国做了 8000 多场活动，咱们这一场已经是全国第 8211 场了。他们是专门做这种大型团购会的，不然××厂家也不会随便请个媒体来做的。而且费用是通过微信或者支付宝支付的，请您放心。（如果客户实在不信任线上支付，可以引导其转红包给销售顾问，然后销售顾问再帮忙线上支付。）

常见异议 10：现在不着急，等价格出来再说吧。

话术范例：这次活动采取的是闭馆销售方式，限时 90 分钟。如果您的确考虑买车，就先报名再交 199 元的意向金，占一个名额。活动当天价格合适咱就订，这 199 还能抵 2000 元；如果不合适，系统 3 天后就会自动退还意向金了。（语气中带着点着急。）

常见异议 11：能优惠××元吗？可以的话我就去看看。

话术范例：××先生，您相信我。如果你只是考虑价格的问题，那这次一定不要错过了，只要车看上了，这次活动期间买车肯定最划算的。×月×日活动开始后，厂家领导直接公布优惠政策，价格肯定比店里给的价格要低，如果合适了，咱们再定；不合适，这 199 元 3 天后就自动退还给您啦！（给客户信心。）

✖【任务实施】

任务要求

将全班分为若干组，根据以下案例提出的顾客异议进行理论知识的收集与学习，然后进行小组讨论，每个成员提出自己的解决方案。通过任务的完成过程，培养学习团队的团队沟通与交流能力以及分析顾客异议和解决顾客异议的能力。

任务载体

以下是汽车销售过程中常见的顾客异议，请说明你应对的方法和话术，见表 4-4。

表 4-4 顾客异议应对方法和话术

序 号	购买汽车的常见异议	应 对 话 术	采用的异议处理方法
1	这个品牌经常被召回，质量肯定是存在问题的		
2	我要回去跟我的太太商量商量		
3	车是好车，就是太贵了		
4	车不错，就是车尾太往上翘了		
5	日系车太单薄，安全性不太好		

任务思考

思考一：试用"是的……，如果……"话术，对以上所提到的"日系车太单薄，安全性不太好"的顾客异议进行应对。

思考二：在你向客户销售汽车进入谈价阶段时，此时客户提出："你们的汽车都上市这么久了，都成了老款车了，怎么还是这么贵？要是花这么多钱，我们还不如去买新上市的车型呢。"面对这样的顾客异议，你会如何应对？

项目五

售后跟踪服务

📖【学习目标】

通过本项目的学习，了解汽车售后跟踪服务的目的，掌握售后跟踪服务的流程、步骤和注意事项，并能够按照规范要求进行售后电话回访。

📖【项目描述】

我们有时会听到客户抱怨："购车之前销售人员殷勤体贴，有时甚至一天好几个电话；可一旦买了车，就再也接不到销售人员一个电话，真是太势力了。"实际上，客户提车并不意味着交易的成功、销售的结束。成交前的刻意奉承不如售后的周到服务，成功的销售人员会把成交之后继续与顾客维持联系视为销售的关键。真正的销售始于售后。

📋【知识目标】

↗ 了解汽车售后跟踪服务的目的。
↗ 掌握售后跟踪服务的流程。
↗ 掌握售后跟踪服务的步骤及注意事项。

📋【技能目标】

↗ 能进行交车后的电话回访。

📋【项目剖析】

汽车产品售后服务工作始于交车后，贯穿于客户用车、养车、修车、处理旧车的全过程，在汽车销售流程中占有非常重要的地位。如果不能提供或忽视售后服务，就无法使客户满意，更无法培养忠诚的客户。销售顾问可通过售后服务体现对客户的关怀，解决客户所面临的问题，化解客户的抱怨，从而与客户建立互信的合作关系，为寻找新的潜在客户，培养忠诚的客户奠定良好的基础。

【知识准备】

一、售后跟踪服务的意义

1）老客户维系，产生更多的潜在客户。

2）客户对特约店和产品的信任度提升，从而促进增换购概率提升。

3）客户对特约店的服务和产品的信任度加强，投诉率会随之下降。

4）增强客户对售后跟踪服务的信任度，愿意将车辆放在固定的特约店进行维修、维护。

5）提高新车满意度指数，提高客户满意度指数。

二、售后跟踪服务的内容

新车交付后的跟踪服务主要包括定期回访、特别关怀、营销维系3个主要方面，主要目的是进行客户维系，提高客户的到店维修维护比例，并获得更多的增购客户和转介绍。

在进行跟踪服务前，销售顾问首先要进行跟踪回访准备。

（一）回访准备

回访准备环节的主要工作包括：

1）完成客户文件归档。

2）填写客户管理卡并制订回访计划，销售经理检查确认。东风本田售后跟踪服务计划表见表5-1。

3）通过邮寄信件或发送电子邮件的方式向客户发送感谢卡和交车照片。

4）每次回访前要查看以往的记录内容。

表5-1 东风本田售后跟踪服务计划表

周 期	岗 位	目 的	执 行 方 式
离店2小时	销售顾问	致谢，取得购车经历评价	电话
3日	销售顾问	关心客户新车使用情况	电话
7日	市场经理	致谢，满意度调查	电话
1个月	销售顾问	送照片，购车信息收集	信件、电话
2个月	销售顾问	表示关心，购车信息收集	电话、短信、电子邮件
3个月	销售顾问	表示关心，购车信息收集	电话、短信、电子邮件
6个月	销售顾问	招揽定时、定程维护	电话
9个月	销售顾问	招揽定时、定程维护	电话
12个月	销售顾问	续保招揽，招揽定时、定程维护	电话
15个月	销售顾问	招揽定时、定程维护	电话
18个月	销售顾问	招揽定时、定程维护	电话
21个月	销售顾问	招揽定时、定程维护	电话
23个月	销售顾问	保修到期前通知	电话
24个月	销售顾问	续保招揽	电话
不定期店面活动	市场经理	邀请客户到店	电话
节日、客户生日	销售顾问	节日问候、祝贺	短信、电子邮件

（二）跟踪服务

1. 定期回访

离店 2 小时回访、3 天回访、7 天回访、首保提醒等关键节点。有些汽车品牌为了提高售后跟踪服务品质，还增加了 1 个月回访、二保提醒这两个关键环节，而且每个关键环节都有其主要的工作内容。下面以广汽本田汽车的售后跟踪服务为例进行说明，见表 5-2。

表 5-2　售后服务定期回访关键环节及工作内容

关键环节	工作内容
离店 2 小时回访	• 离店 2 小时内致电或发送短信，再次感谢客户，确认安全到达，询问新车使用情况。提醒车辆磨合期使用注意事项 • 告知客户如有疑问欢迎随时联系
3 天内回访	• 交车 3 天致电客户，询问新车使用情况 • 若客户有疑惑或不满意，记录具体内容，向销售经理汇报。销售经理必须在 24 小时内与客户联系，提出解决方案，请求客户的理解 • 在处理后 24 小时内进行跟踪回访，更新解决状态 • 告知客户客服专员将会在 7 天内再次联系，进行满意度调查
7 天内回访	• 交车 7 天，客服专员用客户喜欢的联系方式回访客户，询问车辆使用情况并询问车辆上牌情况，提醒磨合期注意事项以及首保里程或时间 • 如果客户对新车的质量使用有异议，需询问问题所在，快速帮助客户解决问题，向客户致歉 • 询问客户对销售服务体验的满意度，同时征询来自于客户的意见和建议 • 如果客户投诉，向销售经理汇报 • 销售经理必须在 24 小时内与客户联系，提出解决方案，请求客户的理解 • 在解决抱怨处理后 24 小时内进行跟踪回访，更新投诉解决状态
1 个月内回访	• 交车后 1 个月内，致电客户，询问新车整体使用情况及里程数，以及售后维护提醒 • 若客户有抱怨（疑惑不满意或投射），记录客户投诉，及时解决。无法解决的向销售经理汇报，必须在 24 小时内与客户联系，提出解决方案，请求客户的理解 • 客户若无抱怨，请客户进行转介绍或提供潜在客户联系信息
首保提醒	• 通过 DMS（汽车经销商管理系统）设置，在客户首保前进行自动提醒 • 用客户喜欢的联系方式回访客户，提醒首保，询问客户车辆的使用情况 • 主动向客户介绍售后预约服务及其好处 • 主动请客户提供可能的潜在客户购买信息 • 在首保提醒同时，提供当季活动信息，可以是促销、优惠或车主活动
二保提醒	• 交车后半年内（或根据之前所了解的行驶记录），致电客户，提醒二保 • 在征得客户同意的前提下，协助客户进行预约 • 客户到店维护时，陪同交接车，并指引客户休息

在每次回访结束后，将客户信息（或客户变更信息）、联系情况录入 DMS（汽车经销商管理系统），以更新系统信息。

2. 特别关怀

为了与客户保持良好关系，销售顾问还要对顾客进行生日问候、节日问候、天气关怀，由此拉近与客户之间的关系，具体内容见表5-3。

表5-3 售后跟踪服务特别关怀主要工作内容

生日问候	• 根据回访计划及 DMS 自动提醒，在客户生日当天，致电客户问候 • 询问新车整体使用情况及里程数，进行售后维护提醒 • 请客户进行转介绍或提供潜在客户联系信息 • 将客户信息、联系情况录入 DMS
节日问候	• 根据回访计划及 DMS 自动提醒，在特别节日当天，用客户喜欢的联系方式向客户问好 • 将客户信息、联系情况录入 DMS
天气关怀	• 在天气突然变化，出现极端情况的前 1 天或当天，以客户喜欢的联系方式告知客户并致以问候 • 将客户信息、联系情况录入 DMS

3. 营销维系

销售顾问除了要对客户进行定期回访和特别关怀之外，还应告知客户4S店举办的各项活动、续保信息。售后跟踪服务营销维系主要项目及工作内容见表5-4。

表5-4 售后跟踪服务特别关怀主要工作内容

活动告知	• 在公司举办车主讲座、自驾游、新车型发布等各类活动前，梳理保有客户名单，做好告知及邀约准备 • 致电客户，告之活动内容，邀约客户参加，在征得客户同意的前提下，进行预约登记 • 将客户信息、联系情况录入 DMS
促销推荐	• 在公司举办各类促销活动前，梳理保有客户名单，做好告知及邀约准备 • 致电客户，告之活动内容，邀约客户参加，在征得客户同意的前提下进行预约登记 • 将客户信息、联系情况录入 DMS
续保提醒	• 根据回访计划及 DMS 自动提醒，在客户保险到期前 2 个月致电客户，告知其保险即将到期 • 根据回访计划及 DMS 自动提醒，在客户保险到期前 1 个月致电客户，在征得客户同意后进行续保报价 • 将客户信息、联系情况录入 DMS

三、售后跟踪服务话术

（一）提车当天销售顾问客户回访话术

时间：提车当天估计客户到家时。

销售顾问：

某某（先生/女士）您好！我是××××4S店的销售顾问小李，请问用车情况怎么样？您现在是否安全到家了？（得到肯定答复）

非常感谢您选择在我们公司购车！能够为您服务是我的荣幸。您一路开回家，对车的基本操作还有疑问吗？（如有，要详细解答。）

提醒您一下新车磨合期的注意事项：车辆在首保之前属于磨合期，为了使您的爱车处于良好的磨合状态，行驶时车速要低于 80 公里/小时，减少急加速、急减速和急刹车。

我们公司是一站式服务，如果您需要交税、买保险、办理牌照业务，请随时给我打电话，我将协助您办理！

那打扰您了，祝您用车愉快！再见！

（二）销售顾问交车 3 天内回访电话话术

李女士 3 天前购买了日产的骐达汽车，以下是她的销售顾问对她进行的电话回访。

（注：A 代表销售顾问，B 代表李女士）

A：李女士您好，我是××4S 店的销售顾问小卢，很冒昧打扰您！大概需要占用您 3 分钟的时间，请问您现在接电话方便吗？

B：可以啊。

A：首先对您购买我们东风日产品牌的汽车表示由衷的感谢！您在这一路上驾驶新车感觉如何？有什么操作不明白的地方吗？

B：不客气！在交车的时候各项操作你已经讲得很清楚了，暂时没有发现什么问题，如果有什么问题给您打电话，可以吗？

A：完全可以啊！为了更好地爱护您的爱车，在 3 个月内，行驶 5000 千米左右，车辆应该做首保，首保是免费的。请您在首保的时候带着您的维护手册，我们的服务顾问和维修技师会为您的爱车做一次全面检查。到时候我再电话提醒您，可以吗？

B：哦，麻烦你了！

A：李女士，还要提醒您的是：车辆在首保之前属于磨合期，为了使您的爱车处于良好的磨合状态，行驶时车速要低于 80 公里/小时，减少急加速、急减速和急刹车。

B：哦，谢谢你的提醒！

A：李女士，对于您此次的购车经历，您对我的服务有什么意见或者建议吗？

B：不错，不错！

A：李女士，如果您满意我的服务，以后有朋友或亲戚需要购车的话，也请介绍给我吧，我一定会提供更好的服务给他们。

B：好的，一定！

A：感谢您对我们工作的支持，如果您的爱车在使用中需要帮助，欢迎您拨打我们的服务电话！祝您用车愉快！再见！

（三）客服专员交车 7 天内电话回访话术

李先生 7 天前购买了广汽本田雅阁汽车，以下是客服专员对其进行电话回访。

（注：A 代表客服专员，B 代表李先生。）

A：您好！我是××广汽本田特约店客户服务中心的客服代表。首先非常感谢您选择了广汽本田雅阁！您的车是否已经上牌（此问题要核对销售客户信息再问；如果是没有领取合格证，没有开具发票的客户不宜提问此项目），登记车牌号码了吗？为了进一步给您提供更好的服务，我代表××特约店询问您几个关于此次购车满意度的问题，以便于我们不断改进自己的服务工作，大概需要 5 分钟时间，您看可以吗？（如果客户认为不便，就询问方便的时间以便再联系，挂线。）

A：谢谢您的支持。请您对 2014 年 7 月 5 日在××广汽本田特约店购车的情况，用 1 到 5 分来评价（5 分制）您对以下内容的满意程度：5 分为最高分，表示非常满意；4 分为比较满意；3 分为一般；2 分为不太满意；1 分为非常不满意。我们可以开始了吗？

（确认客户姓名、联系地址、邮政编码、联系电话、电子邮箱。）

如果客户对产品质量有所抱怨：

A：李先生，您所反映的问题我已经做了记录，真对不起，给您的用车带来了不便。您还有什么需要补充的吗？如果没有，我将马上联系售后部门的同事，他们会在 24 小时内联系您，并及时提供处理方案，现在我跟您核对一下您现在的位置，一旦需要现场诊断，我们可以及时赶去处理。如果有任何其他问题，您也可以询问售后服务部门的同事。稍后，我会把售后服务部门同事的联系方式用短信的方式发送给您。李先生，再次向您表示诚挚的谢意。

如果客户对特约店服务有所抱怨：

A：李先生，您所反映的问题对我们提升今后的服务质量很有帮助，之前因为我们服务人员服务不当，让您感到不满，我向您表示诚挚的歉意。我已经把您所反馈的意见做了记录，并会马上转告给相应部门的经理，他们随后会再次联系您，并告知您将会采取何种改进措施，与您探讨做进一步的完善，直到令您满意。在这里，我再次就此事向您说声对不起。

（四）定期客户维系——短信关怀话术

例如：×××店，夏季服务月火热进行中，维护维修工时费八折优惠！即日起至××日，来店即可参与多项车辆安全性能免费检查，并赠送矿泉水一箱。礼品多多，惊喜多多，详情也可咨询××××××××。

（五）首保提醒话术

（注：A 代表销售顾问，B 代表李先生。）

A：李先生，很多客户在买车后非常关心维护费用问题，以及每次维护所要花费的时间。对于这个问题，我能用 2 分钟的时间向您做一下介绍吗？

B：好啊！

A：很多客户都希望能够在今后的常规维护中节省一些维护的费用以及缩短每次维护的等待时间，提高交车的速度，不知道您是否也关注这一点？

B：对啊，能节省时间当然更好了。

A：为了满足这些要求，确保您车辆维护时无停留、无等待，我们可向您提供预约维护服务，对预约维护的顾客开通绿色通道。同时为了鼓励预约维护，我们还专门为预约的客户准备了精美的礼品。

B：好啊！

A：为了让您能够更畅快地驾驭您的爱车，请您一定要记得首保里程是 5000 千米。您可以在接近首保里程时给我打电话，我来帮您预约。

B：好的。

A：您有任何问题都可以随时联系我们，另外，我们会与您确认具体的维护时间，并为您做维护预约登记。感谢您对我工作的支持和鼓励，也希望您推荐朋友莅临我们展厅。

【任务实施】

任务要求

根据以下案例内容，利用本任务所学的有关售后跟踪服务的相关知识进行分析，并回答问题。

任务载体

【案例 5-1】

××先生购买了上海通用品牌的某款车型，以下是销售顾问在不同回访时间的话术。

1. 交车后 7 天之内

话术示范：

1）×××，您好！我是×××的小张。现在接听电话方便吗？

2）给您打电话主要是想问一下，对于新车上的操作不知道您有没有什么不清楚的地方？需不需要我再为您讲解一下？

3）昨天我在公司客服中心看到您填写的销售满意度调查评分表，您给我打的都是 10 分（如果不是 10 分，询问原因，提及改进措施），非常感谢您对我的信任和支持，以后您车辆的事情就是我的事情，有什么需要帮助的随时与我联系，我一定会尽我所能地提供帮助。

4）还有就是我们厂家还有一次电话回访，一定要注意接听啊！回访内容和上次您到我们店提车时，我们经理做的面访内容是一样的，您上次提车时都是非常满意的，如果回访到您也请评非常满意啊。

5）在车辆使用中有任何问题都可以随时与我联系。

6）感谢您对我的信任和支持，我们有什么做得不好的地方，还请您多多包涵。最后祝您用车愉快，生活幸福！再见。

2. 交车后 15 天内，公司 SSI（Sales Satisfaction Index，销费者满意度）回访结果出来之后

话术示范：

1）×××，您好！我是×××的小张啊！现在方便接听电话吗？

2）车辆用了快半个月了，这几天新车使用情况怎么样？一切都还满意吧？

3）上次听您说有朋友也在看别克，不知道他最近有没有买车的打算？

4）×××，这边还要麻烦您一下，就是我上次给您说的厂家回访，您接到电话了吗？（没有）它是从我们所有客户中随机抽取，时间有点长，可能需要 20 分钟。如果您被抽中了，请一定要给好评啊！到时候公司还会从打满分的客户中抽奖，送些小礼品，这个忙您一定要帮啊，如果看到以 021 或者 400 开头的电话，一定要接听啊。

5）再次表示感谢，祝您用车愉快！再见。

3. 交车后 30 天内

1）×××，您好！我是×××的小张啊！我又给您打电话了，现在方便接听电话吗？

2）您车子都提了一个月了，驾乘还满意吗？油耗怎么样？这边给您进行一下首保提醒：我们首保是 3000～5000 千米，时间是 3 个月内，您到时候可以提前一天和我联系，我帮您预约，这样就不用排队了。

3）好的，到时候您朋友买车一定要介绍给我啊。

4）×××，您接到厂家的回访电话了吗？（接到了，都打的满分。）那非常感谢！那我就帮您关注一下您有没有中奖，如果中奖了，我给您打电话。

5）（没有接到）那×××一定要多留意一下啊，如果有以 021 或者 400 开头的电话，一定要接听啊，拜托了。

6）有什么需要帮助的，请随时和我联系。祝您用车愉快！再见。

任务思考

思考：利用售后跟踪服务的相关知识，分析以上话术，在每个不同时间段进行的电话回访的目的是什么？

汽车保险销售

【学习目标】

通过本项目的学习，了解汽车保险的相关术语，掌握几种常见保险的险种，并能够根据车辆使用环境、使用条件等情况进行保险方案的制订，并推荐给客户。

【项目描述】

汽车用户不可能保证完全避免事故的发生和转移，但可以通过各种方式预防和降低交通事故、意外事件发生的概率，并且使其所造成的损失能被分散和转移。而汽车用户要合理地规避风险，就必须要求汽车保险销售人员根据汽车用户的驾驶技能、车辆的状况、车辆的使用环境等具体情况，为汽车用户制订并推荐合理的保险方案，将可能遭受的风险损失分散给其他用户，转移给保险公司。

【知识目标】

↗ 了解汽车保险的特点。
↗ 熟悉汽车保险的专业术语。
↗ 掌握几种最常见的汽车保险险种。

【技能目标】

↗ 能够根据客户情况推荐合适的保险产品。
↗ 掌握汽车保险销售的基本谈话技巧。

【项目剖析】

保险是无形的商品，在不需要的时候买，在需要的时候用，由于看不见、摸不着，因此很容易遭到客户的回绝。如何有效地与准客户沟通洽谈，是成功销售的关键。在保险销售洽谈中会涉及赢得客户的信任、购买汽车保险重要性的观念渗透、保险产品及其组合的推介、促进保险方案成交等一系列问题。若想在洽谈中掌握主动权，就必须做好每一步的准备工作，而掌握汽车保险的相关知识是必不可少的。

【知识准备】

一、汽车保险

1. 汽车保险概述

汽车保险是指汽车由于自然灾害或意外事件所造成的人员伤亡或财产损失负赔偿责任的一种财产保险。它在保险领域里属于一种相对"年轻"的险种，伴随着汽车的普及而不断发展成熟。

汽车保险使得拥有汽车的企业、家庭和个人所面临的种种风险及其损失后果得以在全社会范围内分散与转嫁，体现了"集合危险，分散损失"的社会原理。

【小知识 6-1】

汽车保险的相关术语

保险标的：指保险合同中双方当事人权利和义务所指的对象。保障对象可以是财产、与财产有关的利益或责任，也可以是人的生命和身体。

保险人：与投保人订立保险合同，并承担赔偿或者给付保险责任的保险公司。

投保人：与保险人订立保险合同，并按照保险合同负有支付保险费义务的人。

被保险人：其财产或者人身受保险合同保障，享有保险金请求权的人，投保人可以是被保险人。

保险事故：保险合同约定的保险责任范围内的事故。

索赔：保险事故发生后，被保险人或受益人依照保险合同约定向保险人请求赔偿保险金的行为。

定损：确定保险标的的实际损失的过程。

承保：保险人接受投保人的投保申请，并与投保人签订保险合同的过程。

出险：保险期限内保险事故的发生。

结案：保险人对赔案中应承担的义务和应享有的权利执行完毕的状态。

续保：在保单期满前，投保人向保险人提出申请，保险人同意以原承保条件或者以一定附加条件继续承保的行为。

第三者：在保险合同中，保险人是第一者；被保险人或致害人是第二者；除保险人和被保险人之外的，因意外事故而遭受人身伤害或财产损失的受害人是第三者。

---

2. 汽车保险结构

汽车保险为不定值保险，由机动车交通事故责任强制保险（简称交强险）和商业险构成。交强险为国家强制保险，机动车辆不购买交强险不可上路；商业险可根据自身需要购买，分为基本险和附加险。

基本险包括机动车第三者责任险（简称"三者险"）、机动车损失险（简称"车损险"）、机动车全车盗抢险（简称盗抢险）、机动车车上人员责任险共 4 个独立的险种（图 6-1），投保人可以选择投保其中部分险种，也可以选择投保全部险种。在 2020 年实行的保障新政策当中，将全车坠抢险从基本险中删除了。附加险包括玻璃单独破碎险、自燃损失险、车身划痕损失险、车上货物责任险、新增加设备损失险、不计免赔率险等。附加险不可单独承保，需依托主险项下承保。

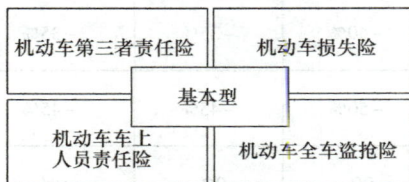

图 6-1　汽车基本险种

（1）机动车交通事故责任强制保险　机动车交通事故责任强制保险，是应《道路交通安全法》的实行而推出的针对机动车的车辆险种，于 2006 年 7 月 1 日正式施行，根据配套措施的最终确立，于 2007 年 7 月 1 日正式普遍推行。按照《机动车交通事故责任强制保险条例》（简称《交强险条例》）的规定，交强险是由保险公司对被保险机动车发生道路交通事故造成受害人（不包括本车人员和被保险人）的人身伤亡、财产损失，在责任限额内予以赔偿的强制性责任保险，属于责任保险的一种。

根据《交强险条例》的规定，在中华人民共和国境内道路上行驶的机动车的所有人或者管理人都应当投保交强险，机动车所有人、管理人未按照规定投保交强险的，由公安机关交通管理部门扣留机动车，通知机动车所有人、管理人依照规定投保，并处依照规定投保最低责任限额应缴纳的保险费的 2 倍罚款。

汽车基础费率因车型不同而各不相同，但对同一车型全国执行统一标准。例如家庭自用汽车 6 座以下的交强险保险费为 950 元，6 座及以上的交强险保险费为 1100 元。交强险保险费率与交通违章挂钩，安全驾驶车辆可以享有优惠费率，多次肇事承担较高费率，即实行费率与违章挂钩的费率浮动机制。

【小知识 6-2】

汽车交强险保险费计算方法

2020 年中国银保监会发布了《关于实施车险综合改革的指导意见》，并于 2020 年 09 月 19 日开始实施。保险新政策与 2014 年版相比，在交强险费率浮动上具有一定的变化，现行的费率浮动具体情况（见表 6-1）如下：

交强险保费 = 基础保险费 × (1 + 与道路交通事故相联系的浮动比率 X)

式中，X 取 ABCDE 方案其中之一对应的值。

表6-1 汽车交强险保险费浮动比率（改革后的2020年版）

交强险费率浮动					
浮动因素	浮动比率 A（内蒙古/青海/海南/西藏）	浮动比率 B（云南/广西、陕西）	浮动比率 C（甘肃/黑龙江/吉林/山西/新疆）	浮动比率 D（北京/天津/河北/宁夏）	浮动比率 E（其他地区）
上一年度未发生有责交通事故	−30%	−25%	−20%	−15%	−10%
上两年度未发生有责交通事故	−40%	−35%	−35%	−25%	−20%
上三年及以上未发生交通事故	−50%	−45%	−45%	−35%	−30%
上一年度发生1次有责不涉及死亡交通事故	0%	0%	0%	0%	0%
上一年度发生2次及以上不涉及死亡的交通事故	10%	10%	10%	10%	10%
上年度发生有责涉及死亡的交通事故	30%	30%	30%	30%	30%

赔偿限额与责任免除：

改革后的2020版较2014版机动车交通事故责任强制保险（简称交强险）的责任限额标准，具有一定的增加额，以下是交强险赔偿限额改革前后的对比，见表6-2。

表6-2 机动车在道路交通事故中有责任的赔偿限额

交强险赔偿限额	机动车在道路交通事故中			
	有 责		无 责	
	改革前/万元	改革后/万元	改革前/万元	改革后/万元
死亡伤残赔偿限额	11	18	1.1	1.8
医疗费用赔偿限额	1	1.8	0.1	0.18
财产损失赔偿限额	0.2	0.2	0.01	0.01
总计/万元	12.2	20	1.21	1.99

（2）汽车商业险基本险 基本险包括机动车损失险、机动车第三者责任险、机动车全车盗抢险和机动车车上人员责任险共4个独立险种。在2020年实施的保险新政策中，全车盗抢险从基本险中被删除，而车辆损失险则涵盖了全车盗抢险责任。投保人可根据自身需要选投部分险种或投全险。

1）车损险。车损险是指被保险机动车遭受保险责任范围内的自然灾害（不包括地震）或意外事故，造成被保险机动车本身损失，保险人依据保险合同的规定给予赔偿。

2）三者险。三者险是指被保险人或其允许的驾驶人员在使用被保险机动车过程中发生意外事故，致使第三者遭受人身伤亡或财产直接损毁，依法应当由被保险人承担的经济责任，保险人负责赔偿。同时，若经保险人书面同意，被保险人因此发生仲裁或诉讼费用的，保险人在责任限额以外赔偿，但最高不超过责任限额的30%。

3）盗抢险。盗抢险的保险责任为全车被盗窃、被抢劫、被抢夺造成的车辆损失以及在被盗窃、被抢劫、被抢夺期间受到损坏或车上零部件、附属设备丢失需要修复的合理费用。

4）机动车车上人员责任险。车上人员责任险负责赔偿被保险机动车交通意外造成的本车人员伤亡。

【小思考 6-1】

三责险与交强险保的都是第三者，两者有何区别？

（3）汽车商业附加险　附加险包括玻璃单独破碎险、车身划痕损失险、自燃损失险、车上货物责任险、新增设备损失险、不计免赔率险等。附加险不可单独承保，需依托主险项下承保，未购买基本险的不能购买附加险。

1）玻璃单独破碎险。该险种为车损险的附加险，需投保车损险才可投保本险种。

玻璃单独破碎险即保险人负责赔偿被保险机动车在使用过程中，发生本车玻璃单独破碎的损失的一种商业保险。玻璃单独破碎是指被保险机动车只有前风窗玻璃和车窗玻璃（不包括车灯、车镜玻璃）出现破损的情况。

2）车身划痕损失险。车身划痕损失险是车损险的附加险，指在保险期间内，被保险机动车发生无明显碰撞痕迹的车身表面油漆单独划伤，保险人按实际损失负责赔偿。

目前，有些财险公司不再办理该项业务，因为划痕险的原因鉴定比较复杂，事故现场取证难，存在道德风险，有些车辆的划痕明明是两车剐擦引起的，但也当作车身划痕损失险报案；有些车主觉得车辆旧了，想喷一下漆，就在自己车上划几道痕……这使得车身划痕损失险的赔付率较高，保险公司负担较大。

3）自燃损失险。自燃损失险是车损险的附加险。在保险期间内，被保险机动车在使用过程中，因本车电路、线路、油路、供油系统、货物自身发生问题、机动车运转摩擦起火引起火灾，造成被保险机动车的损失以及被保险人在发生本保险事故时，为减少被保险机动车损失所支出的必要、合理的施救费用，保险人负责赔偿。

4）不计免赔率险。不计免赔率险承保的是事故发生后，对应险种规定的应当由被保险人自行承担的免赔金额，由保险人负责赔偿。

《机动车保险条款》规定：根据被保险机动车驾驶人在事故中所负责任，车损险和三责险在符合赔偿规定的金额内实行绝对免赔率：负全部责任的免赔20%，负主要责任的免赔15%，负同等责任的免赔10%，负次要责任的免赔5%。即两个主险在发生事故时的赔偿率并非100%，而是根据被保险人在事故中所负的责任大小按比例赔偿。

【小思考 6-2】

投了不计免赔率险等于全赔吗？请说出理由。

【小知识6-3】

商业险改革后的变化

　　保险新政策也对商业车险进行了改革，取消了原条款当中的5%～30%的事故责任免赔率，并删除了地震及其次生灾害等易发生争议的免责条款，还开发了车轮单独损失险、医保外用药责任险、法定节假日限额翻倍等附加险产品，同时将划痕险限额由最高5000元调整到最高20000元，具体变化见表6-3。

表6-3　机动车商业险改革前后对比

险种（改革前）	额度（改革前）	险种（改革后）	额度（改革前）
第三者责任险	赔对方人、财产、车辆损失；只能赔对方住院社保内用药，责任限额为5～500万元，最高赔500万元	第三者责任险	赔对方人、财产、车辆损失；只能赔对方住院社保内、外用药，责任限额为10～1000万元，最高赔1000万元
车辆损失险	单独购买，赔车车险损失	车辆损失险	车辆损失险、机动车全车盗抢、玻璃单独破碎、自燃、指定修理厂、发动机涉水、不计免赔率、无法找到第三方等（不单独购买，捆绑销售）
全车盗抢险	单独购买，赔盗抢损失		
自燃险	附加险形式单独购买		
发动机涉水险	附加险形式单独购买		
玻璃单独破碎险	附加险形式单独购买		
无法找到第三方特约险	附加险形式单独购买		
不计免赔特约险	附加险形式单独购买		

　　商业险保费费率与出险次数有关，在保险改革前后商业险费率对比见表6-4。

表6-4　机动车商业险保费费率改革前后对比

改革前后的出险次数与保费关系			
车险费率改革前	车险费率改革前	车险费率改革后	车险费率改革后
上年出险次数	第二年保费浮动系数	上年出险次数	第二年保费浮动系数
5次	1	5次	2
4次	0.9234	4次	1.75
3次	0.8465	3次	1.5
1次	0.7695	2次	1.25
0次	0.6885	0次	1
连续两年0次	0.567	连续两年0次	0.7
连续三年0次	0.486	连续三年0次	0.6
新车保费	0.9	新车保费	1

保险新政策中，将全车盗抢险从基本险当中删除，车辆损失险涵盖了机动车全车盗抢、玻璃单独破碎、自燃、指定修理厂、发动机涉水、不计免赔率、无法找到第三方这七个保险责任，无须额外投保。

此外，还新增了"附加绝对免赔率特约条款"和"附加发动机进水损坏除外特约条款"两个减费条款。客户可选择保险公司免赔5%、10%、15%或20%的比例，主险赔款也按比例打折，主险保费也可以按比例下降。而客户选择附加发动机进水损坏除外特约条款，保费可以下降；但是由于发动机进水造成的损坏，保险就不承担赔偿责任。

同时，保险公司还扩展道路救援、车辆安全检测、代为驾驶、代为送检等增值服务。

① 道路救援：单程50km以内拖车；送油、送水、送防冻液、搭电；轮胎充气、更换轮胎；车辆脱离困境所需的拖拽、吊车（两次免费使用，超两次酌情收费，项目及次数上限在投保时确定；免费送油、送水、送防冻液时，需收取材料费）。

② 车辆安全检测：发动机检测、变速器检测、转向系统检测、底盘检测、轮胎检测、汽车电子系统检测、车内环境检测、蓄电池检测、车辆综合安全检测。

③ 代为驾驶：因为饮酒、服用药物等原因无法驾驶或存在重大安全驾驶隐患时，可以提供单程30km内短途代驾，服务次数上限在投保时确定。

④ 代为送检：当需要安全技术检验时，保险公司或其受托人可代为进行车辆送检。目前，增值服务附加险允许费率设定为"0"。

（4）汽车保险费计算公式

1）车损险保险费＝基本保险费＋本险种保险金额×费率。

2）三者险保险费＝固定档次赔偿限额对应的固定保险费。

3）盗抢险保险费＝车辆实际价值×费率。

4）车上人员责任保险保险费＝本险种赔偿限额×费率。

5）新增加设备损失险保险费＝本险种保险金额×费率。

6）玻璃单独破碎险保险费＝新车购置价×费率。

7）自燃损失险保险费＝本险种保险金额×费率。

8）车上货物责任险保险费＝本险种赔偿限额×费率。

机动车辆保险基准费率见表6-5。

二、汽车保险销售概述

（一）汽车保险销售的渠道

汽车保险销售可分成直接销售和间接销售两种模式，直接销售包括人员销售、电话销售和网上销售3种方式；间接销售包括专业保险代理人、保险兼业代理、银行及邮政代理、网商代理等模式。

表6-5 机动车辆保险基准费率表

类别	座位/吨位	机动车损失险 1年以下 固定保险费/元	费率	1~2年 固定保险费/元	费率	2~6年 固定保险费/元	费率	6年以上 固定保险费/元	费率	第三者 5万	10万	15万	20万	30万	50万	100万	盗抢险 固定保险费/元	费率	车上 驾驶人座位	乘员座位	破碎险 国产	进口
非营业个人	6座以下	566	1.35%	539	1.28%	533	1.27%	549	1.31%	710	1026	1169	1270	1434	1721	2242	120	0.49%	0.41%	0.26%	0.19%	0.30%
	6~10座	679	1.35%	646	1.28%	640	1.27%	659	1.31%	659	928	1048	1131	1266	1507	1963	140	0.43%	0.39%	0.25%	0.19%	0.30%
	10座以上	679	1.35%	646	1.28%	640	1.27%	659	1.31%	659	928	1048	1131	1266	1507	1963	140	0.43%	0.39%	0.25%	0.22%	0.36%
非营业企业客车	6座以下	368	1.22%	351	1.16%	347	1.15%	358	1.18%	750	1067	1206	1304	1456	1734	2258	120	0.48%	0.41%	0.25%	0.13%	0.24%
	6~10座	442	1.16%	421	1.10%	417	1.09%	430	1.13%	730	1039	1179	1275	1433	1711	2228	130	0.52%	0.39%	0.23%	0.13%	0.24%
	10~20座	442	1.24%	421	1.18%	417	1.17%	430	1.21%	846	1207	1370	1484	1669	1995	2599	130	0.45%	0.39%	0.23%	0.14%	0.27%
	20座以上	461	1.24%	439	1.18%	434	1.17%	447	1.21%	856	1262	1449	1585	1799	2172	2829	140	0.55%	0.41%	0.25%	0.15%	0.28%
非营业机关客车	6座以下	285	0.95%	272	0.90%	269	0.85%	277	0.92%	639	900	1018	1097	1229	1463	1905	110	0.38%	0.39%	0.24%	0.13%	0.24%
	6~10座	342	0.90%	326	0.86%	323	0.89%	333	0.87%	612	862	974	1050	1177	1401	1824	120	0.40%	0.36%	0.22%	0.13%	0.24%
	10~20座	342	0.95%	326	0.90%	323	0.89%	333	0.92%	730	1028	1163	1253	1404	1671	2176	120	0.40%	0.37%	0.22%	0.14%	0.27%
	20座以上	357	0.95%	340	0.90%	336	0.90%	346	0.92%	938	1321	1494	1611	1804	2418	2797	130	0.46%	0.38%	0.23%	0.15%	0.28%
非营业货车	2吨以下	249	0.96%	237	0.91%	235	0.90%	242	0.93%	805	1133	1280	1381	1547	1841	2398	130	0.50%	0.46%	0.28%	0.11%	0.16%
	2~5吨	321	1.23%	306	1.18%	303	1.16%	312	1.20%	1052	1521	1734	1886	2129	2554	3327	130	0.50%	0.46%	0.28%	0.11%	0.16%
	5~10吨	351	1.35%	334	1.29%	331	1.27%	341	1.31%	1250	1783	2023	2191	2462	2943	3832	130	0.50%	0.46%	0.28%	0.11%	0.16%
	10吨以上	231	1.64%	220	1.56%	218	1.55%	225	1.59%	1646	2319	2622	2827	3166	3770	4908	130	0.50%	0.46%	0.28%	0.11%	0.16%
	低速载货汽车	212	0.81%	202	0.77%	200	0.77%	206	0.79%	683	962	1089	1174	1314	1566	2039	130	0.50%	0.46%	0.28%	0.11%	0.16%

（续）

营业车及特种车		机动车损失险								机动车第三者责任保险/元							机动车全车盗抢险		机动车上人员责任险		玻璃单独破碎险	
		2年以下		2~3年		3~4年		4年以上									固定保险费/元	费率	驾驶人座位	乘员座位	进口	国产
		固定保险费/元	费率	固定保险费/元	费率	固定保险费/元	费率	固定保险费/元	费率	5万	10万	15万	20万	30万	50万	100万						
出租、租赁营业客车	6座以下	970	2.93%	960	2.90%	951	2.87%	970	2.93%	1579	2382	2769	3029	3516	4454	5860	100	0.46%	0.50%	0.31%	0.31%	0.19%
	6~10座	1058	2.20%	1048	2.18%	1037	2.16%	1058	2.20%	1489	2246	2610	2857	3314	4201	5525	90	0.43%	0.40%	0.24%	0.31%	0.19%
	10~20座	1102	2.07%	1091	2.05%	1080	2.03%	1102	2.07%	1574	2414	2821	3102	3618	4608	6601	90	0.47%	0.42%	0.26%	0.35%	0.21%
	20~36座	979	1.97%	969	1.95%	959	1.93%	979	1.97%	2116	3342	3941	4375	5147	6614	8700	80	0.49%	0.42%	0.26%	0.43%	0.25%
	36座以上	2867	2.22%	2838	2.20%	2810	2.18%	2867	2.22%	3331	5144	6024	6641	7763	9910	13035	80	0.53%	0.42%	0.26%	0.47%	0.28%
城市公交	6~10座	902	1.83%	893	1.81%	884	1.79%	902	1.83%	1459	2203	2560	2801	3250	4118	5417	60	0.46%	0.42%	0.25%	0.31%	0.19%
营业客车	10~20座	938	1.72%	929	1.70%	919	1.69%	938	1.72%	1625	2453	2851	3120	3620	4587	6035	90	0.43%	0.44%	0.27%	0.35%	0.21%
	20~36座	836	1.63%	828	1.62%	820	1.60%	836	1.63%	2253	3465	4052	4460	5206	6636	8728	90	0.48%	0.50%	0.31%	0.44%	0.26%
	36座以上	2414	1.85%	2389	1.83%	2365	1.81%	2414	1.85%	3051	4819	5684	6309	7423	9538	12546	90	0.52%	0.50%	0.31%	0.49%	0.29%
公路客运	6~10座	1022	2.12%	1012	2.09%	1001	2.07%	1022	2.12%	1429	2155	2505	2741	3180	4031	5302	60	0.47%	0.42%	0.25%	0.31%	0.19%
营业客车	10~20座	1063	1.99%	1053	1.97%	1042	1.95%	1063	1.99%	1591	2401	2791	3055	3542	4489	5905	90	0.45%	0.44%	0.27%	0.35%	0.21%
	20~36座	945	1.89%	936	1.87%	921	1.85%	945	1.89%	2341	3533	4106	4494	5213	6607	8691	80	0.49%	0.50%	0.31%	0.44%	0.26%
	36座以上	2760	2.13%	2733	2.11%	2705	2.09%	2760	2.13%	3443	5195	6033	6607	7666	9715	12780	80	0.53%	0.50%	0.31%	0.49%	0.29%
营业货车	2吨以下	824	1.89%	815	1.87%	807	1.85%	824	1.89%	1120	1746	2055	2262	2664	3340	4362	130	0.50%	0.77%	0.48%	0.18%	0.12%
	2~5吨	1009	1.95%	999	1.93%	989	1.91%	1009	1.95%	1802	2811	3307	3642	4288	5376	7021	130	0.50%	0.77%	0.48%	0.18%	0.12%
	5~10吨	1184	2.02%	1172	2.00%	1160	1.98%	1184	2.02%	2069	3226	3796	4180	4921	6171	8059	130	0.50%	0.77%	0.48%	0.18%	0.12%
	10吨以上	1987	2.32%	1967	2.30%	1947	2.28%	1987	2.32%	2825	4422	5203	5729	6745	8455	11043	130	0.50%	0.77%	0.48%	0.18%	0.12%
	低速载货汽车	700	1.60%	693	1.59%	686	1.57%	700	1.60%	953	1485	1748	1925	2266	2840	3710	130	0.50%	0.77%	0.48%	0.18%	0.12%
特种车	特种车一	1009	1.95%	999	1.93%	989	1.91%	1009	1.95%	2604	4171	4950	5498	6527	8251	10777	130	0.52%	0.58%	0.48%	0.14%	0.08%
	特种车二	501	0.93%	496	0.92%	491	0.91%	501	0.93%	1319	1699	1919	2123	2572	3369	4966	130	0.51%	0.58%	0.39%	0.15%	0.08%
	特种车三	433	0.81%	429	0.80%	425	0.79%	433	0.81%	604	790	896	997	1212	1598	2335	130	0.51%	0.58%	0.39%	0.17%	0.09%
	特种车四	1099	2.06%	1088	2.04%	1077	2.02%	1099	2.06	2474	3963	4703	5498	6853	8664	11315	140	0.51%	0.58%	0.39%	0.17%	0.09%
挂车																						

挂车的机动车损失险、机动车全车盗抢险费按对应档次货车基准保险费的50%计算保险费、同吨位货车对应档次盗抢险费率和固定保险费。挂车的机动车第三者责任险基准保险费按对应档次货车基准保险费的30%计费

（续）

摩托车及拖拉机		机动车车损失险		机动车第三者责任险/元							机动车全车盗抢险		机动车车上人员责任险	玻璃单独破碎险
		固定保险费/元	费率	5万	10万	15万	20万	30万	50万	100万	固定保险费/元	费率	不分驾驶人、乘员座位	
摩托车	50毫升及以下	15	2.09%	37	48	55	61	73	96	139	25	1.00%	0.50%	
	50~250毫升(含)	21	2.75%	51	69	78	88	106	140	205	25	1.00%	0.50%	
	250毫升以上及侧三轮	30	4.13%	88	112	126	140	169	218	318	25	1.00%	0.50%	
拖拉机	兼用型拖拉机14.7千瓦及以下	21	0.46%	120	150	168	181	198	231	300	25	1.00%	0.50%	
	兼用型拖拉机14.7千瓦及以上	50	1.09%	328	417	468	505	557	653	852	25	1.30%	0.50%	
	运输型拖拉机14.7千瓦及以下	36	0.79%	289	361	403	433	475	554	721	25	1.00%	0.50%	
	运输型拖拉机14.7千瓦及以上	52	1.15%	474	601	676	729	804	943	1231	25	1.30%	0.50%	

注：1. 机动车车损失险及机动车全车盗抢险保险费＝固定保险费（元）＋保险金额×费率（%）。

2. 100万元以上机动车第三者责任险保险费＝（$N-2$）×（$A-50$万限额保险费）×（$1-N×0.005$）+A，式中A指同档次限额为100万元时的机动车第三者责任险保险费；$N=$限额÷50万元，限额必须是50万元的整倍数。

目前，车险的销售以电话车险、4S店代理、网上车险为主流，受政策导向和市场筛选的影响，其他模式的业务量正逐渐减少。

1. 电话车险

电话车险是以电话为主要沟通手段，借助网络、传真、短信、邮寄、递送等辅助方式，通过保险公司专用电话营销号码，完成保险产品的推介、咨询、报价、保单条件确认等主要营销过程的业务。根据中国银保监会规定，拥有电话直销车险牌照的公司，要求电话车险的销售都要集中管理、统一运营，其报价可以在国家最低7折限制下再下浮15%，平安、人保、阳光、安邦等公司拥有电话直销车险牌照。

电话车险最大的优势在于采用直销的方式，节省了很多环节和其他方面的费用，它把保险公司支付给中间人或中间机构的佣金直接让利给车主，使车主在体验便捷投保的同时能享受到比其他渠道更低的价格。电话车险可以自主选择，组合方便，购买便捷。

2. 4S店代理

汽车4S店代理有两种情形，一是保险公司派业务员进驻4S店销售车险；二是汽车经销商代理销售车险，它属于保险兼业代理模式。4S店代理车险的优势在于服务：在经销店购买保险，不仅能得到优惠的车价，还能享受投保、理赔一站式高效便捷的服务。相对于直销车险，经4S店保险业务员专业的分析，车主对车险投保的险种会有更加清晰的了解和理智的选择。

3. 网上车险

随着网络、网上支付平台的普及和发展，网上车险应运而生。网上车险是指投保人通过互联网向保险人直接投保，是一种新的车险直销。只需登入网销平台（保险公司官网或者电商），输入购车价格、购车时间、车主姓名等相关信息，选择需要投保的险种，就可获得车辆详细的保险费清单和即时生效的电子保单，保险人会在48小时内将和线下投保相同的纸质保单送上门供车主查验。足不出户，仅需鼠标和键盘即可完成一切投保手续，网销车险与传统车险投保渠道相比，快捷、省时、省钱的优势不言而喻。

【案例 6-1】
车险投保渠道

老张是位有多年驾驶经验的驾驶人，说到投保车险，老张说自己可是经历了很多。几年前老张买了第一辆车，迫不及待地到保险公司的营业大厅办理保险，谁知排了半天的队终于轮到了自己时，却被告知相关资料和单证没有带齐，无奈之下老张又返回去取，结果再到营业厅时已经到了下班时间，只能是望"厅"兴叹了；第二年续保时，有了前一年的经验，老张决定找车险代理人，这样自己就不用跑来跑去地浪费时间了，保险代理人的速度倒是很快，可是拿到保险单后老张发现自己多交了不少钱，问其原因时，还得不到一个合理的解释。深受既有车险销售方式之苦的老张到了再续保时，可谓是谨慎再谨慎，在朋友的推荐下，老张选择了网上投保车险的方式，仅仅几分钟就完成了投保，相关工作人员很快就将保险单送上门。付款后，老张发现自己不但节省了不少时间，同时还省下了不少钱，真是太划算了。

案例分析：

通过保险代理人投保，一来耗时比较长，二来收到的报价五花八门，价格混乱、不透明、保障不完全等。网上车险仅需操作鼠标和键盘即可完成以往要跑上半天还不一定能办完的投保手续。网上车险与传统车险投保渠道相比，省时、省钱的优势不言而喻。

（二）4S店承保流程

1. 建立意向

向客户宣传投保车险的优点及店内投保的优势，使客户有在店内投保的意向。

2. 询问需求

了解客户的用车习惯及驾驶技术等状况。

3. 设计保险方案

根据客户的需求，设计适合的承保方案。

4. 车险条款介绍

介绍车险条款及投保方案的优、缺点。

5. 投保单的签署

讲解投保险种及费用，征得客户同意后，请客户在投保单上签字确认。

6. 收费出单

收取费用，打印保险单，向客户讲解免赔条款及理赔注意事项，引见保险理赔人员。

（三）保险业务商谈技巧

1. 新车商谈技巧

1）新车商谈过程中应谈妥新车保险。

2）新车订单确定后敲定新车保险单。

3）在商谈过程中，说明一键式服务与店外保险服务的异同，体现本店保险服务和理赔服务"既便捷又安心"且操作规范的优势，并履行各种保险项目责任的告知义务。

2. 续保商谈技巧

1）告知店内续保的好处：快速定损、纯正配件、代索赔、事故故障救援服务。

2）提前2个月电话联系，随时跟踪。

3）在续保过程中，销售顾问、服务顾问、客服人员尽可能全员参与，并增加续保优惠比例及礼品支持。

在保险商谈过程中，也可以充分借助业内或店内客户主流车险方案进行推荐，提高销售成功率。

三、汽车保险产品组合

目前，机动车常用保险包括4个基本险和9个附加险。在这13个险种中，除交强险是强制性险种外，其他险种都以自愿为原则，车主可以根据自己的经济实力与实际需求进行投保。目前常用的5种机动车辆保险方案有：

1. 最低保障方案

1）险种组合：交强险。

2）保障范围：只对第三者的损失负赔偿责任。

3）适用对象：急于上牌照或通过车辆年检的个人。

4）特点：只有最低保障，但费用低。

5）优点：可以用来应付上牌照或车辆年检。

6）缺点：一旦出了事故，对方的损失能得到保险公司的一些赔偿，但自己的损失只能自己负担。

举例：以价值 16 万元的新的 6 座家庭用车为例，投保交强险需交 950 元保险费。

2. 基本保障方案

1）险种组合：交强险 + 车损险 + 三者险，赔付总额 50 万元。

2）保障范围：只投保基本险，不含任何附加险。

3）特点：费用适度，能够提供基本的保障。

4）适用对象：有一定经济压力的车主。

5）优点：必要性最高。

6）缺点：不是最佳组合，最好加入不计免赔率险。

举例：以价值 16 万元的新的 6 座家庭用车为例，投保交强险需交 950 元保险费；车损险基本保费为 566 元，费率为 1.35%；三者险 50 万元，保费 1721 元。可得：950 + 566 + 160000 × 1.35% + 1721 = 5397（元）。

3. 经济保险方案

1）险种组合：交强险 + 车损险 + 三者险 + 不计免赔率险 + 盗抢险。

2）特点：投保 4 个最必要、最有价值的险种。

3）适用对象：是个人精打细算的最佳选择。

4）优点：投保最有价值的险种，保险性价比最高，人们最关心的丢失和 100% 赔付等大风险都有保障，保费不高但包含了比较实用的不计免赔率险。当然，这仍不是最完善的保险方案。

举例：以价值 16 万元的新的 6 座家庭用车为例，投保交强险需交 950 元保险费；车损险基本保费为 566 元，费率为 1.35%；三者险 50 万元，保费 1721 元；不计免赔率险按车损险和三者险保险费之和的 20% 计算；盗抢险固定保险费为 120 元，费率为 0.49%。可得：5397 + 5397 × 20% + 120 + 160000 × 0.49% = 7382（元）。

4. 最佳保障方案

1）险种组合：交强险 + 损失险 + 三者险 + 机动车车上人员责任险 + 玻璃单独破碎险 + 不计免赔率险 + 盗抢险。

2）特点：在经济投保方案的基础上加入了机动车车上人员责任险和玻璃单独破碎险，使乘员及车辆易损部分得到安全保障。

3）适用对象：一般是公司或个人。

4）优点：投保价值大的险种，不花冤枉钱，物有所值。

举例：以价值 16 万元的新的 6 座家庭用车为例，投保交强险，需交 950 元保险费；车损险基本保费为 566 元，费率为 1.35%；三者险 50 万元，保费 1721 元；不计免赔率险按车损险和三者险保险费之和的 20% 计算；盗抢险固定保险费为 120 元，费率为 0.49%。机动车车上人员责任保险：驾驶人座位投保的费率为 0.41%，乘员座位投保的费率为 0.26%，驾驶人座位和乘员座位都按 5 万元/座投保；玻璃单独破碎险按国产风窗玻璃的费率

（0.19%）投保。可得：$7382 + 50000 \times 0.41\% + 4 \times 50000 \times 0.26\% + 160000 \times 0.19\% = 7382 + 205 + 520 + 304 = 8411$（元）。

5. 完全保障方案

1）险种组合：交强险 + 车损险 + 三者险 + 机动车车上人员责任险 + 玻璃单独破碎险 + 不免赔率险 + 新增加设备损失险 + 自燃损失险 + 盗抢险。

2）特点：保全险，居安思危才有备无患。能保的险种全部投保，从容上路，不必担心种种风险。

3）适用对象：经济充裕的车主。

4）优点：几乎与汽车有关的全部事故损失都能得到赔偿。投保的人不必为少保某一个险种而得不到赔偿，承担投保决策失误的损失。

5）缺点：保全险保费高，某些险种出险的概率非常小。

举例：以价值 16 万元的新的 6 座家庭用车为例，投保交强险，需交 950 元保险费；车损险基本保费为 566 元，费率为 1.35%；三者险 50 万，保费为 1721 元；不计免赔率险按车损险和三者险保险费之和的 20% 计算；盗抢险固定保险费为 120 元，费率为 0.49%；机动车车上人员责任险：驾驶人座位投保的费率为 0.41%，乘员座位投保的费率为 0.26%，驾驶人座位和乘员座位都按 5 万元/座投保；玻璃单独破碎险按国产风窗玻璃的费率（0.19%）投保；新增设备假设价值为 30000 元，新增加设备损失险费率为 1.35%，自燃损失险的费率为 0.4%。可得：$8411 + 30000 \times 1.35\% + 160000 \times 0.4\% = 9456$（元）。

四、汽车保险销售推荐话术

（一）险种推荐

1. 商业险推荐话术

车损险是肯定要投保的，保障您的爱车遭受保险责任范围内的自然灾害或意外事故而造成车辆本身损失时，将按新车购置价足额赔付。

三责险保障您在车辆使用过程中万一发生意外事故，造成第三者遭受人身伤亡或财产直接损毁，帮您保一个 100 万元的。

此外，按照您的爱车的实际价值帮您保上盗抢险。如果您目前还没有专用车库，还是以防万一比较好。

再加上 5 座的车上人员责任险。如果您车上平时坐的人比较多并且不固定，那建议您保额可以稍微高一点。

还有以上各险种的不计免赔率险。不计免赔通俗来讲就是无责任赔付。因为通常情况下，主要险种在发生事故时的赔偿率并非 100%，而是根据保险人所负的责任大小按比例赔偿。但只要您投保了不计免赔率险，在发生保险责任范围内的事故时，就可以收到保险公司 100% 的赔偿。

2. 三者险推荐话术

1）××先生/小姐，了解您希望既保障全面又能节省保险费的心情，国家推出的强制保险只是保障了车主最基本的需求，经银保监会调整后的保额总计才 12.2 万元，除了死亡伤残最高赔付 11 万元外，医疗和财产损失都只有 1 万元和 2000 元的限额，对于财产损失的赔付限额没有调整。据统计，车险事故中 95% 以上都是财产损失事故，大多数都是车辆碰撞，每次事故产生的车辆维修费少则上千元，多则几万元，交强险在这部分的赔偿限额最高只有 2000 元，所以只买交强险是远远不够的，需要商业三者险来补充，使保险更为充分。为您加保 20 万元的三者险您看够吗？"

2）交强险和三者险的确都是保第三方的人伤和物损的，只买交强险有 3 个问题：

首先，交强险分项限额，对第三方的死亡赔偿是 11 万元。从现在的赔偿金额来看，一般撞到第三方并造成死亡的，赔偿金额至少在 20 万元以上。××省公安厅公布的道路事故人身损害赔偿标准，××市在车祸中死亡的事主，最高赔偿金额将达到 101 万元，所以交强险的 11 万元，真的是远远不够的，因此一定要投保三者险的来补充。

另外，医疗保障仅 1 万元，对于很多事故来讲，连基本的抢救费用都不够。

还有，交强险对第三方财产保障只有 2000 元，只够赔一个保险杠的。据统计，车险事故中 95% 以上都是财产损失事故，大多数都是两车碰撞，每次修车少则上千元，多则几万元，三者险可以有效地弥补交强险保障的不足；在有责的情况下，三者险是交强险的一个有效补充，它们是不重复的。

打个简单的比方，开车的过程中追尾了，定损下来是我们的全责，对方的车全部修理下来要 1 万元，这个时候需要我们投保的交强险先进行赔付，而交强险财产损失的最高赔偿限额只有 2000 元，所以另外的 8000 元需要我们自行承担；而如果我们投保了三者险，这部分钱保险公司就为我们承担了。人伤也是一样的道理。所以即使投保了交强险，也还是需要投保三者险以使保障更全面一些的。

3. 机动车车上人员责任险推荐话术

我们知道，汽车是个贵重物品，相信您也一定同意。但比起车子来，人才是最精贵的。现在汽车的保障都有了，这边帮您投保一个车上人员责任险，是保我们自己的人，只需要一百多元就能享受到每座 1 万元、一共 5 座的保障，现在就帮您保上。

其实，××先生/小姐，相信您平时会开车带着家人或者是朋友出游，那么不一定所有的人都购买了意外险，而车上人员责任险的保险费非常优惠，只要几十元就能享有 1 万元的保障，而且您还可以选择座位投保，只投保驾驶人座也是可以的，额度也可以自行选择，这样一来，这个座位不论谁坐都能得到保障，花小钱买平安，何乐而不为呢？

4. 盗抢险推荐话术

希望您不要介意，毕竟汽车是个贵重物品，不像其他的小物件，万一要是被偷盗，咱们可能需要辛苦工作好久才能挽回损失。不过现在要是加上这么一个保障，只需要几百元，每天也就多花不到一元钱，就能享受几万元甚至几十万元的保障呢。

××先生/小姐，我们财险对盗抢险有了很大优化：原来盗抢险依据的是车辆无法寻回的赔偿时间点是 3 个月，而现在由于充分考虑到客户的利益，所以调为两个月，虽然我们不希望发生意外，但是万一发生了，我们也能更早地拿到赔款，您也能早一天安心，也不会耽误您后续计划的安排了。

5. 车损险推荐话术

自己车辆的损失其实更要紧，如果出了单方事故，比如我们的车撞在树上，或者是双方事故，您的车是需要保险保障的。无论交强险还是三者险都是为对方保障的，车损险就是保障我们本车损失的，投保车险的客户基本都会选择购买的，现在就为您也加上吧。

6. 玻璃单独破碎险推荐话术

您的爱车经常在高速公路上行驶吗？

前风窗玻璃破碎的事故经常发生，比如被飞起的石子砸到，很容易造成玻璃爆裂和破碎，如果不及时更换，不但会影响美观，还会加大安全上的隐患。换一块风窗玻璃要不少钱。现在投保您前、后风窗加侧面 4 块玻璃也才一百多元钱。小偷砸车窗盗窃这种情况也属于赔付范围。这个险种性价比还是很高的，花钱不多，还是办理了吧！

7. 自燃损失险推荐话术

您的车已经开了好几年了，目前已经不在汽车厂家的质保期内了。您所在的地区夏季特别炎热，如果汽车散热效果不是特别好，就会存在一定自燃风险。建议您考虑一下自燃险。如果因车辆发生自燃而造成损失，就由保险公司进行赔偿。

8. 车身划痕损失险推荐话术

您的爱车有固定车位吗？如果没有固定车位或管理严格的停车场，您的爱车很可能会被恶意划伤。如果您的爱车的车龄又在 3 年以内，建议您该投保车身划痕损失险。

（二）保险组合方案销售话术

1. 基本型保险方案

> 交强险 + 三者险 10 万元（30 万元）+ 不计免赔率险

建议话术：

××先生/女士：

您好，您的车首先要上一个交强险，这是国家规定必须要上的。如果您的车不投保交强险就上路，一旦被交警抓住，除了要扣车直到补交交强险外，还要处以保险费两倍的罚款。多不划算！除了交强险，您一定要保一个三者险作为补充。单上交强险对于经常在路上行驶的汽车来说，保障是远远不够的。您别看交强险保额是 12.2 万元，可那是分项赔偿的。交强险在您有责的情况下，对第三者的医疗费用最多赔 10000 元，财产损失最多赔 2000 元，现在医药费这么贵，看个骨折花上一两万元都很正常，再加上误工费、护理费……10000 元根本不够。

为了能够安心驾驶，您一定要选择一个三者险作为补充，以消除后顾之忧。三者险我建议您投保 30 万元的，因为 10 万元的三者险保障还是低了一些，而且两者相比，30 万元的三者险就算加上不计免赔率险才贵了 200 元多一点，但保额提高了一倍，还是比较值的。而且我跟您说，三者险赔起来可是不分项的，不管医疗费用还是财产损失费用，都在这 10 万元限额内出。多划算啊！不光如此，三者险实行的还是每次赔偿限额原则，就是说，您保这 10 万元不是说最多赔您 10 万元，而是每次事故最多赔您 10 万元，如果发生 10 次 10 万元的事故，保险公司就赔 100 万元。您看这个险种多超值！多花点钱，图个放心！

另外，这个不计免赔率险建议您也加上，99% 的客户都上这个险。

话术要点：

对交强险要做一些简要的介绍，细致地说明交强险的分项赔偿原则并适当地举例说明，最后给出交强险保障不够的结论，从而引入三者险，并对三者险的卖点做深入的说明，挖掘了客户的风险需求。

2. 经济型保险方案

> 交强险＋三者险30万元(50万元)＋车损险＋盗抢险＋玻璃单独破碎险＋不计免赔率险

建议话术：

××先生/女士：

对于您的车，交强险是国家法律规定一定要上的。三者险推荐您保30万元或者50万元。对于一般的交通事故，30万元基本够用了，但是50万元的三者险比30万元的保障提高了将近一倍，保险费却相差不大，相当于每天才多交几毛钱，可心里踏实多了，所以还是建议三者险投保50万元的。

车损险是赔您自己的车本身的损失的，也是必保的项目，平常有些剐剐蹭蹭的都可以走保险，而且对于火灾、爆炸、雷击、冰雹、暴雨等灾害造成的损失也可以赔付。这是个性价比很高的险种，对于您的车来说，平均一天也就多交几元钱，还赶不上您一个小时的停车费呢。

另外，如果您经常在外面停车，盗抢险也是必上的。您不上车损险出了事故最多自己花点钱修，但不上盗抢险，一旦车丢了就什么都没了。对于您的车来说，保险费也就380元，一天多花一元钱，图个踏实不是？

不计免赔特约险就更不用说了，99%的客户都会上这个险，这个钱可不能省，否则一旦出了危险，您的损失就大了。

另外，附加险中还有一个单独玻璃破碎险，这个您也是可以考虑投保的，因为玻璃毕竟属于易碎的物品，平常开车速度快点崩起个小石子就可能把玻璃碰碎，而且保险费不高，才100多元钱，也是挺实惠的。

知道您追求最高的性价比，尽量花最少的钱得到最高的保障，其他一些险种就没向您推荐，比如车上人员责任险，就是个不记名的比较实惠的意外险，平常只有您和您太太坐车，您又买了意外险，就可以选择不投保。虽然保险费不贵才100多元，但能省则省嘛。还有车身划痕损失险，一般保的都是别人故意或者无意对您车辆的划伤。对于您的车来说，保险费要交427元，但最多只能赔2000元，就不是那么划算了。自燃险就更是可保可不保了，它保的是车的供油、供电、供气系统故障或者您车上的物品起火造成的损失。您的车还比较新，发生自燃的概率还是相对比较低的。

话术要点：

推荐经济型车险时，一定要根据客户表现灵活调整，因为经济型顾客顾虑较多，所以可以通过利益分析影响其选择。在对车损险、盗抢险和玻璃单独破碎险做推介时，一定要突出介绍这3个险种的性价比，最好能够通过列举案例来说明投保与不投保的损失情况。

销售人员根据客户情况及需要灵活组合险种，对需要承保的险种提出了较专业、合理的建议，简要地介绍不推荐投保的险种，在讲明建议不保原因的同时也介绍了风险点，给客户提供了一定选择的空间。这样能体现出是站在客户的立场上为其着想。

3. 保障型保险方案

> 交强险＋三者险100万元＋车损险＋机动车车上人员责任险1万元×5座＋盗抢险＋
> 不计免赔率险＋玻璃单独破碎险＋车身划痕损失险（2000元）＋自燃险

建议话术：

××先生/女士：

要想让您的车得到比较全的保障，一定要上"全险"。一般来说，我们说的"全险"指的是最实用的9个险种，也就是交强险、4个商业主险和4个商业附加险。

首先，交强险是必须要上的，它赔偿的是交通事故中第三者的人身伤亡和财产损失。交强险实行的是分项赔偿原则，死亡伤残最多赔11万元，医疗费用最多赔1万元，财产损失最多赔2000元。俗话说，"不怕一万就怕万一"，万一发生了交通事故需要赔偿，这点钱是远远不够的，必须投保一个三者险作为补充。三者险保额分为10万元、30万元、50万元……鉴于道路上高档车越来越多，稍不注意剐蹭到了就要赔偿几万元，我建议您保100万元的，比较实惠，同时基本能得到比较充分的保障。

车损险是赔您自己的车的损失的，也是必保的项目，平常有些剐蹭的都可以走保险，而且对于火灾、爆炸、雷击、冰雹、暴雨等灾害造成的损失也可以赔付。这是个性价比很高的险种，对于您的车来说，平均一天也就多掏几元钱，可能还赶不上您一个小时的停车费呢。

车上人员责任险是对于交通事故中车上人员人身伤亡负责赔偿的险种，相当于一个比较实惠的意外险，还是不记名的。保险费也便宜，才100多元，却可以得到每个座位1万元的保障。

盗抢险是必上的险种，您不上车损险，出了事故最多自己花点钱修，但不上盗抢险一旦车丢了就什么都没了。对于您的车来说，保险费也就一天多花1元钱，图个踏实不是？

在很多险种的条款中都规定了一定的免赔率，也就是说在某种情况下保险公司要免赔的百分比。投保了不计免赔率险，出了事故就可以获得更多的赔偿损失，99%的客户都会选择上不计免赔率险。

玻璃单独破碎险保的是前、后风窗玻璃和四周的车窗玻璃单独破碎的风险。玻璃属于易碎品，价格还都不便宜，这个保险是必不可少的。

车身划痕损失险保的是无明显碰撞痕迹的车身划痕，假如车停在路上被人故意或者无意间划了，这个险种即负责赔偿。

自燃险保的是车辆自燃的损失，包括车的电器、线路、供气供油系统发生故障或者车上所载货物因为自身原因燃烧造成的车辆本身的损失。这个险种不贵，推荐投保。

我们的车险条款有34条，但我觉得真正对您有用、性价比比较高的就是这9个，保了"全险"，您的爱车基本上就得到了相对全面的保障。

话术要点：

要专业、系统、全面地讲解汽车存在的各种风险及各种险种的卖点。风险故事能引发客户想象，让客户感受害怕，适当地举例说明能够促进保险的销量。

五、汽车保险销售异议处理

场景1：客户不信任或表示不希望通过电话销售购买车险时/客户太忙碌，无法完整接听电话时/问询得知客户有邮箱时。

现在的生活、工作处处都离不开便捷的网络平台，我们公司正是想客户之所想，尽最大可能地给客户提供多种便捷的选择。所以除了电话销售外，您还可以通过网络进行车险承保。只要登录×××××.com 进入我们的网站平台，您就可以根据自己的意愿自主进行车险的报价、查询等一系列操作了。

场景 2：客户认为保险费太贵了。

一般顾客在选择一样产品时，会注意 3 件事：①产品的品质；②优质的售后服务；③最低的价格。但现实中，您有见过一家公司能同时提供最优秀的品质、最优质的售后服务和最低的价格给顾客吗？也就是说，这 3 项条件同时拥有的情况是不太可能的，就好比奔驰汽车不可能卖桑塔纳的价格一样。所以有时候多投资一点，能得到您真正想要的东西还是挺值得的，您说对吗？

也许您在其他公司买是同样的价格，但在我们公司买的服务却是不一样的。您看，您在我们公司可以享受到拖车、送加油卡、免费换轮胎、15% 的保险费优惠等服务。您通过其他途径投保也许价格真的会便宜点儿，但是相关的服务是否有保障就很难说了。理赔时少赔，或者出险不及时，这也不是您愿意看到的。而这些在我们公司都是有保障的。我们在全国有××家分公司，无论您在哪里出险，都会有查勘员及时前往现场。像这样优质的服务，不是每一家保险公司都能做到的。

场景 3：你们公司的保险费太贵了？外面电话营销保险费可以打 85 折呢！

不贵呀，保险费都是经中国银保监会规定的，我们和其他保险公司的价格是一样的。电话营销的价格可能便宜一些，但服务有很大的差异。

保险电话营销虽然可以打折，但仅有价格优惠而没有服务承诺。我们公司是 4S 店，我们可以提供紧急救援、快速定损、拖车服务、协助处理交通事故、代办验车、紧急换胎等多项免费服务。

我们现在正在搞一个续保优惠活动，可以赠送价值×××元的大礼包，其中包括免费维护和精美礼券等，非常实用。

您的朋友××也在我们这里做续保的，他认为在我们这里续保放心又省心，所以把您转介绍给我。我先给您报个价格好吗？

场景 4：现在车险电话营销价格便宜，你们能给我优惠的价格吗？

现在电话营销光有价格优惠，没有服务承诺，您理赔时找谁呢？

虽然保险费便宜了，可一旦碰到保险理赔的问题，您要先垫付理赔款，然后还要到保险公司去办理理赔手续，会耽误很多时间。另外，如果客户自己到 4S 店做理赔评估，很可能会产生价差，这个价差还是要您自己支付的。

如果您自己不支付价差，外面的非 4S 维修店面可能会给你使用非原厂的零配件，甚至有些维修站会将您爱车上正厂的零配件"偷梁换柱"，这个损失就大了！我们是正规的 4S 店，有严格的监管。您在我们店里维修，服务质量和维修质量都是有保证的。

场景 5：你们的保险理赔有哪些优势呢？

我们 4S 店有原厂的零配件和完善的售后服务，可以保证我们的维修和服务质量。

我们和各大保险公司长期合作，在保险公司理赔定损的时候，我们可以协助客户快速定损。

如果您在外面投保，没有专业的售后人员帮助您，您都不知道到底哪些零配件损坏了，哪些必须要更换，哪些可以修复，价格多少……而我们可以作为专家帮您。可能在保险理赔的时候会产生定损价格低于实际的维修价格，客户要支付差价。如果在我们 4S

店续保，我们可以和保险公司协商价格，客户无须多支付额外的费用，等于帮您省下了一大笔钱。购买保险得到的利益都是一样的，唯有超增值的售后服务才能真正带给客户附加价值。

场景 6：我的保险出险后理赔不足额，我对你们公司的售后服务不满意，如果你帮我处理好了，我就续保。

首先认同客户的情况，询问客户是什么原因，是保险资料交接不及时，还是保险公司定损时未能和 4S 店达成一致，说明现在已设置了专人专岗，下次不会出现这种问题。

我们现在对驻点的保险公司已经加大了监管力度，随时监控，不会再发生同样的问题，也可以提供一个理赔投诉电话。

去年是哪个保险公司的保险？今年我们还与其他 3 大保险公司是合作关系，我们可以帮您换一个理赔服务更好的保险公司。

场景 7：我去年买了车辆保险，我都不知道买了哪些保险，你帮我看看。

我看了一下您去年的投保记录，一共投保了 6 个险种，有车损险、三者险、交强险、不计免赔率险、盗抢险和车身划痕损失险。您投保得已经比较齐全。

简单讲车损险：主要是车辆遭受碰撞导致损失时保险公司予以理赔；三者险是万一您的车撞别人了，由保险公司赔给第三者的；交强险是国家强制保险；不计免赔率险是保险公司 100% 理赔；盗抢险就是车辆万一被盗了，保险公司赔一辆车给您；车身划痕损失险是车辆被划了，保险公司予以理赔。

××先生，您的保险意识很强，这些险种都是需要投保的，万一有什么意外，您把风险都转嫁给保险公司了。这样就是花小钱保大钱了呀！

场景 8：我去年没有理赔，你看我今年需要买哪些保险呢？

如果去年您没有发生理赔，今年保险公司可以给您无赔款优待，您今年的保险费就可以打××折。

我查了一下您去年的保险单，车损险、交强险、三者险、不计免赔率险都是必须要投保的，您的车这么高档，我建议您还可以投保盗抢险和车身划痕损失险。

具体还是看您的车型、购买价格以及车辆停放的主要地点来帮您确定，不如您来我们展厅，我给您详细地介绍，根据您的实际情况为您量身定做一款适合您的保险产品。

场景 9：去年保险费太贵，我不想买这么多的保险。

保险本来就是花小钱保大钱，保险费太贵是因为您的爱车比较高级，保险公司计算保险费是根据车辆的购买价格以及您购买的险种来计算的。

我帮您看看去年保险单的具体险种和保额，而且根据您目前的实际情况，在不减少综合保险利益的前提下，我们可以适当调整一下您保险的险种结构。

希望您到我们店面来，我们当面为您做个保险单评估，帮您设计适合您的爱车的保险计划。

场景 10：你先帮我垫付一下保险费，过两天我再来付款。

尊敬的××先生，我先把保险费的金额发给你，但是现在保险公司实行的是"见费出单"。如果保险公司没有收到保险费，是不能出单的。

您的爱车保险快要到期了，如果没有按时续保，万一在续保空档期间发生意外，对您是非常不利的。

我给您我们公司保险代收代付款的卡号，你通过网上银行或者 ATM 机直接转账到我们公司的账号，我们收到后马上就可以出单了。我把公司的账号用短信发给您可以吗？

场景 11：你们公司服务不好。

- 真的很抱歉您有这样的经历。您指的是哪方面呢，能跟我说一下吗？这样我们才能针对客户的意见做改进。我们公司一直都很重视提高服务质量，每年都有回访总结，凡是做得不好的服务项目我们都会改进。修理厂的合作也是一年一换的，如果客户反映某修理厂不好，我们是一定要中止合作的。我们今年又对为续保客户提供的服务进行了大规模升级，请您再次选择我们保险公司，体验一下今年的最新服务。我先跟您核对一下咱们的相关信息……

- 您看，针对咱们的理赔定损或是其他的工作人员，每年都是会有专业考核，如果考核不过关都是不再录用的。咱们这么大的保险公司，如果工作上出现问题还一直录用，客户不就全部流失了吗！为了公司发展，也为了更好地为客户服务，我们一定会对员工严格要求的。我们现在又推出了一项相当惠民的服务，就是有专业的理赔协调员全程监督您这辆车的理赔和出险情况，绝对保障您的权益。衷心希望您能再次选择我们公司，我们不会让您失望的。

- 请问您是对理赔的那个环节不太满意？

好的，感谢您提出宝贵的意见，其实我们一直在不断提升服务质量，希望为广大信赖我们保险公司的客户提供更好、更便捷的服务。我们近期还特别推出了针对续保客户的 7 项专属理赔服务，希望您能够继续选择我们，体验我们在服务上的升级。如果没有问题，我跟您核对一下相关信息？

场景 12：我是你们的续保客户，为什么价格不比其他公司优惠？

- 因为您连续多年没有出险，去年的价格已经是最低的了，今年还是将所有的优惠给您。这也是行业规定的最低折扣了，请您放心。其实大的保险公司的价格都差不多，最重要的是能不能给您提供更好的服务。我们保险公司今年特别为像您这样的优质续保客户推出了 7 项专属升级理赔服务；现在续保可以享受到咱们网站的最新活动及分公司的活动。如果没有问题，我就跟您核对一下送单地址？

- 首先您需要关注是不是相同险种和相同保额。如果相同，我们保险公司的网销肯定是最优惠的！因为我们保险公司的网销会在费率上给您多优惠 15%。不过您放心，我们对您的服务肯定不会打折。如果您现在在我们这里投保，您还会得到贵宾级的车险管家等服务。您要是险种没什么变动，我帮您登记一下资料，安排人给您递送保险单过去。请问是明天上午还是下午送单比较合适？

场景 13：别的公司都送礼品，为什么你们公司不送呢？

- 咱们保险公司网销给您直接在保险费上优惠了 15%，相当于直接给您折现了，比赠送礼品实惠多了。省下的钱您可以自己购买其他喜欢的东西，多划算啊！

- ××先生/女生，我们买保险主要目的的是什么呢？就是为了出险时更省心，理赔时更舒心，服务时更放心。我们保险公司的服务是全国性的、无限次数的事故车及故障车救援，全国通赔，而且您现在通过网站投保，在商业险为您节省 15% 的前提下，还能参加网站最新活动。

✕【任务实施】

（一）任务要求

请根据保险相关知识和汽车具体情况对案例进行分析，并设计合适的保险方案。

（二）任务载体

【案例 6-2】

为顾客的新车设计合适的投保方案

车型及车主资料如下：

车型：一汽大众 GOLF 2014 款 1.6L。

车价：11.89 万元。

购置时间：2014 年 1 月 19 日。

车主资料：李小姐，事业单位工作人员，刚刚拿到驾照，家中有固定停车位，经常出差跑高速公路，节假日也喜欢带家人出去自驾游。

（三）任务思考

思考：在设计车辆保险方案时，应重点考虑哪些因素？一般经常说的全险，是指哪几个险种？

参 考 文 献

[1] 孙路弘. 汽车销售的第一本书 [M]. 北京：中国人民大学出版社，2008.
[2] 王泽生. 汽车销售实务 [M]. 北京：北京理工大学出版社，2011.
[3] 夏志华. 汽车营销实务 [M]. 北京：北京大学出版社，2010.
[4] 罗静，单晓峰. 汽车销售技法 [M]. 广州：华南理工大学出版社，2012.
[5] 李刚. 汽车营销基础与实务 [M]. 北京：北京理工大学出版社，2009.
[6] 朱小燕. 汽车销售实务 [M]. 北京：机械工业出版社，2011.
[7] 范小青，刘斯康. 汽车营销实务 [M]. 北京：电子工业出版社，2011.
[8] 王梅，常兴华. 汽车营销实务 [M]. 北京：北京理工大学出版社，2010.
[9] 黄本新，钟向钟. 现代汽车推销 [M]. 广州：暨南大学出版社，2010.
[10] 李亨章，王志华. 推销原理与技巧 [M]. 上海：立信会计出版社，2010.
[11] 赵欣然，王霖琳. 推销原理与技巧 [M]. 北京：北京大学出版社，2011.
[12] 安贺新. 推销与谈判技巧 [M]. 北京：中国人民大学出版社，2011.
[13] 姬虹. 汽车推销技巧 [M]. 上海：上海交通大学出版社，2012.
[14] 王刚. 汽车推销技巧 [M]. 北京：清华大学出版社，2012.

汽车销售实务 第2版

实训指导书

机械工业出版社

目　　录

1

情景模拟实训一

汽车销售顾客跟进

一、情景设定

熊先生约 45 岁，品牌家私制造商，第一次来展厅时驾驶的是丰田普拉多 4000 汽车。

8 月下旬，熊先生携太太一行 4 人来到展厅。从谈话中得知，他目前需要购买一辆越野汽车，他们刚从对面奥迪展厅走出来就来到了我们这边。熊太太初看了路虎发现 3 之后，当场就反对购买此车，认为此车方头方脑的，像个大货柜，太难看。熊先生匆匆了解后留下电话号码就离开了。通过近 2 个月的跟进，最终于 10 月中旬成交。

二、实训要求

将全班分为若干组，5 ~ 8 人为一个学习小组，进行理论知识的收集与学习，然后小组讨论，提出自己对顾客不同阶段的跟进所选取的方式，并进行分析，设计相关的跟进话术。

通过完成任务，培养学习小组的团队沟通与交流能力以及跟进潜在客户的能力。

三、实施步骤

1. 根据相关理论知识的学习，为以上案例中的潜在顾客——熊先生一家，设计跟进的方式以及相关的话术，并填写下表。

序号	潜在顾客资料	跟进方法	建议话术	沟通目的
1	8 月下旬，熊先生到店看车，离店后大约近 1 小时后			
2	熊先生离开展厅 3 天后			

（续）

序号	潜在顾客资料	跟进方法	建议话术	沟通目的
3	9月中旬，接到熊先生的电话，说到想做按揭，请销售顾问把购车的相关费用列个明细发给他			
4	9月下旬，销售顾问从别的途径了解到熊先生将于10月2日赴新加坡出差			
5	9月下旬，通过和熊先生助理的沟通，得知熊先生想进一步了解路虎车辆的有关情况			
6	10月中旬，熊先生希望购买的绿色汽车到货，于是通知客户到展厅看车			

　　2. 各个小组在上表中填写跟进方式，两人一组，分别扮演销售顾问和顾客，采用角色扮演的方式进行客户跟进练习。

　　3. 各个学习小组派一名成员汇报以上案例跟进的方式、建议话术和沟通目的。

　　4. 利用学习评价表进行学习任务完成情况的同学互评、自评，教师点评。

四、评价表

汽车销售客户跟进评价表

序号	考核重点	评 分 点	分 值	得分
1	跟进方式	跟进方式选择正确	每个时段跟进方式选择正确得3分，共18分	
2	沟通话术	沟通话术专业，具有可操作性，能根据顾客需求促进销售	每个时段跟进方式选择正确得4分，共24分	
		能够获得顾客的理解和认同	每个时段跟进方式选择正确得3分，共18分	
		沟通话术不违反行业道德	每个时段跟进方式选择正确得3分，共18分	
		沟通话术符合商业礼仪	共10分，每个时段的沟通话术不符合商业礼仪扣2分	
3	沟通目的	沟通目的明确	每个时段跟进方式选择正确得2分，共12分	
		自评分数合计	100	

（续）

学生互评教师评价	同学评价	教师评价
反思与改善		

五、思考与训练

1. 汽车 4S 店潜在客户一般采用的开发方法有 _____。（至少列出 5 种）

2. 一汽丰田客户分为几级，不同的级别应采用什么方式，请在下面罗列出来。

_____

_____

_____

3. 利用 MAN 法则进行潜在客户的判别，说明当某个因素不满足时，销售顾问应如何应对，请列举出来。

当"M"（Money）不满足时，采用的应对策略：_____

_____。

当"A"（Authority）不满足时，采用的应对策略：_____

_____。

当"N"（Need）不满足时，采用的应对策略：_____

_____。

2

情景模拟实训二

汽车销售展厅接待

一、情景设定

今天展厅走进来一位女士，销售顾问小王见状赶紧迎上前问道："请问有什么能帮到您?"女士回答："不要跟着我，我自己看看。"小王感到非常尴尬。

二、实训要求

1. 将全班分为若干组，5~8人为一个学习小组。

2. 根据以上的学习情境，提出自己的接待过程，延长顾客在展厅的时间，并设计对应的话术。

3. 利用接待礼仪进行展厅接待，引导顾客到洽谈区。

4. 当顾客离开展厅时，想办法留下顾客的信息。

5. 通过完成任务，提升学习小组的团队沟通与交流能力，并规范展厅接待行为。

三、实施步骤

1. 小组集中讨论接待步骤以及接待话术。

2. 最终确定接待的流程、动作、话术的关键步骤，以及接待过程的礼仪。

3. 完成以下表格的填写。

4. 各个学习团队按照所确定的接待流程，两人一组分别扮演销售顾问和顾客，采用角色扮演的方式进行展厅接待的演练。

5. 根据演练的具体情况，对接待的动作、话术和礼仪进行修改。

6. 利用学习评价表完成学习任务，并进行同学互评、自评，教师点评。

序号	接待要点	时机及沟通话术	关键动作
1	顾客进店		
2	接近顾客		

（续）

序号	接待要点	时机及沟通话术	关键动作
3	引导顾客 到洽谈区		
4	送别顾客		
5	顾客 离店后	要做的工作：	

四、评价表

汽车销售展厅接待评价表

序号	考核重点	评分点		分值	得分
1	主动迎接 顾客	顾客来店时，销售顾问在30秒以内走到展厅门口或到展厅外迎接		5	
		如果门是关着的且是手拉门，需要销售顾问为顾客开门		5	
2	打招呼	见到顾客需面带微笑		5	
		主动打招呼，如"欢迎光临"		5	
3	提供服务	主动提供至少3种服务供客户选择，如"您需要我给您介绍一下吗；还是您想先自己看一下；还是到洽谈区喝杯饮料，休息一会"		5	
		主动寒暄，建立轻松、融洽的聊天氛围，缓解顾客的紧张感，消除顾客的疑虑		10	
		主动询问客户及同行人员的称呼		10	
		如顾客到洽谈区	销售顾问的引导位置、手势正确	5	
			所引导顾客就座位置正确，为顾客拉扶椅子	10	
			为顾客提供3种以上的饮料，并询问顾客的需要	5	
			为顾客端上饮料，礼仪规范	5	
4	自我介绍	介绍称呼或者姓名		5	
		介绍职务		5	
5	提供名片	主动给顾客及随行人员递上名片		5	
6	送顾客 离去	主动收集顾客的信息（联系电话、姓名、职业等）		5	
		销售人员送顾客至展厅门外，感谢顾客惠顾，热情欢迎其再次来店		5	
		微笑、目送顾客离去		5	
		自评分数合计		100	

（续）

学生互评 教师评价	同学评价	教师评价
反思与改善		

五、思考与训练

1. 展厅接待中应注意保持与顾客的距离，一般与顾客保持＿＿＿＿＿＿的距离。

2. 一汽丰田汽车销售流程包括以下 8 个流程：

＿＿＿＿＿＿、＿＿＿＿＿＿、＿＿＿＿＿＿、＿＿＿＿＿＿、
＿＿＿＿＿＿、＿＿＿＿＿＿、＿＿＿＿＿＿、＿＿＿＿＿＿。

3. 汽车销售前，销售人员应该准备的工具有：

＿＿＿。

4. 汽车销售前，展车应该进行以下准备：

＿＿＿。

3

情景模拟实训三

汽车销售需求分析

一、情景设定

某汽车品牌 4S 店走进来一位顾客。他在一款车前停住，抱着肩，不说话也不提问，一直在专注地看着这款车。销售顾问小李见状赶紧走上前说："先生，您现在看的这款车的价格是 19.8 万元。您是为自己选车，还是为您的太太选车呢？"顾客回答说："我是给太太选车。"

二、实训要求

1. 将全班分为若干组，5 ~ 8 人为一个学习小组。
2. 根据以上的学习情境，完成需求分析、六方位绕车介绍的演练过程。

三、实施步骤

1. 小组集中讨论需求分析环节所提出的问题以及话术。
2. 根据顾客可能的回答，分析顾客所需要的车型。
3. 两人一组，分别根据设定的推荐车型，设计车型六方位的介绍要点及话术。

销售环节	完 成 内 容
需求分析	写下需求分析应提出的问题及顺序： 推荐的车型： 推荐的理由：

（续）

销售环节	完 成 内 容
产品介绍	根据所推荐的车型，进行六方位介绍话术设计： 车前方： 驾驶室： 车后排： 车尾： 车侧面： 发动机舱：
反思与改善	
自我评价	

　　4. 两人一组分别扮演销售顾问和顾客，采用角色扮演的方式进行需求分析、产品介绍环节的演练。

　　5. 根据演练的具体情况，对需求分析和产品介绍的话术和礼仪进行改进。

　　6. 利用学习评价表完成学习任务，并进行同学互评、自评，教师点评。

四、评价表

汽车销售需求分析、六方位绕车介绍评价表

序号	考核重点	评 分 点	分值	得分
1	提问	了解顾客信息（职业、家庭、决策者、购买时间、预算）	4	
		了解意向车辆信息（购车用途、竞争车型、对竞争车型的感受、对车辆性能的偏好）	4	
		了解置换需求	4	
		如顾客需要以置换方式购车，介绍二手车置换业务流程和估价。强调本店二手车置换业务服务的优势	4	

（续）

序号	考核重点	评　分　点	分值	得分
2	倾听	身体前倾	3	
		不打断顾客说话	3	
		认真倾听，全神贯注	3	
		保持微笑，有眼神交流	3	
		适当地表示认同	3	
		不反驳顾客的观点	3	
3	总结	时机适当	4	
		总结需求要点	4	
		寻求顾客认同	4	
		推荐符合顾客需求的车型	4	
4	六方位绕车介绍法	从顾客感兴趣的位置开始	4	
		结合需求介绍	4	
		6个方位介绍完整	4	
		突出卖点	4	
		专业知识准确	4	
		鼓励顾客参与体验	4	
		介绍过程应获得客户的认同	4	
5	FAB运用	对车辆的配置进行FAB（即属性、作用、益处）介绍	4	
6	竞品分析	突出本品牌车辆优势	5	
		不恶意贬低竞品	5	
7	总结	总结商品特点与顾客利益	4	
		主动邀请顾客进行试乘试驾	4	
		自评分数合计	100	

学生互评 教师评价	同学评价	教师评价
反思与改善		

五、思考与训练

1. 请根据所学的内容，填写下表中的空格。

序号	顾客提出的问题	属于什么问题（商务、技术、利益问题）
1	内饰有哪些选择	
2	百米加速表现如何	
3	可以载重多少	
4	越野性能怎么好	
5	气囊如何工作和使用	
6	制动系统与别的车型有什么不同	
7	配置如何？是否豪华	
8	比×××贵多了，还能便宜吗	
9	ABS是几通道的	
10	是双顶置凸轮还是单顶置凸轮	

2. 确定下表中所描述的内容是指汽车的哪一个方面，填写空格。

序号	描述内容	是关于哪一方面的描述
1	世界各地过去10年间售出的几百万辆吉普车至今还有92%仍然在路上飞驰	
2	福特飞鹰看起来真像是一只海豚	
3	发动机导致的噪声被控制住了	
4	这样庄重的外形符合您的身份	
5	预张紧安全带确保最高级别的人体安全	
6	转向盘位置可调对长时间驾驶有帮助	
7	走过的车多了就有了路，当然是越野汽车先开拓的	
8	空调可以为3个区域提供不同温度的冷风	

3. 请用你学习到的产品特征、优点和利益的理解，分析如下的叙述中哪些是特征、哪些是优点、哪些是利益的描述。

序号	描述内容	指产品FAB中的哪个方面
1	大切诺基比较省油	
2	省油的性能完全可以节省您的日常开支	
3	如果您经常长途驾驶，您会有省油的需求，因此，大切诺基长途路程的省油特性完全满足您的需求	
4	如果您的儿童喜欢帕杰罗的天窗，您一定会发现天窗自动防夹手的功能一定很有用	
5	帕杰罗天窗关闭有自动防夹手的功能	
6	驾驶汽车全家外出，您会担心自动门会意外夹到孩子，因此，您一定需要有防夹功能，大捷龙自动门的这个功能能够满足您的需求	

4. 某乡教育站要采购一辆越野汽车，派出 3 个人来到 4S 店：1 个是处长，1 个是秘书，1 个是司机，请问：他们各自关注汽车的哪些方面？

司机可能重视汽车的哪些方面？

秘书重视汽车的哪些方面？

处长重视汽车的哪些方面？

5. 请将如下的特征描述用 FAB 法则进行表述。

1）前、后座椅加热装置。

2）遥控中央门锁。

3）最大输出转矩。

4

情景模拟实训四

汽车销售试乘试驾流程

一、情景设定

某汽车品牌 4S 店走进来两位顾客（角色自定）。这两位顾客到店看车已经多次，对本店的某车型比较中意，但是一直未签购车合同，今天是应销售顾问小李的邀约到店进行试乘试驾。顾客对车辆的动力性、操控性、安全性和舒适性比较注重。

二、实训要求

1. 将全班分为若干组，5 ~ 6 人为一个学习小组。
2. 各个学习小组对所给车型试乘试驾环节车辆性能的演示话术进行设计。

三、实施步骤

1. 工具配备

1）试乘试驾路线图、试乘试驾协议、试乘试驾主要事项、试乘试驾调查问卷。

2）洽谈桌、茶水。

3）整车。

4）其他需要用到的工具。

2. 根据顾客对车辆的关注点，讨论试乘试驾环节关键点的介绍方法。

3. 两人一组，分别根据设定的试乘试驾车型和顾客的关注点，设计试乘试驾时的介绍要点及话术。

4. 两人一组，分别扮演销售顾问和顾客进行试乘试驾前手续办理以及试乘试驾后的问卷填写和引导成交的模拟演练。

5. 根据演练的具体情况，对试乘试驾前的手续办理以及试乘试驾后的问卷填写和引导成交进行修改完善。

6. 利用学习评价表进行针对学习任务完成情况的同学互评、自评和教师点评。

实训项目名称	试乘试驾流程		指导教师	
			建议学时	3 课时
实训安排 与要求				
工具准备				
实训步骤	按照接待的过程填写下表：			

接待关键点	沟通话术	动作	所需工具
试乘试驾邀约			
试乘试驾前			
试乘试驾时			
换试驾人员			
试乘试驾时			
试乘试驾后			

注：试乘试驾环节评价表如下所示。

同学评价	教师评价

反思与改善	
自我评价	

四、评价表

汽车销售需求分析、六方位绕车介绍评价表

序号	考核重点	参考评分依据	分值	得分
1	顾客接待	仪容仪表整洁、得体、大方 面带微笑、活力充沛、精神饱满	3	
		顾客进来时，主动向顾客打招呼，音量适中、充满朝气	2	
		顾客入座后，询问顾客所需的饮料种类，并及时提供饮料	2	
		将资料正面面向顾客，双手递送	2	
		坐姿、走姿正确，不用单根手指指点	2	
		主动引导顾客到商谈桌入座 姿势正确，为顾客拉扶座椅	2	
		与顾客谈话时，不打断顾客说话 倾听顾客谈话并做记录	2	

（续）

序号	考核重点	参考评分依据	分值	得分
2	流程讲解	是否是用顾客可接受的方式获取信息、探寻技巧	5	
		请顾客提供驾照，检查并复印留底	2	
		提示顾客严格遵守交通规则 向顾客详细说明试乘试驾流程 说明由销售顾问先行试驾，并说明这样做的重要性 向顾客详细介绍试乘试驾路线图，说明不同路段的注意事项，签署试乘试驾协议书，并说明这样做的重要性	10	
3	试乘试驾	引导顾客进入试驾车，协助其调整座椅 请陪同人员进入试驾车，协助其调整座椅	3	
		简要说明车辆状况、功能、配置及操作方法 提示顾客系好安全带，自己系好安全带，并再次提示顾客注意交通规则 主动为顾客提供其喜欢的音乐光盘	7	
		为顾客示范试驾并讲解，注意与陪同人员的简单沟通 根据车辆行驶状况充分说明车辆性能	8	
		收车区域进行换驾 为顾客开启车门，保护其头部 协助顾客调整座椅、后视镜等，提醒其系好安全带	5	
		根据顾客试驾状况，随时进行动态解析，针对顾客的关注点进行重点说明 询问陪同人员的试乘感受 称赞顾客的驾驶技术	15	
4	送别	利用技巧引导顾客回展厅，进入洽谈区 询问顾客试乘试驾的感受，并详细记录 请顾客填写试乘试驾意见表	6	
		感谢顾客本次来店，主动邀请顾客再次来店	2	
		表情专注、自然挥手告别	2	
5	表现力	语言流畅、动作自然 表现专业、有亲和力 超时或时间利用不合理的，酌情扣分	20	
		自评分数合计	100	

学生互评 教师评价		同学评价	教师评价

反思与改善	

14

五、思考与训练

1. 请说明试乘试驾的流程包括哪几个环节？
2. 试乘试驾需要进行哪些准备？
3. 试乘试驾应该注意哪些事项？
4. 顾客试乘环节，销售顾问应如何进行动力性能、操控性能和舒适性能的介绍？

5

情景模拟实训五

汽车销售报价、购车方案设计

一、情景设定

李女士是个单身白领，几乎是"月光族"，月收入在8000元左右。为了上下班方便，李女士看中一款福特嘉年华，价位为10万元，但是觉得现在油价节节攀升，在同级别的车中，特别是与日本车相比，嘉年华的油耗过高。如果你是销售顾问，如何为李女士设计适合她的购车方案。

二、实训要求

1. 将全班分为若干组，5~8人为一个学习小组。
2. 根据以上的学习情景完成购车方案设计演练过程。

三、实施步骤

1. 小组集中讨论成交环节所采用的成交方法以及话术。
2. 小组讨论后，借助购车预算表为李女士设计相应的购车方案。
3. 两人一组，进行以上2个环节的模拟演练。

实训名称	新车成交、购车方案设计	
实训实施	新车成交	一、成交信号 列举成交信号： 1. 语言信号： 2. 行为表情信号：

（续）

实训名称		新车成交、购车方案设计
实训实施	新车成交	二、报价成交 1. 报价方法：三明治报价法、化整为零报价法等方法 2. 成交方法：直接成交法、假定成交法、选择成交法、优惠成交法、压力成交法 注：两位同学一组，进行以上2种报价方法和5种成交方法的演练，并写出相应的话术 你的报价话术： 你的成交话术：
	购车方案的设计	根据李女士的首付款和还款能力，设计相应的购车方案如下： **购车预算方案** 客户名称：_____　电话：_____　所住城市：_____ 车型：_____　车价：_____　颜色：_____ 分期付款购车方案： 首付款：_____　　贷款金额：_____ 月供　| 1年（12个月）月供_____元 | 3年（36个月）月供_____元 　　　| 2年（24个月）月供_____元 | 年（ 个月）月供_____元 其他费用： 购置税：　　元 | 保险费/年：　　元 上牌/路桥费：　　元 | _____年全保合计：　　元 其他费用：　　元 | 合计： 总合计：首付款+其他费用= 注：按揭所需材料详见银行或金融分期计划书 销售顾问：_____　　　电话：_____ 推荐该购车方案的理由：
反思与改善		
自我评价		

四、评价表

汽车销售报价、购车方案设计评价表

序号	考核重点	评 分 点	分值	得分
1	成功报价	能引导顾客到洽谈桌坐好后，再谈价格	5	
		能正确运用服务礼仪引导顾客到洽谈桌就座（引导位、手势、推拉凳子、顾客就座位置、奉茶水）	5	
		在取得顾客的签订承诺后才进行实质性的价格谈判	5	
		报价前，能总结商品的主要配置及对顾客的益处，说明品牌与服务的综合价值，强调产品的保值性	5	
		把握报价的时机（语言信号、行为表情信号）	5	
		能根据顾客的具体情况，灵活采用报价方法（三明治报价法、化整为零报价法、先报价法等）	5	
		能灵活运用报价技巧进行价格谈判（出价、调价、让价、让价技巧）	5	
		根据顾客需求提供相应的付款促销方式	5	
		能根据顾客的需求进行购车方案的设计（一次性付款、银行按揭、汽车金融）	8	
		能主动使用报价单	5	
		能够详细解释购置税计算方法、车船税、过路费、过桥费的金额等相关项目费用	8	
		能根据顾客需求介绍销售金融内容（利息率、支付年限、支付条件）	8	
		当顾客想进一步了解时，能使用销售金融指南来说明合同条件、支付费用、手续费、手续等	6	
		能轻松耐心地回答顾客关切的问题	5	
		能有效处理顾客的价格异议	5	
2	引导成交	主动提出成交	3	
		会总结顾客最关心、最适合顾客的好处，并强调一些超出顾客期望的、适合顾客需求的重点好处	6	
		能灵活运用成交技巧（压力成交法、利益总结成交法、选择成交法等）	6	
	自评分数合计		100	
学生互评				
教师评价				

（续）

反思与改善	

五、思考与训练

请分别用以下几种方法写出"车不错，就是油耗太高了"的应对话术。

1)"说理比较法"话术：

2)"价格分摊法"话术：

3)"补偿法"话术：

6

情景模拟实训六

签订购车合同

一、情景设定

周六上午 11 点，李女士应销售顾问小王的邀约，根据情景模拟实训五的方案，到长安福特 4S 店签订蓝色嘉年华的新车订购合同。

二、实训要求

1. 将全班分为若干组，5~8 人为一个学习小组。
2. 根据以上的学习情景，完成签订合同的演练过程。

三、实施步骤

1. 小组集中讨论购车合同签订的关键点和具体话术。
2. 小组讨论后，借助情景模拟实训五的购车预算表为李女士进行合同条款的解释。
3. 借助新车订购合同，与李女士签订购车合同。
4. 两人一组，进行以上 4 个环节的模拟演练。

实训项目名称	签订购车合同	指导教师	
		建议学时	2 课时
工具准备	新车订购合同、汽车上牌费用清单、购车预算表、精品报价单、保险报价单 洽谈桌、茶水、计算器 其他需要用到的工具		

（续）

实训项目名称	签订购车合同		指导教师	
			建议学时	2 课时

任务实施	场景描述： 按照签订合同的过程填写下表：			

接待关键点	沟通话术	行为规范	所需工具
展厅接待			
制作合同			
确认信息			
合同说明			
签约及订金交付			
送别			

注：签订合同环节评价表如下所示

同学评价	教师评价

反思与改善	
自我评价	

四、评价表

汽车销售签订购车合同环节评价表

序号	考核重点	参考评分依据	分值	得分
1	主动迎接顾客	主动上前热情迎接顾客及随行人员，并致以问候	4	
		用得体的手势引导顾客进入展厅，与顾客有适当的眼神交流	4	
		在谈话过程中始终用尊称	4	
		热情引导顾客进入洽谈区，安排顾客就座	4	
		询问顾客需求（至少提供3种饮料共顾客选择）	4	
2	填写合同信息	根据顾客所采取的购车方案填写合同相关信息（车型、配置、颜色、购买数量、价格、订金、余款、预交车时间等）	12	
		如赠送礼包，注明礼包详细信息	5	
		填写销售顾问的个人信息（姓名、电话）	5	

（续）

序号	考核重点	参考评分依据	分值	得分
3	信息确认	引导顾客查阅合同信息（注意礼仪）	7	
		引导顾客详细阅读合同相关条款	7	
		耐心解答顾客提出的相关问题	7	
4	合同说明	与顾客确认合同信息	7	
		解释合同条款	8	
5	签约及订金交付	引导顾客签订合同	4	
		引导顾客交付订金	6	
6	送别顾客	将顾客送到展厅门口（手势、引导位正确）	4	
		道别（说明感谢顾客光临，欢迎再来）	4	
		目送顾客离开展厅（注目礼、引导）	4	
		自评分数合计	100	

学生互评 教师评价	同学评价	教师评价
反思与改善		

五、思考与训练

1. 签订购车合同的流程包括_____、_____、_____、_____、_____、_____环节。

2. 请总结出合同说明的关键点和相关话术。

7

情景模拟实训七

新 车 交 付

一、情景设定

周六上午 11 点，李女士应销售顾问小王的邀约，到长安福特 4S 店提取自己的爱车——蓝色嘉年华。

二、实训要求

1. 将全班分为若干组，5~8 人为一个学习小组。
2. 根据以上的学习情景，完成新车交付的演练过程。

三、实施步骤

1. 小组集中讨论新车交付环节的关键点和店内接待话术。
2. 两人一组，分别扮演销售顾问和顾客进行新车交付流程的模拟。
3. 每组委派一名代表上台总结新车交付流程。

实训项目 名称	新 车 交 付	指导教师	
		建议学时	3 课时
工具准备	新车交车过程确认表、交车过程及文件确认表 洽谈桌、茶水、交车区布置、赠品、文件 整车 其他需要用到的工具		
任务实施	学习小组根据新车到店情况，邀约李女士到店提车： 采用的电话预约话术： 按照接待的过程填写下表：		

(续)

实训项目名称	新车交付		指导教师	
			建议学时	3 课时

<table>
<tr><td rowspan="9">任务实施</td><td colspan="4">
<table>
<tr><td>接待关键点</td><td>沟通话术</td><td>动作</td><td>所需工具</td></tr>
<tr><td>展厅接待</td><td></td><td></td><td></td></tr>
<tr><td>交车概述</td><td></td><td></td><td></td></tr>
<tr><td>新车检查</td><td></td><td></td><td></td></tr>
<tr><td>文件、相关资料交接及说明</td><td></td><td></td><td></td></tr>
<tr><td>功能介绍</td><td></td><td></td><td></td></tr>
<tr><td>交车仪式</td><td></td><td></td><td></td></tr>
</table>
</td></tr>
</table>

注：新车交付环节评价表如下所示

同学评价	教师评价

反思与改善	
自我评价	

四、评价表

新车交付评价表

序号	考核重点	参考评分依据	分值	得分
1	主动迎接顾客	主动上前热情迎接顾客及随行人员，并致以问候	2	
		恭喜顾客成为本品牌车主	2	
		用得体的手势引导顾客进展厅，与顾客有适当的眼神交流	2	
		在谈话过程中始终用尊称	2	
		热情引导顾客进入交车区，安排顾客就座	2	
		询问顾客需求（至少提供 3 种以上的饮料供顾客选择）	2	
2	交车概述	向顾客说明交车时间	2	
		向顾客说明交车内容	3	
		向顾客说明交车的大致流程	3	
3	检查车辆外观、内饰	第一时间将车钥匙交到顾客手中	2	
		请顾客操作钥匙，并进行使用说明	2	
		借助"交车检验表"对车身油漆、外观进行逐一检查，与顾客确认并签名	5	
		请顾客检验车辆内饰、座椅	3	
		打开行李舱，请顾客检查备胎、三角警示牌及随车工具，并说明其作用	4	
4	文件交接	热情引导顾客到休息区就座（注意礼仪）	2	
		详细说明各项费用及余款金额	3	
		引导顾客缴清余款	3	
		与顾客逐一交接并说明保修手册、车辆合格证等随车文件	3	

（续）

序号	考核重点	参考评分依据	分值	得分
5	操作讲解	将用户手册与车内配置一一对照，用三指指示关键内容并详细解说	3	
		详细解说顾客最关心的配置，如车载蓝牙、GPS导航、前照灯高度可调、适时四驱等独特配置，并强调使用时的注意事项	3	
		请顾客逐一检验车辆的灯光、空调、座椅、音响等常用设备	3	
		打开燃油箱盖，告知汽油标号、开启方法及燃油箱位置	2	
		打开发动机舱舱盖，详细介绍"5油2水"的检查方法及重要性	3	
		功能键介绍过程中随时确认顾客的了解与认同	3	
		对顾客提出的疑问或抗拒能表示充分的理解和认同	3	
		适时赞美顾客，及时预防顾客急切离开的情绪	3	
		鼓励顾客动手，并指导顾客正确操作	3	
6	保修事项解说	对保修保养手册的关键内容进行详细解说	3	
		介绍保修里程与保修时间，并说明以哪个先到为准	3	
		介绍厂商所提供和规定的保养、保修地点，并重点说明在本店内服务的优势	3	
		详细介绍车辆的不保修范围，如刮水器、轮胎等易损件	3	
		强调可能发生的不保修情况，如不按时保养、没有使用正规的零部件等	3	
7	保养事项解说	介绍每次保养的时间和里程，以先到者为准	3	
		详细介绍免费保养的项目	3	
		强调保修保养手册的重要性及丢失的后果	3	
		介绍磨合期的注意事项（节油小窍门、驾驶技巧、保险理赔）	3	
		自评分数合计	100	

学生互评 教师评价	同学评价	教师评价

反思与改善	

五、思考与训练

1. 新车交付的流程包括 _____、_____ 和 _____ 3个环节。

2. 新车交付环节需要交接的文件有 _____、_____ 等。

3. 保养事项解说需要重点解说 _____、_____ 等相关内容。

8

情景模拟实训八

汽车电话销售

一、情景设定

一位姓李的先生在一汽丰田汽车的官网上关注了卡罗拉车型，并留下了联系方式。

二、实训要求

1. 将全班分为若干组，2~3人为一个学习小组。

2. 根据以下汽车电话营销案例进行理论知识的收集与学习，然后进行小组讨论，每个成员提出自己的应对话术，并整理形成最终话术。

3. 以两人一组进行角色扮演的方式模拟演练。

三、实施步骤

1. 针对汽车电话营销过程中经常遇到的案例，如果你是一名电话营销人员，请利用下面的电话销售准备表进行电话销售前的准备。

电话销售准备表

□ 明确通话目标 ☞ 从客户出发 ☞ 多个目标 ☞ 具体、时间	通话进行中和通话结束后，顾客采取的行动：
□ 要问的问题 ☞ 逻辑性 ☞ 提问技巧	

（续）

□ 电话销售情景预测	可能发生的事情	对策
	与竞品性能对比	
	价格的异议	
	交车时间异议	
□ 开场白 ☞ 问候/自我介绍 ☞ 相关人或物 ☞ 介绍打电话的目的 ☞ 确认时间可行性 ☞ 请求提问，并转向探询需求		

　　2. 各个小组根据案例，两人一组，分别扮演电话营销顾问和客户李先生，采用角色扮演的方式进行电话营销通话模拟练习。

　　3. 对演练的话术进行设计，每个学习小组派一名代表进行汇报。

　　4. 利用学习评价表进行针对学习任务完成情况的同学互评、自评和教师点评。

四、评价表

新车交付评价表

序号	考核重点	参考评分依据	分值	得分
1	问候	主动进行自我介绍	5	
		报上自己的名字	5	
		报上公司名称	5	
2	判断顾客需求	判断顾客是否是目标顾客	5	
		有技巧地提问	6	
		有技巧地倾听	6	
		确认需求	5	
3	推荐产品	运用 FAB 法	7	
		用顾客容易理解的语言	5	
4	化解异议	表达认同	6	
		提出问题并找到原因	6	
		产品推荐	7	
		确认	6	
		再次努力	5	
		开始提问以引导顾客	5	

（续）

序号	考核重点	参考评分依据	分值	得分
5	结束	要求下订单	5	
		询问下步如何进行	5	
		安排跟进措施	6	
		自评分数合计	100	

学生互评 教师评价	同学评价	教师评价
反思与改善		

五、思考与训练

1. 电话营销流程的七步骤一般是指：＿＿＿＿＿＿、＿＿＿＿＿＿、
＿＿＿＿＿＿、＿＿＿＿＿＿、＿＿＿＿＿＿、＿＿＿＿＿＿
和＿＿＿＿＿＿。

2. 力求在短时间内令顾客对你的产品感兴趣，列出常用的3种开场白：

1) ＿＿＿＿＿＿＿＿＿＿＿＿＿＿＿＿＿＿＿＿＿＿＿＿＿＿＿＿＿

＿＿＿＿＿＿＿＿＿＿＿＿＿＿＿＿＿＿＿＿＿＿＿＿＿＿＿＿＿＿＿。

2) ＿＿＿＿＿＿＿＿＿＿＿＿＿＿＿＿＿＿＿＿＿＿＿＿＿＿＿＿＿

＿＿＿＿＿＿＿＿＿＿＿＿＿＿＿＿＿＿＿＿＿＿＿＿＿＿＿＿＿＿＿。

3) ＿＿＿＿＿＿＿＿＿＿＿＿＿＿＿＿＿＿＿＿＿＿＿＿＿＿＿＿＿。

9

情景模拟实训九

汽车保险推销

一、情景设定

为以下顾客的新车设计合适的投保方案，车型及车主资料如下：

车型：一汽大众 GOLF 2014 款 1.6L。

车价：11.89 万元。

购置时间：2014 年 1 月 19 日。

车主资料：龙××，事业单位工作人员。

二、实训要求

1. 将全班学生进行分组，两人一组，其中一人扮演顾客，另一人扮演保险专员。

2. 由顾客扮演者随机挑选当前市场上销售的某一款车，另一人根据汽车报价计算各种保险产品组合的费用。

3. 向顾客扮演者进行推销。

4. 换一种车型再进行一次保险方案设计，角色互换，完成实训。

三、实施步骤

1. 根据场景要求，进行保险方案设计。

2. 两人一组，分别扮演顾客和保险专员，进行保险方案演练。

3. 推选一组进行演示，并由指导教师进行现场点评。

四、评价表

汽车电话销售评价表

序号	考核重点	参考评分依据	分值	得分
1	问候	主动进行自我介绍	5	
		报上自己的名字	5	
		报上公司名称	5	

（续）

序号	考核重点	参考评分依据	分值	得分
2	判断顾客需求	判断顾客是否是目标顾客	5	
		有技巧地提问	6	
		有技巧地倾听	6	
		确认需求	5	
3	推荐产品	运用 FAB 法	7	
		用顾客容易理解的语言	5	
4	化解异议	表达认同	6	
		提出问题并找到原因	6	
		产品推荐	7	
		确认	6	
		再次努力	5	
		开始提问以引导顾客	5	
5	结束	要求下订单	5	
		询问下步如何进行	5	
		安排跟进措施	6	
自评分数合计			100	

学生互评 教师评价	同学评价	教师评价

反思与改善	

五、思考与训练

如果车险营销人员在拨打续保电话时顾客提出以下问题作为托词拒绝，为尽可能地争取顾客投保，该如何回答？

问题1：有朋友做保险代理，所以就跟朋友买。

问题2：转到新的保险，感觉手续麻烦。

问题3：那家的保险销售员更专业，我放心。

问题4：我现在忙，让我考虑考虑。

问题5：接到很多电话，我自己也研究过了，通过其他渠道投保还省几百元呢！

问题6：去年的保险公司挺好的，不需要更换。

问题7：我直接通过电话购买车险能省1000元呢！